인조이 **시코쿠**

인조이 시코쿠

지은이 최미혜
펴낸이 임상진
펴낸곳 (주)넥서스

초판 1쇄 인쇄 2023년 7월 25일
초판 1쇄 발행 2023년 8월 1일

출판신고 1992년 4월 3일 제311-2002-2호
주소 10880 경기도 파주시 지목로 5
전화 (02)330-5500 팩스 (02)330-5555

ISBN 979-11-6683-612-1   13980

저자와 출판사의 허락 없이 내용의 일부를
인용하거나 발췌하는 것을 금합니다.

가격은 뒤표지에 있습니다.
잘못 만들어진 책은 구입처에서 바꾸어 드립니다.

이 책은 『지금, 시코쿠』(2018)의 개정판입니다.

www.nexusbook.com

여행을 즐기는 가장 빠른 방법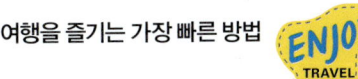

인조이
시코쿠
SHIKOKU

최미혜 지음

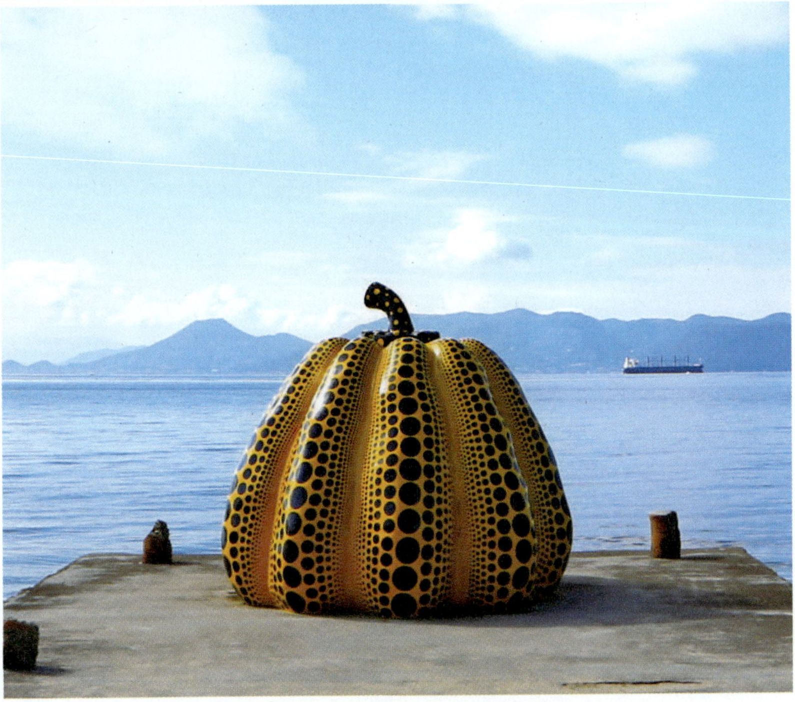

넥서스BOOKS

Prologue
여는 글

오래전 첫 일본 여행을 마치고 공항에 도착했을 때의 느낌이 생생합니다. 여행지에서 꾸려 보는 제 시간. 혼자 밥을 먹고 거리를 걸었습니다. 공항을 나서는 순간 뭐든 해 나갈 수 있겠다는 자신감이 슬며시 솟았습니다. 짧은 여행을 경계로 우리는 성장하는 건지 모릅니다.

패키지여행으로 먼 나라에 가기도 했습니다. 일정에 지쳐 병이 난 적도 있습니다. 여행을 떠올리면 기운이 나는 곳으로 가자는 생각을 하게 되었고 여전히 일본입니다. 그 시간과 비용을 들여 다른 나라를 한 곳이라도 보는 게 좋지 않느냐는 말도 듣습니다. 하지만 공항을 내리면 감겨드는 공기, 사람들 움직임, 특유의 분위기에 익숙해져서 다시 그곳으로 향합니다.

긴 시간 동안 혹한의 겨울 홋카이도부터, 뜨거운 오키나와까지 일본 전역을 여행했습니다. 저는 그중에서도 시코쿠가 좋습니다. 친구 사토는 시코쿠야말로 인간의 영혼을 돌아보게 하는 가장 영적인 땅이라고 하지만, 그런 거창한 이유가 아니더라도 아름다운 바다, 순한 사람들, 맛있는 음식…, 시코쿠를 좋아하는 이유는 차고 넘칩니다.

시코쿠에 있는 네 개의 현 모두가 개성 넘치는 매력을 자랑하지만, 짧은 여행이라면 가가와현 앞바다에 떠 있는 예술 섬 여행부터 시작해도 좋습니다. 나오시마, 데시마, 이누지마 등 소박한 작은 섬에서 영감을 주는 작품들을 만나 보시길 권합니다. 시코쿠는 여행자를 넉넉히 품어줍니다. 콧대 높게 여행자를 내려다보지도 않습니다. 예술인지 자연인지, 작품인지 풍경인지, 애매한 경계를 느끼며 느릿느릿 여행을 즐기면 그뿐입니다.

조금 더 나아가, 옛 정취가 감도는 도고 온천, 저녁놀이 인상적인 무인역 시모나다, 아름다운 가쓰라하마 해변, 동네 애주가들이 모두 모이는 히로메 시장, 눈앞이 아찔해지는 나루토의 거대 소용돌이 등 시코쿠의 다양한 얼굴도 만나 보시길 권합니다. 또 가가와현의 갖가지 우동을 맛보는 우동 여행도, 도쿠시마현 특유의 진한 라면을 즐기는 라면집 탐방도 여행의 즐거움이 됩니다.

좋은 출판사에서 글을 쓸 기회를 주신 넥서스 편집부 분들, 변변치 않은 제 기사와 글이 한 권의 책으로 나오기까지 뒤에서 애써 주신 많은 분께 감사 인사를 드립니다. 더불어 이 책이 시코쿠를 찾는 여행자의 든든한 동반자가 될 수 있도록 여행자 여러분의 질책과 충고에 감사히 귀 기울이겠습니다.

시코쿠에서 우리는 달팽이처럼 느린 여행자가 됩니다. 이 책을 손에 든 당신이 깊은 감성으로 당신의 여행지와 마주하기를 기대합니다. 시코쿠에 한발 더 다가서기를 즐겁게 고대합니다. 시코쿠 여행을 통해, 두 발로 땅을 딛고 서서, 바람에도 날아가지 않을 건강한 에너지를 가득 채우기를 빕니다. 시코쿠가 어떤 얼굴로 당신에게 다가올지 두근거리며 기대하셔도 좋습니다.

최미혜

이 책의 구성

1. 한눈에 보는 시코쿠

시코쿠는 어떤 매력을 가지고 있을까? 시코쿠의 기본 정보를 비롯해 대표적인 명소와 음식, 쇼핑 아이템 등을 한눈에 살펴보면서 여행의 큰 그림을 그려 보자.

2. 추천 코스

전문가가 추천하는 시코쿠 여행 코스를 참고하여 자신의 여행 스타일에 맞는 최적의 일정을 세워 보자.

3. 여행 준비

여행 전 준비 사항부터 공항 출입국 수속, 현지에서 필요한 정보까지 상세히 담았다.

지역 가이드

시코쿠의 주요 관광지를 상세하게 다루었다. 시코쿠에서 꼭 가 봐야 할 대표적인 명소부터 소문난 맛집, 쇼핑 핫플레이스 등을 소개하고 상세한 관련 정보를 담았다.

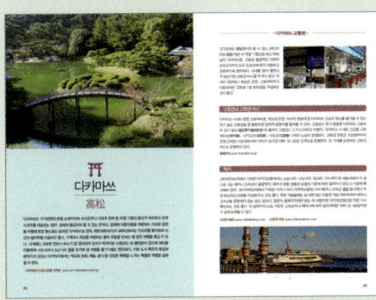

지역 특징과 상세한 교통 정보

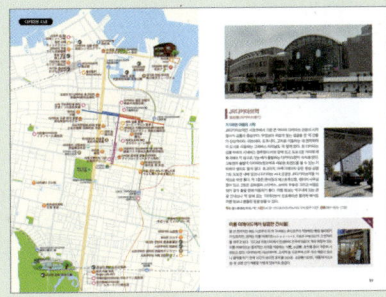

지역별 세부 지도와 주요 명소 소개

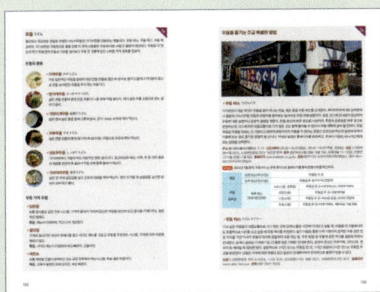

구석구석 알찬 여행 팁과 배경 이야기

놓치기 아까운 추가 여행지 소개

> 현지의 최신 정보를 정확하게 담고자 하였으나 현지 사정에 따라 정보가 예고 없이 변동될 수 있습니다. 특히 요금이나 시간 등의 정보는 안내된 자료를 참고 기준으로 삼아 여행 전 미리 확인하시기 바랍니다.

5 추천 숙소

여행 중 편안한 휴식을 제공할 다양한 숙소를 소개하고, 숙소 선택 요령과 유용한 팁을 알려 준다.

6 여행 회화

현지에서 사용할 수 있는 간단한 일본어 회화 표현을 수록했다.

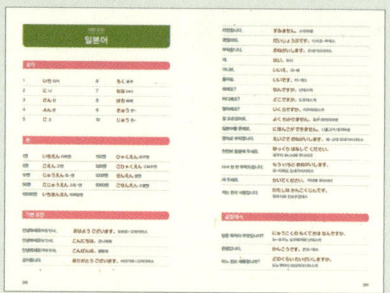

7 찾아보기

책에 소개된 관광 명소와 식당, 숙소 등을 이름만 알아도 쉽게 찾을 수 있도록 정리했다.

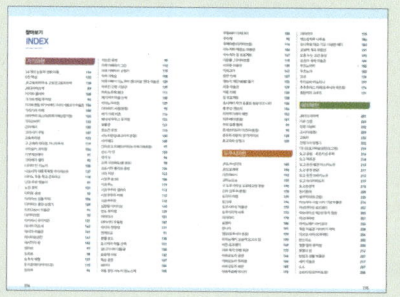

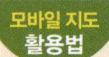

모바일 지도 활용법

책에 나온 장소를 내 휴대폰 속으로!

여행 중 길 찾기가 어려운 독자를 위한 인조이만의 맞춤 지도 서비스.
구글맵 기반으로 새롭게 돌아온 모바일 지도 서비스로 스마트하게 여행을 떠나자.

STEP 01
아래 QR을 이용하여
모바일 지도 페이지 접속.

STEP 02

길 찾기를 원하는 지역 선택

STEP 03
지도 목록에서 찾고자 하는 장소를 검색하여 원하는 장소로 이동!

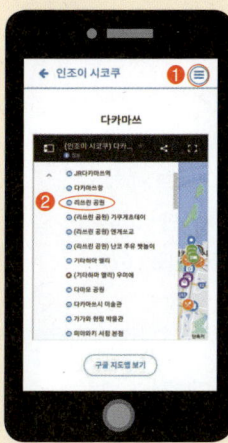

❶ 지역 목록으로 돌아가기
❷ 길 찾는 장소 선택
❸ 큰 지도 보기
❹ 지도 공유하기
❺ 구글 지도앱으로 장소 검색

※ 구글을 서비스하지 않는 지역에서는 사용이 제한될 수 있습니다.

Contents
목차

한눈에 보는 시코쿠
시코쿠는 어떤 곳일까? • 014
시코쿠 여행 포인트 • 018
시코쿠 BEST 여행지 • 022
시코쿠 BEST 즐길 거리 • 028
시코쿠 BEST 먹거리 • 031
시코쿠 BEST 쇼핑 리스트 • 035

추천 코스
친구·연인과 떠나는
2박 3일 다카마쓰 여행 • 040
혼자여도 좋은
2박 3일 섬 여행 • 042
지친 마음을 달래는
2박 3일 마쓰야마 여행 • 045

다이내믹한
3박 4일 다카마쓰+도쿠시마현 여행 • 047
호빵맨과 료마를 만나는는
3박 4일 고치현 여행 • 050
봇짱과 마돈나를 만나는
3박 4일 에히메현 여행 • 054
올시코쿠 레일패스를 이용한
4박 5일 도쿠시마+고치현 여행 • 057
올시코쿠 레일패스를 이용한
5박 6일 시코쿠 일주 여행 • 061

여행 준비
여행 전 체크 리스트 • 068
출입국 체크 리스트 • 072
시코쿠의 교통수단 • 074
알아 두면 좋은 정보 • 077

지역 가이드

가가와현
다카마쓰 • 084
고토히라 • 116
나오시마 • 124
쇼도시마 • 132
데시마 • 138
이누지마 • 144
메기지마 · 오기지마 • 148

Plus Area • 152
(치치부가하마 · 젠쓰지 · 사카이데 · 마루가메)

도쿠시마현
도쿠시마 • 162
나루토 • 180
이야 계곡 • 188

에히메현
마쓰야마 • 196
우치코 • 224
오즈 • 230

Plus Area • 235
(고이즈미 · 시모나다 · 이마바리 · 사이조)

고치현
고치 • 242

Plus Area • 266
(구로시오 · 기타가와무라 · 고난 · 나카토사 · 가미)

추천 숙소
숙소 예약하기 • 274
다카마쓰 숙소 • 276
고토히라 숙소 • 278
도쿠시마 숙소 • 279
이야 계곡 숙소 • 281
마쓰야마 숙소 • 282
고치 숙소 • 285

* 여행 회화 • 288
* 찾아보기 • 294

한눈에 보는
시코쿠

- 시코쿠는 어떤 곳일까?
- 시코쿠 여행 포인트
- 시코쿠 BEST 여행지
- 시코쿠 BEST 즐길 거리
- 시코쿠 BEST 먹거리
- 시코쿠 BEST 쇼핑 리스트

시코쿠는 어떤 곳일까?

시코쿠는 일본을 구성하는 네 개의 주요 섬 중에서 가장 작은 섬이다. 시코쿠와 혼슈 사이에는 세토내해(瀬戸内海)라고 불리는 바다가 있는데, 그곳에 있는 작은 섬 나오시마가 세계적인 여행 잡지 《콩데 나스트 트래블러》가 선정한 '죽기 전에 가 보고 싶은 세계 7대 명소' 중 하나에 선정된 후 유명세를 얻어 국내외 여행객의 발길이 끊이지 않고 있다. 최근에는 대도시를 중심으로 한 여행에서 벗어나 자신만의 여행을 계획하고 즐기는 사람들이 많아졌는데, 그런 면에서 시코쿠 여행이 선사하는 소소한 매력과 느림의 미학은 여행자들의 마음을 설레게 할 것이다.

시코쿠는 가가와(香川), 도쿠시마(徳島), 에히메(愛媛), 고치(高知) 네 개 현으로 구성돼 있으며 저마다 독특한 자연 환경과 전통을 간직하고 있다. 사누키우동을 시작으로 각 현의 우동을 맛보는 여행을 하거나 아와오도리, 요사코이 축제 같은 화려한 축제를 즐기고 세토내해에 보석을 흩뿌린 듯 반짝이는 섬 미술관을 찾아가거나 3,000년의 역사를 품은 온천에 몸을 담그는 여행까지, 시코쿠가 가진 매력은 무궁무진하다. 시코쿠는 일본 전국에서 유일하게 고속 열차 신칸센이 없는 곳이며, 남북으로 시코쿠 산맥이 가로막고 있기 때문에 현과 현을 이동하는 데도 상당한 시간이 소요된다. 하지만 기차와 버스를 번갈아 타고 한 박자 쉬어 가는 느린 여행을 즐긴다면 시코쿠의 매력에 깊이 빠져들 것이다. 여행자 스스로가 주도하는 테마 여행은 여행을 더 풍성하고 깊이 있게 만들어준다. 전통과 현대가 공존하며 인정과 웃음이 넘치는 시코쿠에 주목하자.

위치	일본 서남부
면적	18,803.41km² (경상북도와 비슷함)
인구	약 372만 6천 명 (2022년 기준)
언어	일본어
종교	불교, 신도(神道), 기독교
시차	한국과 시차 없음
전압	100V(110V 이용 가능), 50~60Hz
화폐	엔화(¥)
전화	국가번호 81

동양의 산티아고, 오헨로 이야기

시코쿠의 4개 현에 흩어져 있는 사찰 88개를 도는 '오헨로(お遍路)'라는 유명한 순례길이 있다. 오헨로는 '순례' 또는 '순례길', 오헨로상은 '순례자'를 의미하는 말이다. 오헨로는 일본 진언종을 창시했으며 지금도 대중에게 많은 사랑을 받고 있는 홍법대사가 젊은 시절, 포교를 위해 시코쿠를 돌며 수행한 흔적을 따라 걷는 일본 불교의 성지 순례라고 할 수 있다. 도쿠시마에 있는 1번 절 료젠지(靈山寺)부터 가가와현에 있는 88번 절 오쿠보지(大窪寺)에 이르는 88개 절을 순례하는 동안 인간이 가진 88개의 번뇌가 사라지고 깨달음에 이르게 되며 소망이 이루어진다고 한다. 1,200년이 넘도록 이어지고 있는 이 순례길은 '동양의 산티아고 길'이라 불리기도 한다. 도보로 88개 사찰을 모두 도는 데는 대략 두 달 가까이 걸리는 긴 여정이지만 많은 일본인이 '일생에 꼭 한번 걷고 싶은 길'로 꼽고 있는 곳이며 한국인 순례자들도 늘고 있는 경향이다.

보통 시코쿠 순례길은 도쿠시마현, 고치현, 에히메현, 가가와현의 순서대로 발심, 수행, 보리, 열반 등 네 개의 수행 과정으로 나누는데, 88개의 절을 찾아 걷는 길에는 발심과 수행의 과정, 번뇌를 끊고 해탈에 이르는 모든 과정이 녹아들어 있다. 순례에 적절한 시기는 개인 일정에 따라 달라지지만 장마와 태풍이 이어지는 여름철은 피하는 것이 좋다. 시기적으로는 3~4월이나 10~11월 정도가 최적이다.

현재는 전통적인 도보 순례뿐만 아니라 순례 방식도 다양해졌다. 1,200km에 가까운 길을 여전히 두 발로 오롯이 걷는 순례자도 있고 단체 버스나 대중교통, 자동차 등을 이용해 일정에 맞춰 순례 방식을 조절하는 사람도 많다. 도보 순례는 하루 평균 30km를 걸으면 40~50일 정도, 자전거는 약 20일, 승용차로는 10일 정도가 평균이다. 순례에 앞서 1번 절 료젠지에서 순례에 필요한 백의와 삿갓, 지팡이와 납경장(순례자들이 순례의 증거로 각 절에서 사찰 이름 등을 적은 글씨와 도장을 받기 위한 공책) 등을 구입하는 사람이 많으며 1번부터 88번 사찰까지 모두 돌고 나서 다시 1번 절로 돌아와 순례를 마치는 것이 보통이나 최근에는 종교적인 수행의 의미보다 자신을 돌아보고 새롭게 일어서려는 동기에서 순례하는 사람도 많으므로 1번 절부터 출발하지 않고 자신이 시작하기 편한 곳부터 걷는 사람도 늘고 있다.

시코쿠에는 순례자를 격려하고 응원하는 '오셋타이(お接待)'라는 접대 문화가 있다. 주민들이 순례자에게 음료나 과일, 차 등을 대접하는 오랜 전통이다. 길을 걷다 만나는 따뜻한 손길과 진심을 담은 응원은 순례자들에게 큰 위로와 힘이 될 것이다.

오헨로 공식 홈페이지 www.88shikokuhenro.jp

 **에히메현**

시코쿠 북서부에 위치한 에히메현은 문학의 향기가 감도는 마쓰야마의 시가와 일본에서 가장 오래된 온천이면서 〈센과 치히로의 행방불명〉의 모델이 된 도고 온천 등 오랜 역사가 주는 아련한 분위기에 잠길 수 있다. 또 옛 정취가 남은 우치코와 오즈 거리를 걸으며 느리게 과거 속을 거니는 즐거움도 누릴 수 있다.

에히메현

고치현

 **고치현**

뒤로는 험준한 시코쿠 산지를, 남쪽으로는 태평양을 마주한 고치현은 시코쿠에서 가장 넓은 면적을 차지하는 현이다. 고치현의 대표적 인물 사카모토 료마와 아름다운 고치성, 화려한 요사코이 마쓰리와 서민들의 장터 일요 시장, 청류를 자랑하는 시만토강 등 볼거리가 가득하며 개성 넘치는 독자적인 문화와 웅대한 자연도 즐길 거리다.

 가가와현

일본에서 가장 작은 현이면서 시코쿠와 혼슈의 간사이 지역을 이어 주는 현관 역할을 해왔다. 가가와현에는 특별 명승지 리쓰린 공원이 있는 다카마쓰를 비롯해 고토히라 궁과 세토내해에 떠 있는 예술 섬들 등 볼거리가 충실하다. 특히 우동현이라 불릴 만큼 유명한 사누키우동을 현 곳곳에서 맛보는 것도 여행의 즐거움이다.

가가와현

도쿠시마현

도쿠시마현

도쿠시마현에는 역동적인 나루토 해협의 소용돌이와 일본의 3대 비경으로 불리는 이야 계곡 등 때 묻지 않은 자연을 즐길 곳이 많다. 오보케 관광 유람선을 타고 굽이굽이 펼쳐지는 계곡을 바라보는 시간도 각별하며 도쿠시마를 대표하는 여름 축제 아와오도리와 비잔에서 바라보는 도쿠시마의 야경도 인상적이다.

Shikoku

시코쿠 여행 포인트

시코쿠를 여행하기에 좋은 시기는 봄과 가을로 3~5월 말까지와 10~11월까지가 최적이다. 벚꽃이 피는 3월 말부터 4월 초, 단풍을 즐길 수 있는 11월 중순을 맞출 수 있다면 더없이 즐거운 여행이 될 것이다. 6월부터는 장마가 시작된 후 7~8월 한여름을 지나 9월까지는 가을장마와 태풍이 잦기 때문에 10월이 돼야 날씨가 안정된다. 겨울에도 영상의 기온을 유지하는 날이 많지만 섬 지역의 특성상 바람이 강해서 체감 온도는 내려간다. 또 세토내해의 예술 섬에 가는 페리도 겨울에는 미술관 개관일에 맞춰 운항하는 경우가 많아서 섬을 오가는 데 불편이 따르기 때문에 여행 시기를 잘 선택할 필요가 있다. 대도시라면 4월 말부터 5월 초까지 이어지는 골든위크라 불리는 긴 연휴나 8월 15일을 전후한 오봉, 연말연시 때는 어디나 관광객으로 붐비지만 시코쿠는 다카마쓰를 제외하면 혼슈 지역에 비해 조용한 편이다. 특히 12월 말~1월 초의 연말연시에 여행을 할 계획이라면 박물관이나 미술관, 식당 등은 문을 열지 않는 곳도 있기 때문에 방문할 곳의 휴무 여부를 확인하고 여행 계획을 세우는 것이 좋다.

시코쿠의 사계절

봄 (3~5월)

고기압과 저기압이 시코쿠 부근을 교대로 통과해 온도 변화가 커진다. 세토내해 연안에서는 안개가 자주 발생한다.

여름 (6~8월)

6월에는 장마 전선의 영향으로 강수량이 많아진다. 장마가 끝난 뒤에도 고치 등 태평양 연안 지역에서는 강수량이 많지만 세토내해 연안은 적은 편이다.

가을 (9~11월)

9월에는 태풍이나 가을장마 전선의 영향으로 강수량이 다시 증가한다. 특히 고치 지역은 이 시기에 일본에서 가장 강수량이 많은 지역 중 하나다. 가을이 깊어지면 점차 맑은 날이 이어진다.

겨울 (12~2월)

혼슈보다 기온이 높아서 활동하기에 어렵지 않다. 다만 바다에서 불어오는 바람 때문에 기온에 비해 춥게 느껴진다.

시코쿠 여행 캘린더

1월 평균 기온 : 6℃ 전후
고토히라궁을 비롯한 곳곳의 신사는 새해 첫 참배를 하려는 사람들로 붐빈다. 새해 소망을 신사에서 비는 일본인의 일상을 가까이서 보는 것도 여행의 재미일 것이다. 평균 기온은 한국보다 높지만 대부분의 관광지가 바다에 가까운 지역이 많아 바람으로 체감 온도는 훨씬 내려간다. 온도만 보고 판단하는 건 금물! 따뜻한 겨울 채비가 필요하다.

2월 평균 기온 : 7℃ 전후
세토내해 연안에서는 비교적 온화한 날씨가 계속되지만 산간 지역에서는 눈이 내리기도 한다. 해변이나 나오시마와 쇼도시마 등 세토내해의 섬을 여행할 계획이라면 바람에 대한 대비가 필요하다. 따뜻한 겉옷은 필수다.

3월 평균 기온 : 10℃ 전후
마쓰야마에서는 도고 온천 마쓰리가 개최되며 대조기의 영향으로 나루토 해협의 소용돌이가 가장 크게 보이는 시기이므로 거대 소용돌이를 보는 여행을 계획해도 좋다. 또 오보케 계곡에서는 3월 말부터 잉어 연 수백 마리가 하늘에서 헤엄치는 듯한 고이노보리도 볼 수 있으므로 계곡 유람선도 추천할 만하다.

4월 평균 기온 : 15℃ 전후
벚꽃이 만개하고 각지에서 벚꽃놀이와 이벤트가 개최된다. 현존하는 극장 중 가장 오래된 고토히라의 구 곤피라 대극장에서는 약 2주 동안 가부키 공연이 열린다.

5월 평균 기온 : 19℃ 전후
각지에서 연날리기나 꽃 축제가 열리며 여행하기에 좋은 시기다. 안개가 끼는 날이 많으므로 렌터카를 이용하는 여행자는 주의가 필요하다.

6월 평균 기온 : 23℃ 전후
쇼도시마나 고치현 등 각지에서 소규모의 반딧불 마쓰리가 개최된다. 장마가 시작되는 시기로 강수량이 증가하기 때문에 여행 일정을 짤 때 참고한다.

7월 평균 기온 : 27℃ 전후
장마가 끝나고 한여름 날씨가 이어진다. 습기와 더위로 여행에 적합한 시기는 아니지만 고토히라궁 나쓰 마쓰리 등 시코쿠 각지에서 여름 축제가 시작되므로 7월, 8월 여름 축제에 맞추어 여행을 계획한다면 일찌감치 숙소를 예약하는 등 만전의 준비를 한다.

8월 평균 기온 : 28℃ 전후
시코쿠를 대표하는 요사코이 마쓰리, 아와오도리, 마쓰야마 마쓰리 등 여름 축제가 집중적으로 열리는 시기다. 조용하던 시코쿠가 축제 기간에는 다소 혼잡해지므로 미리 고려해 여행 계획을 세우고 일정을 관리한다.

9월 평균 기온 : 24℃ 전후
태풍이 잦고 비가 많은 시기다. 특히 고치는 시코쿠 네 개 현 중에 강수량이 가장 많은 지역으로, 여름부터 9월에 걸쳐 많은 비가 내리므로 여행을 준비할 때 미리 기상 정보를 확인해 둔다.

10월 평균 기온 : 19℃ 전후
여행하기에 좋은 시기며 산간 지역에서부터 단풍이 시작된다. 기름이 오른 가다랑어가 제일 맛있는 때이기도 하므로 미식 여행을 계획해 보자.

11월 평균 기온 : 13℃ 전후
곱게 물든 단풍을 즐길 수 있다. 여행하기에 나쁘지 않은 시기지만 점차 기온이 내려가는 날이 많아지고 서리가 내리기도 하므로 두꺼운 겉옷을 준비해 여행 중 건강에 유의한다.

12월 평균 기온 : 8℃ 전후
크리스마스나 연말을 맞아 각종 이벤트가 개최되기도 하며 거리는 일루미네이션으로 반짝인다. 혼슈의 대도시에 비하면 소박하지만 연말의 낭만적인 분위기를 선사한다.

일본의 휴일

우리나라처럼 대체휴일 개념이 있으니 미리 알아보고 일정 계획을 짜자. (2023년 기준)

공휴일 이름	날짜	내용
元日 간지쯔	1월 1일	새해 첫날(이날 오전 0시부터 각지의 신사는 새해 첫 참배를 하고 한 해의 복과 무사함을 빌려는 사람들로 발 디딜 틈이 없을 정도다)
成人の日 세진노히	1월 둘째 주 월요일	만 20세, 성년이 된 것을 기념하는 날(거리에서 정장과 기모노 차림의 젊은이를 많이 만날 수 있다)
建国記念の日 겐꼬꾸키넨노히	2월 11일	건국 기념일(실제 건국일이 명확하지 않아 일본 신화를 기초로 초대 일왕인 진무천황의 즉위일을 양력으로 환산한 날이다)
春分の日 슌분노히	3월 20일 (또는 3월 21일)	춘분(일본인들에게 춘분은 '계절 변화를 앞두고 자연을 기리며 생명을 소중히 하는 날'이라는 의미가 있다. 이 시기에 조상의 성묘를 가거나 꽃놀이를 하러 나가는 사람이 많다)
昭和の日 쇼와노히	4월 29일	쇼와의 날(이전 일왕인 히로히토 일왕의 생일에서 유래해 녹색의 날을 거쳐 2007년부터 쇼와의 날로 명칭이 변경됐다)
憲法記念日 겐뽀키넨비	5월 3일	헌법 기념일(1947년 5월 3일에 일본 헌법이 시행된 것을 기념하는 날이다)
みどりの日 미도리노히	5월 4일	녹색의 날(자연을 사랑하고 그 은혜에 감사하는 날, 2006년까지는 '국민의 휴일'이라는 명칭으로 불렸으나 4월 29일이 '쇼와노히'로 명칭이 바뀌면서 함께 변경됐다)
こどもの日 고도모노히	5월 5일	어린이날(예로부터 5월 5일은 단옷날로 남자아이가 건강하게 성장하기를 비는 행사가 행해졌다. 이 시기를 전후해 주택이나 유치원 같은 건물에 아이의 건강과 성장을 비는 잉어 연이 날리는 광경을 볼 수 있다)
海の日 우미노히	7월 셋째 주 월요일	바다의 날(바다의 은혜에 감사하는 동시에 해양국 일본의 번영을 기원한다는 취지로 제정한 날, 일본 국토 교통부에 의하면 전 세계에서 '바다의 날'을 공휴일로 지정한 나라는 일본이 유일하다고 한다)
山の日 야마노히	8월 11일	산의 날(산과 가까워지는 계기가 되게 하며 산의 은혜에 감사하자는 의미로 만들어졌으며 2016년부터 시행되고 있는 휴일이다)
敬老の日 게로노히	9월 셋째 주 월요일	경로의 날(이전에는 '노인의 날'로 불리다가 명칭이 바뀌었다. 긴 세월 동안 사회에 공헌해 온 노인을 공경하고 장수를 기원하는 날이다)
秋分の日 슈분노히	9월 22일 (또는 9월 23일)	추분(조상을 모시는 날로 계승되고 있으며 조상을 존경하고 기리자는 의미로 이 시기에 성묘를 하는 사람도 많다)
体育の日 다이이쿠노히	10월 둘째 주 월요일	체육의 날(1964년 도쿄올림픽 개회식이 행해진 것을 기념해 제정한 날, 체육에 대한 관심과 건강한 심신을 기르자는 취지다)
文化の日 분카노히	11월 3일	문화의 날(당시 메이지 일왕의 생일을 기념해 제정한 날로 문화청이 주최하는 예술제가 개최되거나 박물관과 미술관이 무료로 개방되는 곳이 많다)
勤労感謝の日 긴로칸샤노히	11월 23일	근로 감사의 날(근로를 소중히 여기고 생산을 축복하며 국민이 서로에게 감사하는 날로 삼자는 의미로 제정됐다)
天皇誕生日 덴노탄조비	12월 23일	일왕 탄생일(현재 제125대 일왕인 아키히토의 생일이다)

시코쿠
BEST 여행지

세계적으로 유명한 나오시마를 비롯한 개성 넘치는 작은 섬들, 역동적인 나루토 해협과 깊은 이야 계곡 등 시코쿠는 풍요로운 자연을 자랑한다. 오래된 온천에서 보내는 시간도, 저녁놀이 아름다운 무인역과 마주하는 것도 잔잔한 감동이 있다. 일본에서 손꼽히는 아름다운 성, 광활한 태평양이 내다보이는 해안 등, 시코쿠에서 보내는 매일은 마음에 남을 풍경으로 가득하다.

리쓰린 공원

일본 전국에 있는 특별 명승 정원 24곳 중에서 최대의 넓이를 자랑하는 국보급 정원이다. 400년이 넘는 역사를 지닌 공원은 계절마다 피어나는 꽃과 소나무, 연못과 동산이 아름답게 어우러진다. 자연미와 조형미가 조화된 정원을 거닐다가 차실에서 차를 마셔도 좋고 뱃놀이를 즐겨도 좋다.

쇼도시마 엔젤 로드

하루 두 번 나타나는 모랫길. 썰물 때를 전후한 약 두 시간 동안 요시마余島까지 걸어서 바다를 건널 수 있고 근처에 있는 약속의 언덕 전망대에서 사랑의 종을 울릴 수도 있다. 사랑하는 사람과 손을 잡고 건너면 소망이 이루어진다고 해서 연인들이 많이 찾는다.

고토히라궁

바다를 지켜 주는 신인 '곤피라상'을 모시고 있는 고토히라궁. 본궁까지 오르는 785계단은 생각보다 힘들어서 자신의 체력을 원망하게 되지만 본궁까지는 올라가 보자. 본궁에서만 파는 귀여운 강아지 부적도 살 수 있고 내려오는 길에는 오모테 서원의 멋진 그림을 만나고 가미쓰바키에서 맛있는 파르페도 맛볼 수 있다.

이야 계곡, 가즈라바시

일본 3대 비경으로 유명한 이야 계곡에는 오보케 계곡, 오줌 누는 소년상 등 숨어 있는 절경이 가득하다. 가즈라바시를 건너며 다리 틈새로 발 아래 펼쳐지는 계곡을 내려다보면 아찔아찔 스릴 만점이다.

오츠카 국제 미술관

길이 4km에 이르는 세계 최대의 도판 명화 미술관. 지하 3층부터 지상 2층까지 세계 유명 미술관이 소장한 1,000여 점의 도판 명화의 세계가 펼쳐진다. 미술 교과서에서 본 눈에 익은 그림을 수없이 만나는 즐거움을 느낄 수 있다.

가쓰라하마

소나무와 바다가 아름답게 조화를 이룬 아담한 해안 가쓰라하마는 예로부터 달 구경 명소로 알려져 있다. 전망대에서 바라보는 태평양 바다와 활 모양의 아름다운 해안선은 일품이다.

나루토 공원 우즈노미치

눈앞에서 펼쳐지는 세계 최대급의 거대 소용돌이. 교각 위 우즈노미치에서, 관조선 위에서, 전망대에서 다이내믹한 소용돌이를 즐기자.

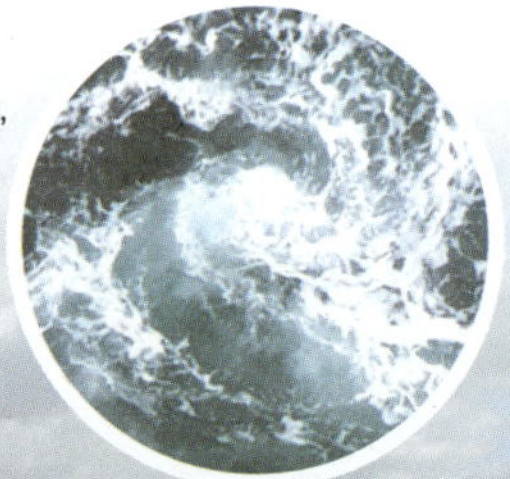

나오시마

세계의 주목을 끄는 작은 섬 나오시마. 미술 작품이 시골 풍경과 어우러져 걷는 것만으로도 새로운 영감이 가득 차는 신비한 섬이다. 우리에게 익숙한 구사마 야요이의 빨간 호박, 노란 호박도 이 섬에 전시돼 있다.

모래사장 미술관

아무것도 없어서 아름다운 단 하나의 미술관. 작은 마을을 지나 소나무 숲으로 들어서 걷다 보면 탁 트인 넓은 모래사장을 만난다. 건물도 없고 안내판도 없다. 당신이 서 있는 그곳이 미술관이다. 매년 5월마다 이 해변에서 열리는 티셔츠전은 눈부시다.

아와오도리 회관

400년 이상의 역사를 지닌 도쿠마 최대의 여름 축제 아와오도리 공연을 즐길 수 있는 곳. '춤추는 바보, 구경하는 바보. 같은 바보라면 안 추는 게 손해'라는 아와오도리 음악의 가사처럼 단순하고 반복적인 리듬에 당신도 몇 분 안에 춤추는 바보가 될지도 모른다.

도고 온천

도고 온천 본관은 일본에서 제일 오래된 온천으로 시코쿠에서 가장 인기 있는 온천이다. 특히 일본 애니메이션 〈센과 치히로의 행방불명〉의 모델이 되기도 해 영화를 본 사람이라면 괜한 친근감에 마음이 끌린다. 뜨거운 온천탕에 몸을 담그고 여행의 피로를 풀자.

마쓰야마성

일본에서 천수각이 남아 있는 12개 성 중의 하나인 마쓰야마성. 해발 132m 산 위에 자리한 천수각에 올라서면 마쓰야마 시가지와 멀리 세토내해가 시원하게 내려다보인다. 로프웨이를 탈지 리프트를 탈지 고민하는 것도 즐겁다.

히로메 시장

값싸고 신선한 먹거리가 넘치는 실내 시장. 술을 좋아하는 사람도 못 마시는 사람도 다 같이 분위기에 취하는 곳이다. 일본 내에서 술 소비량이 가장 많다는 고치현답게 시장 안에서도 호탕하고 기운 넘치는 고치 사람들을 만날 수 있다.

모네의 정원

인상파의 거장 클로드 모네가 살던 지베르니의 저택 정원을 바다 마을 나하리(奈半利)에 재현한 정원이다. '꽃의 정원'과 '물의 정원' 등 작품에서 보았던 모네의 정원이 눈앞에 펼쳐진다. 그림보다 아름다운 정원을 만나러 가자.

호조엔 족욕

도고온센역 앞의 하이카라도리 입구에 있는 호조엔. 무료로 도고 온천 원탕을 즐길 수 있다. 매 시각 정시마다 나쓰메 소세키의 소설 《봇짱》 속의 등장인물들이 나와 춤추는 인형 시계가 이 거리의 명물이다. 호조엔에 앉아 족욕을 즐기며 인형 시계 속의 봇짱과 마돈나를 만나 보자.

시모나다역

JR요산선의 작은 역 시모나다. '꼭 한 번 내려 보고 싶은 일본의 아름다운 무인역 베스트 3'에서 2위를 차지했다. 기차에서 내리면 손에 잡힐 듯 아름다운 바다가 펼쳐진다. 특히 일몰은 여행자에게 선물 같은 풍경이다.

27

시코쿠
BEST 즐길 거리

세토내해의 바다 위에 점점이 떠 있는 예술 섬에서 영감을 얻기도 하고 작은 섬을 돌아보며 자연 속으로 스며드는 시간도 만족스럽다. 옛 향기가 감도는 거리를 걸으며 로컬 간식을 맛보거나 우동 먹방을 즐겨도 좋고 열광적인 아와오도리의 춤사위에 빠져들어도 좋다. 특히 일본에서 가장 오랜 역사를 자랑하는 온천에서 즐기는 온천욕도 빠뜨릴 수 없는 즐거움이다.

아와오도리

도쿠시마의 아와오도리와 고치의 요사코이 마쓰리는 전국적으로 유명한 축제다. 아와오도리는 도쿠시마에서 탄생해 400년 이상의 역사를 가진 여름 축제다. 매년 8월 12일부터 15일까지 약 130만 명이 모여들어 도시 전체가 들끓는다. 단순하고 중독성 있는 가락에 맞춰 팔다리를 흔들다 보면 누구나 아와오도리의 춤꾼이 된다.

요사코이 마쓰리

고치의 요사코이 마쓰리는 매년 8월 9일부터 4일간 개최되는 시코쿠의 대표 축제다. 해마다 연 인원100만 명에 이르는 사람들이 축제에 참가하고 있으며 맞부딪쳐 소리를 내는 악기인 나루코를 들고 앞으로 나가며 춘다는 것 외에는 제한이 없기 때문에 군무도 힘이 넘치고 자유롭다. 호탕하고 자유로운 영혼을 가진 고치 사람들의 기질을 축제를 통해서 느낄 수 있다.

온천 순례

도고 온천 거리에는 세 개의 온천이 가까이에 있어서 온천욕을 즐기며 휴식하기도 좋다. 도고 온천에 왔다면, 일본에서 가장 오래된 온천으로 불리는 명탕 도고 온천 본관을 즐기는 건 필수다. 본관에 있는 왕실 전용 욕실 유신덴과 봇짱의 방도 둘러보자. 또 도보 2분 거리에 본관의 자매 온천인 쓰바키노유가 있으며, 쓰바키노유 옆에 도고 온천 별관 아스카노유가 있다. 온천욕 후에는 커피 우유도, 시원한 봇짱 맥주도, 감귤 아이스크림도 좋다. 도고하이카라도리 상점가를 산책하는 것도 온천 거리에 온 즐거움이다.

우동 먹방 투어

아침부터 늦은 밤까지 가볍게 들르기 좋은 우동집부터, 역에서 넉넉히 20~30분은 걸어야 하는 시골 우동집, 가이드와 함께 유명 우동집을 순례하는 우동 버스 여행과 우동 전문 기사와 떠나는 우동 택시까지 다양한 방법으로 우동을 즐기자. 우동을 만드는 데 관심이 있다면 우동 학교도 있다. 직접 우동을 만든 후 시식도 가능하며 유쾌한 기념품 세트도 받을 수 있다. 우동현 가가와현에서 우동에 관한 모든 것을 마음껏 누려 보자.

섬 위의 미술관 여행

소박한 시골 가가와현에 전 세계에서 수많은 관광객이 모이는 가장 큰 이유는 세토내해에 떠 있는 작은 섬 나오시마가 그곳에 있기 때문이다. 나오시마를 비롯한 데시마, 이누지마 등 세토내해의 예술 섬 여행을 떠나 보자. 한없이 지친 어느 날, 섬 위의 미술관을 걸어 보자. 골목길에서, 논밭 사이에서, 바닷가 끝자락에서 작품을 만나며 걷다 보면 어느새 위로와 영감으로 가득 찬 여행이 될 것이다.

시코쿠 BEST 먹거리

시코쿠에서는 눈도 입도 즐겁다. 우동현이라 불리는 만큼 아무리 먹어도 질리지 않는 다양한 우동과 진한 도쿠시마 라멘, 신선한 도미와 가쓰오 다타키를 비롯해 닭다리를 통째로 구운 호네쓰키도리까지, 저마다 그 이름값을 톡톡히 해낸다. 유명 귤 산지인 만큼 귤로 만든 디저트도 풍부하고 온천 거리에 어울리는 달콤한 타르트와 단고도 입맛을 사로잡는다.

자코텐

에히메현 바다에서 잡히는 생선을 사용해 만든 에히메 특산으로 가마보코의 일종이다. 작은 생선을 통째로 갈아서 가공했기 때문에 씹는 식감이 독특하다. 자코텐 버거 같은 특별한 음식으로도 즐길 수 있다.

사누키우동

유명한 우동집을 찾아다니며 미식의 호사를 누릴 수 있는 점도 주머니가 가벼운 여행자에게는 희소식이다. 우동현으로 불릴 만큼 우동에 대한 사랑이 뜨거운 가가와현의 소박한 우동 문화를 맛보자.

호네쓰키도리

뼈 있는 닭다리를 양념해서 통째로 구운 가가와현의 명물이다. 부드러운 영계(히나)와 쫄깃한 노계(오야) 두 종류가 있다. 아삭아삭한 껍질도 별미지만 씹을 때마다 듬뿍 배어 나오는 육즙과 마늘 소스가 입맛을 자극한다. 맥주 안주로 별 다섯 개다.

이야소바

이야 지역에서 수확한 메밀로 만든 도쿠시마현의 향토 음식. 일반 메밀에 비해 면의 길이가 짧은 것이 특징이다. 면에 끈기를 주는 가공을 하지 않아서 흔히 먹는 메밀 소바와 식감이 다르지만 소바 특유의 향을 즐길 수 있다.

가와라센베이

'가와라'는 '기와'라는 의미로 가와라센베는 기와장 모양으로 만든 다카마쓰를 대표하는 간식이다. 흔한 과자 크기부터 어른 손바닥보다 큰 것까지 있어서 골라 먹는 재미가 있다. 단단한 느낌 뒤에 오는 고소한 식감은 자꾸만 손이 가게 한다.

도쿠시마 라멘

우동 문화가 강한 시코쿠에서 주카 소바로 오랫동안 서민에게 사랑받던 라멘은 90년대 후반부터 서서히 전국으로 알려지게 됐다. 도쿠시마 라멘은 돼지 뼈에 해산물과 야채를 넣고 푹 끓인 국물을 쓰기 때문에 첫맛은 진하고 뒷맛은 개운하다.

마쓰야마 도미 요리

북쪽과 서쪽이 바다에 면해 있어서 도미 어획량 일본 최고를 자랑하는 마쓰야마. 그곳의 신선한 도미를 사용한 요리를 즐겨 보자.

나루토의 도미덮밥

도쿠시마 근해에서 수확되는 신선한 도미를 듬뿍 얹은 덮밥. 거친 소용돌이 속에서 자란 탄력 있는 도미는 단맛이 돌 정도로 신선하며 도미 뼈를 우려낸 미역국과도 잘 어울린다.

마돈나 맥주, 봇짱 맥주

마쓰야마는 나쓰메 소세키의 문학의 향기가 어린 곳이라 해도 과언이 아니다. 그의 소설 《봇짱》 속 등장인물의 이름을 딴 맥주도 인기다. 도고 온천의 뜨거운 탕에서 몸을 풀고 시원한 마돈나 맥주와 봇짱 맥주를 만나 보자.

가쓰오 다타키

가쓰오 다타키는 신선한 다랑어를 볏짚에 겉만 살짝 익혀서 먹는 음식으로 고치 사람들에게는 소울 푸드라 할 수 있다. 초여름과 늦가을이 제일 맛있는 시기로 특히 늦가을에는 다랑어에 기름이 올라 농후한 맛을 느낄 수 있다.

가가와 오이리 소프트아이스크림

예로부터 가가와현에서 결혼식 답례품으로 나눠 주던 쌀 과자 '오이리'를 토핑으로 올린 '오이리 소프트아이스크림'은 동그랗고 고운 색감으로 여성들과 아이들에게 인기가 많다. 이 외에도 파와 간장을 뿌린 가마타마소프트도 시코쿠에서만 맛볼 수 있는 별미다.

봇짱 단고

소설 《봇짱(한국어판: 도련님)》에도 등장하는 도고 온천의 대표 명과로 말차와 계란, 팥 세 가지 맛으로 구성된 경단이다. 부드럽고 달콤해서 간식으로 좋다. 마쓰야마역에 있는 가게나 시내 곳곳에서 판매한다.

귤 디저트

감귤 생산량 전국 1, 2위를 자랑하는 마쓰야마현에서 수확된 감귤을 사용해 만든 주스나 젤라토, 감귤 젤리 등 매혹적인 귤 디저트에 빠져 보자.

타르트

타르트는 유자향이 감도는 단팥소를 카스텔라로 감싼 에히메현의 대표적인 고급 간식이다. 계절별로 딸기나 밤 맛을 추가해 새롭게 시도하는 제품도 호평이며 녹차와 잘 어울린다.

시코쿠
BEST
쇼핑 리스트

시코쿠는 일본의 주요 네 개 섬 중 가장 작은 섬이고 소도시들로 이루어진 만큼 화려하게 내세울 쇼핑 리스트는 없다. 그 대신 어느 곳 못지않게 여행의 추억이 될 만한 소박한 기념품이나 특산물이 풍부하다. 기발한 우동 관련 제품, 품질 좋은 이마바리 수건과 감귤 제품, 쫄깃한 미역, 고소한 미레 비스킷 등 부담 없이 마음을 나눌 수 있는 제품이 많아서 소소하게 쇼핑을 즐기기에 좋다.

건조 우동면

사누키우동의 발상지 가가와현에서는 갖가지 다양한 우동을 즐길 수 있다. 선물용으로 살 수 있는 건조된 우동면도 다양해 가케 우동, 카레 우동, 올리브 우동 등 기호에 따라 고를 수 있다.

고토히라 본궁의 강아지 부적

일본에서 단 한 군데, 고토히라 본궁에서만 파는 부적으로, 일명 행복해지는 부적이다. 노란색 부적과 미니 강아지가 세트여서 종교적 이유가 아니라도 기념품으로 많이 구입한다.

쇼도시마 올리브 제품

일본의 지중해 쇼도시마의 온화한 기후에서 자란 올리브를 정성 들여 가공해 화장품, 오일, 비누, 음료, 간장 등 다양한 상품으로 선보인다. 일상에 작은 변화를 주는 선물로 좋다.

우동 스티커와 우동 메모지

일명 우동현인 가가와현의 확실한 기념품이다. 가가와현에는 우동을 소재로 한 상품과 음식이 넘친다. 아이들 선물로도 좋지만 어른이 받으면 더 즐겁다.

오이리

가가와 지역에서 결혼 답례품으로 주었다는 구슬 과자 오이리. 찹쌀을 원료로 하여 입안에서 사르르 녹는 식감이 매력적이다. 색색의 예쁜 색깔로 눈으로 봐도 맛있다.

나루토 미역

도쿠시마현 나루토 지역은 일본에서 세 손가락에 드는 미역 산지로도 유명하다. 세찬 조류 속에서 자라 쫄깃한 식감과 풍미를 자랑하는 나루토 미역은 기념품으로 구입해 볼 만하다.

에히메현 유자와 감귤 제품

귤 젤라토와 귤 아이스크림 등 그 자리에서 맛볼 수 있는 다양한 간식 외에도 유자술과 젤리, 말린 과일 등 에히메현 특산품인 유자와 감귤을 가공한 다양한 상품을 맛볼 수 있다.

이마바리 수건

일본 수건 생산량의 50%를 차지하는 수건 도시 이마바리. 전문점도 많아서 독특한 수건 제품을 구경하거나 구입하기에 좋다. 옷, 파우치, 필통 등 수건으로 만든 상품을 만나 보자.

고치현 사케

일본에서 술 소비량이 가장 많은 고치현에서 만드는 술이니 만큼 술 좋아하는 여행객은 마음이 들뜰지도 모른다. 다양한 사케나 소주를 합리적 가격에 즐길 수 있는 가게도 많다.

가쓰오부시(가다랑어포)

등 푸른 생선 가다랑어를 가공해 만든 가쓰오부시는 간장이나 멸치 국물에 넣으면 감칠맛이 더해진다. 여행 후 식탁에서 시코쿠를 추억하기에 적절한 선택이다.

미레 비스킷

고치현에서 주로 판매되는 비스킷. 기름에 튀겨 소금을 묻힌 소박한 과자로 어딘가 그리운 맛이 난다. 한 번 먹으면 자꾸 손이 가는 어린 시절 소환용 과자다.

이모켄피

고치현 주민들에게 예로부터 사랑받아 온 간식. 고구마에 질 좋은 기름과 설탕으로 맛을 내어 오도독거리는 소리까지 맛있다.

추천 코스

- 친구・연인과 떠나는 2박 3일 다카마쓰 여행
- 혼자여도 좋은 2박 3일 섬 여행
- 지친 마음을 달래는 2박 3일 마쓰야마 여행
- 다이내믹한 3박 4일 다카마쓰+도쿠시마현 여행
- 호빵맨과 료마를 만나는 3박 4일 고치현 여행
- 봇짱과 마돈나를 만나는 3박 4일 에히메현 여행
- 올시코쿠 레일패스를 이용한 4박 5일 도쿠시마+고치현 여행
- 올시코쿠 레일패스를 이용한 5박 6일 시코쿠 일주 여행

친구·연인과 떠나는 2박 3일 다카마쓰 여행

다카마쓰 시내도 알차게 돌아보고 한 시간 거리에 있는 고토히라궁에 다녀오는 일정이다. 785계단을 올라가면서 곳곳에 있는 흥미로운 스폿을 마음껏 즐기자. 친구나 연인 등 마음 맞는 사람들끼리라면 한층 더 즐거운 일정이다.
(항공편 시간은 변동이 생기기도 하므로 첫날과 마지막 날에는 일정 조정이 필요하다.)

Day 1

다카마쓰 공항 — 리무진 버스 45분 → JR高松 / JR다카마쓰역 — 레인보우 순환버스 18분 → BUS 栗林公園前 / 리쓰린코엔마에 정류장 — 도보 1분 → 리쓰린 공원

리쓰린 공원 — 도보 10분 → 고토덴 栗林公園 / 리쓰린코엔역 — 고토덴 17분 / 가와라마치역 환승 → 고토덴 琴電屋島 / 고토덴야시마역 — 도보 15분 → 와라야(식사) — 도보 1분 → 시코쿠무라

시코쿠무라 — 도보 1분 → 시코쿠무라 카페 — 도보 15분 → BUS 四国村 / 시코쿠무라 정류장 — 셔틀 버스 (야시마산조행) 10분 → BUS 屋島山上 / 야시마산조 정류장 — 도보 10분 → 야시마 전망대 (시시노레이간 전망대)

야시마 전망대 — 도보 10분 → BUS 屋島山上 / 야시마산조 정류장 — 셔틀버스 (JR야시마역행) 10분 → 고토덴 琴電屋島 / 고토덴야시마역 — 고토덴 20분 / 가와라마치역 환승 → 고토덴 高松築港 / 다카마쓰칫코역 — 도보 15분 → 기타하마 앨리

40

Day 2

JR JR高松 — 도보 5분 → 高松築港 고토덴 — 고토덴 약 1시간 → 琴電琴平 고토덴 — 도보 20분 → 구 곤피라 대극장 가나마루자

JR다카마쓰역 / 다카마쓰칫코역 / 고토덴고토히라역 / 구 곤피라 대극장 가나마루자

도보 5분 후 몬젠마치 계단 도착. 785계단 오름

琴電琴平 고토덴 — 도보 15분 → 나카노 우동 학교 곤피라교 — 500계단 내려옴 → 가미쓰바키 (카페) — 285계단 내려옴 → 고토히라궁

고토덴 고토히라역

고토덴 1시간

高松築港 고토덴 — 도보 5분 → 다카마쓰 심볼 타워 — 도보 5분 → 高松築港 고토덴 — 고토덴 2분 → 片原町 고토덴 — 도보 5분 → 효고마치 상점가 또는 마루가메마치 상점가

다카마쓰칫코역 / 다카마쓰칫코역 / 가타하라마치역

Day 3

JR JR高松 — 도보 5분 → 다마모 공원 — 도보 5분 → 가가와 현립 뮤지엄 — 도보 8분 → BUS 兵庫町 — 리무진 버스 약 45분 → 다카마쓰 공항

JR다카마쓰역 / 다마모 공원 / 가가와 현립 뮤지엄 / 효고마치 정류장 / 다카마쓰 공항

혼자여도 좋은 2박 3일 섬 여행

연인들의 섬으로 불리는 쇼도시마 섬과 예술 섬 나오시마를 돌아보는 일정이다. 세토내해의 예술 섬을 둘러보고 특별한 여행 에너지를 얻고 싶을 때 추천한다. 연인과도 좋고 혼자여도 특별하다.

Day 1

다카마쓰 공항 — 리무진 버스 45분 → JR高松 / JR다카마쓰역 — 도보 5분 → 다카마쓰항 — 페리 1시간 또는 고속선 35분 → 쇼도시마 도노쇼항

쇼도시마 도노쇼항 — 도보 1분 → BUS オリーブバス土庄港 / 도노쇼항 올리브 버스 정류장 — 올리브 버스 10분 → BUS 小豆島国際ホテル前 / 쇼도시마 고쿠사이 호테루마에 정류장 — 도보 5분 → 엔젤 로드 — 도보 5분 → BUS 小豆島国際ホテル前 / 쇼도시마 고쿠사이 호테루마에 정류장

쇼도시마 고쿠사이 호테루마에 정류장 — 올리브 버스 25분 → BUS サン・オリーブ / 산 올리브 정류장 — 도보 1분 → 쇼도시마 올리브 공원 — 도보 1분 → BUS サン・オリーブ / 산 올리브 정류장 — 올리브 버스 35분 → 도노쇼항

도노쇼항 — 페리 1시간 또는 고속선 35분 → 다카마쓰항 — 도보 15분 → 기타하마 앨리 또는 우미에(카페)

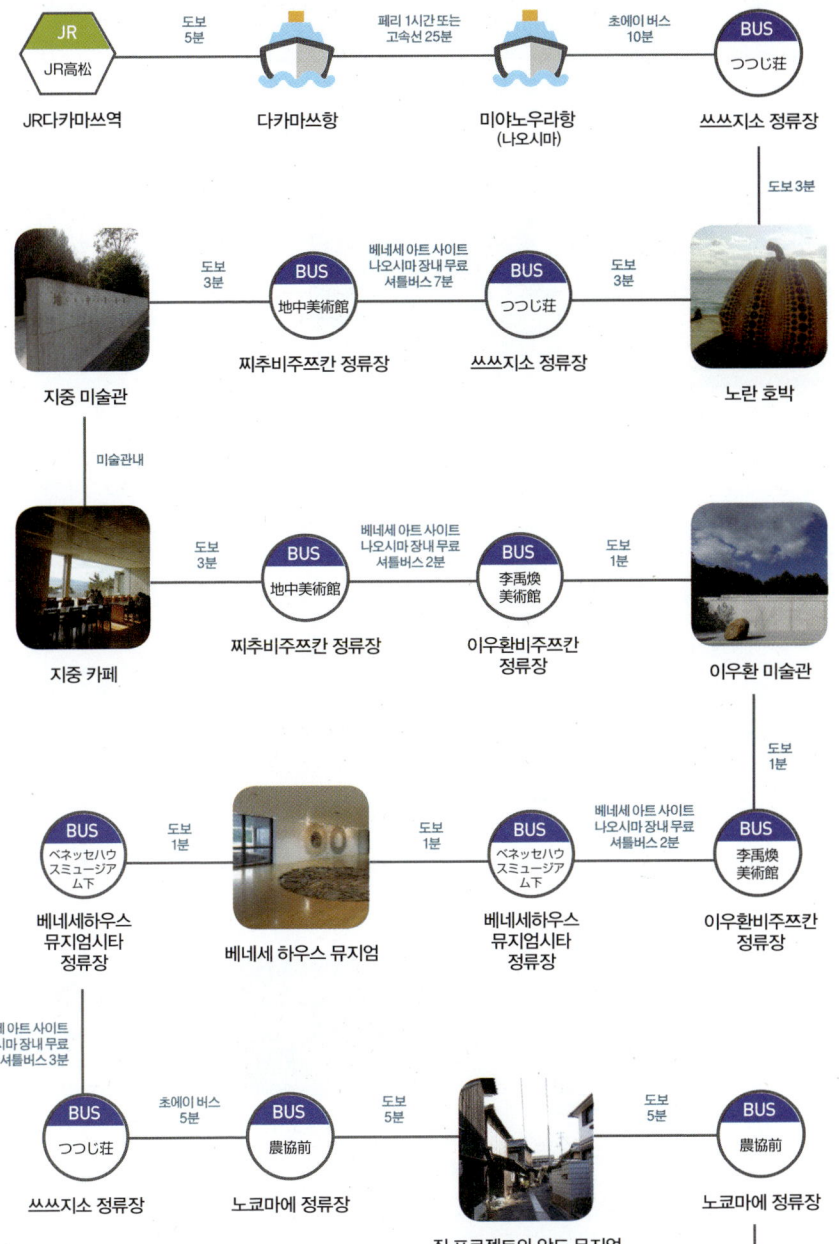

Day 3

3 COURSE 지친 마음을 달래는 2박 3일 마쓰야마 여행

고즈넉한 전통이 어린 마쓰야마를 돌아보는 일정이다. 일본에서 가장 오래된 도고 온천 등 시내 관광과 30분 거리에 있는 우치코에서 느리게 과거 속을 걸어 보자. 혼자여도, 함께여도 즐겁다.

Day 1

마쓰야마 공항

리무진 버스 15분

JR / JR松山

JR마쓰야마역

도보 2분

노면 전차 / 松山駅前

마쓰야마에키마에역

노면 전차 약 13분

노면 전차 / 大街道

오카이도역

도보 5분

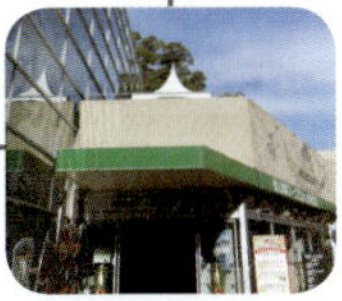

마쓰야마성 로프웨이

로프웨이 또는 리프트 탑승(상행)

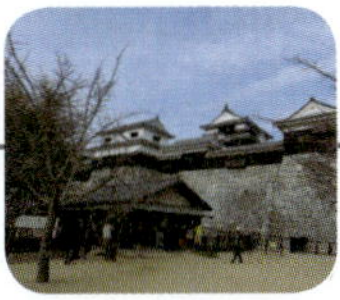

마쓰야마성

로프웨이 또는 리프트 탑승(하행)

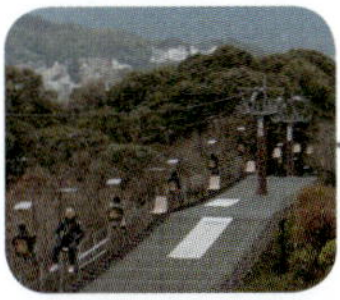

마쓰야마성 로프웨이

도보 13분

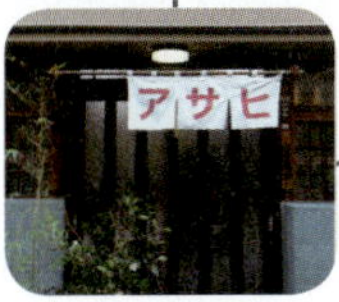

아사히(식사)

도보 10분

노면 전차 / 大街道

오카이도역

노면 전차 약 12분

노면 전차 / 道後温泉

도고온센역

도보 1분

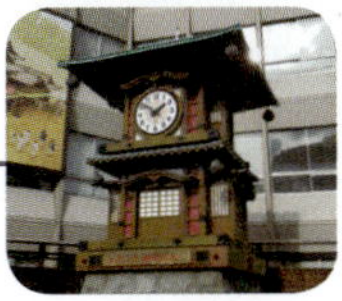

호조엔

도보 1분

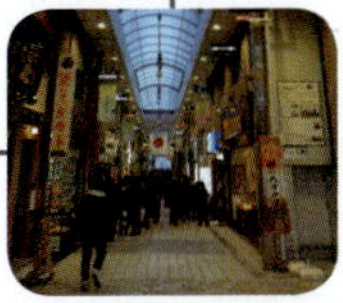

도고 하이카라도리

도보 5분

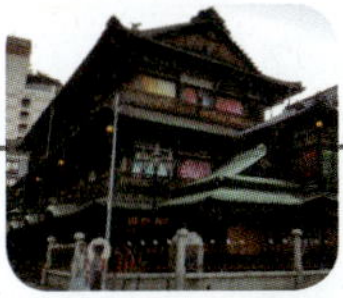

도고 온천 본관

도보 1분

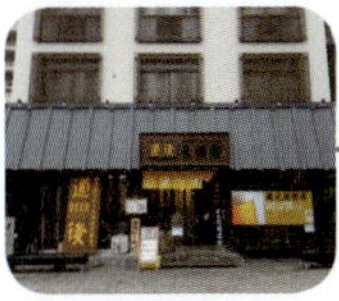

도고 맥주관

Day 2

JR
JR松山
JR마쓰야마역 — JR특급 25분 — JR JR内子 JR우치코역 — 도보 20분 — 목랍 자료관 가미하가 저택

우치코좌 — 도보 3분 — 상업과 생활 박물관 — 도보 2분 — 시모하가 저택(식사) ↑ 도보 8분

도보 10분 ↓

JR JR内子 JR우치코역 — JR특급 25분 — JR JR松山 JR마쓰야마역 — 도보 2분 — 노면 전차 松山駅前 마쓰야마에키마에역 — 노면 전차 25분 — 노면 전차 道後温泉 도고온센역

도보 3분 ↓

도고 맥주관 별관 — 도보 1분 — 도고 온천 별관 아스카노유 — 도보 5분 — 도고 공원·유즈키성 유적

Day 3

노면 전차 大街道 오카이도역 — 도보 5분 — 반스이소 — 도보 5분 — 노면 전차 大街道 오카이도역 — 리무진 버스 약 30분 — 마쓰야마 공항

다이내믹한 3박 4일 다카마쓰+도쿠시마현 여행

다카마쓰와 도쿠시마를 한꺼번에 돌아보는 일정이다. 다카마쓰 시내를 돌아보고 시내에서 온천을 즐긴 다음, 도쿠시마에서는 400년 전통의 아와오도리 공연을 즐기고, 나루토의 거대 소용돌이와 세계 최대의 도판 명화까지 둘러보는 강렬하고 다이내믹한 일정이다.

Day 1

다카마쓰 공항 → 리무진 버스 45분 → JR JR高松 (JR다카마쓰역) → 레인보우 순환버스 18분 → BUS 栗林公園前 (리쓰린코엔마에 정류장) → 도보 1분 → 리쓰린 공원

→ 도보 10분 → 고토덴 栗林公園 (리쓰린코엔역) → 고토덴 약 9분 → 고토덴 仏生山 (붓쇼잔역) → 도보 2분 → 버거 카페 비츠 → 도보 10분 → 붓쇼잔 온천

→ 도보 12분 → 고토덴 仏生山 (붓쇼잔역) → 고토덴 약 17분 → 고토덴 高松築港 (다카마쓰칫코역) → 도보 15분 → 마루가메마치 상점가

Day 2

JR / JR高松 — JR다카마쓰역

JR특급 1시간 10분

JR / JR徳島 — JR도쿠시마역

도보 1분

BUS / 徳島市営バスターミナル7番のりば — 도쿠시마 시영 터미널 7번 승차장

도쿠시마 시영 버스 약 25분

BUS / 十郎兵衛屋敷 — 주로베야시키 정류장

도보 1분

아와주로베 야시키

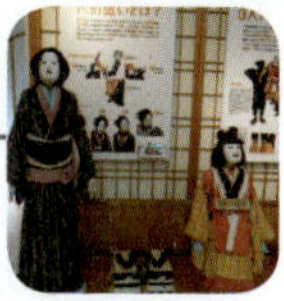

도보 1분

BUS / 十郎兵衛屋敷 — 주로베야시키 정류장

도쿠시마 시영 버스 약 25분

JR / JR徳島 — JR도쿠시마역

도보 10분

도쿠시마성 박물관

도보 1분

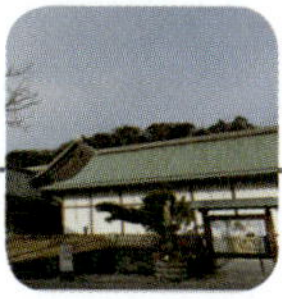

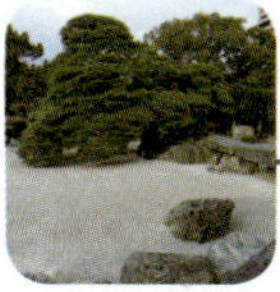

구 도쿠시마성 오모테고텐 정원

도보 10분

아타리야(간식)

도보 5분

효탄지마 크루즈

도보 15분

아와오도리 회관

도보 8분

주카소바 이노타니 (식사)

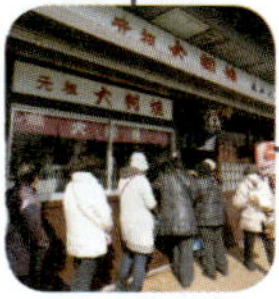

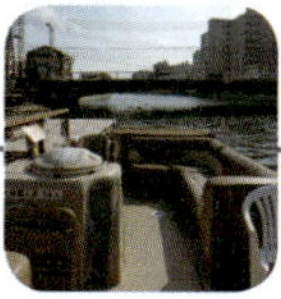

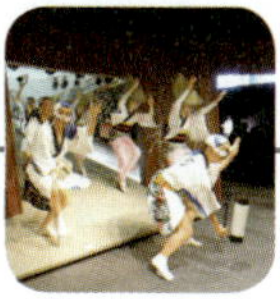

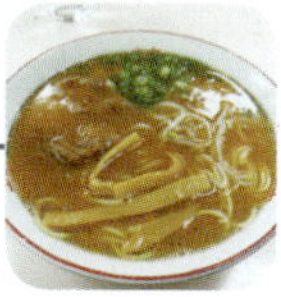

Day 3

JR / JR徳島 — JR도쿠시마역

도보 1분

BUS / 徳島市営バスターミナル16番のりば — 도쿠시마 시영 터미널 16번 승차장

도쿠시마 시영 버스 1시간 20분

BUS / 鳴門公園 — 나루토코엔 정류장

도보 5분

오나루토 대교 가교 기념관 에디

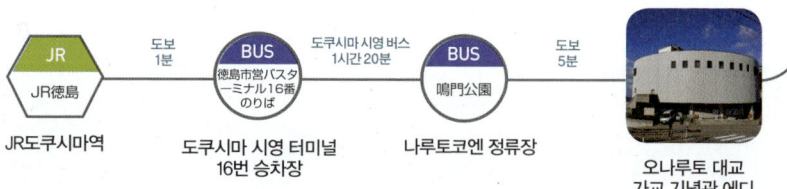

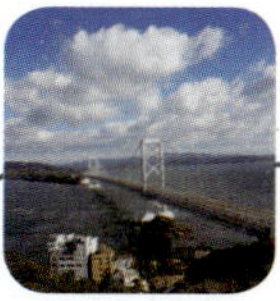

도보 3분

에스카히루 나루토

도보 5분

우즈노미치

도보 2분

우즈노야(식사)

도보 10분

BUS 鳴門公園

나루토코엔 정류장

노선버스 3분

BUS 鳴門観光港

나루토칸코코 정류장

도보 1분

완다나루토 (소용돌이 관조선)

도보 1분

BUS 鳴門観光港

나루토칸코코 정류장

노선버스 4분

BUS 大塚国際美術館前

오츠카코쿠사이비주쯔칸마에 정류장

도보 1분

오츠카 국제 미술관

도보 1분

BUS 大塚国際美術館前

오츠카코쿠사이비주쯔칸마에 정류장

도쿠시마 시영 버스 1시간 15분

JR JR徳島

JR도쿠시마역

JR특급 1시간 10분

JR JR高松

JR다카마쓰역

Day 4

JR JR高松

JR다카마쓰역

도보 5분

다마모 공원

도보 5분

가가와 현립 뮤지엄

도보 10분

다카마쓰시 미술관

도보 5분

효고마치 상점가

도보 1분

BUS 兵庫町

효고마치 정류장

리무진 버스 약 45분

다카마쓰 공항

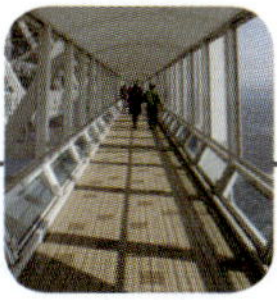

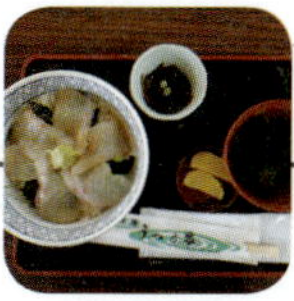

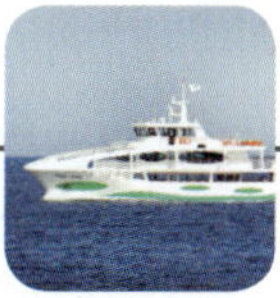

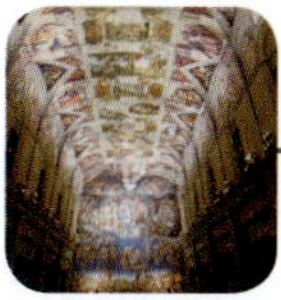

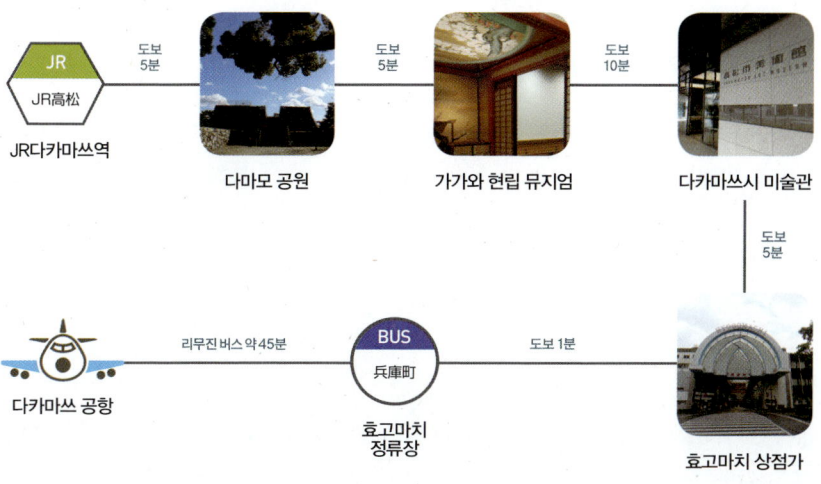

호빵맨과 료마를 만나는 3박 4일 고치현 여행

올시코쿠 레일패스를 이용해서 고치까지 돌아보는 일정이다. 고치의 부엌 히로메 시장부터 사카모토 료마 관련 스폿, 가쓰라하마 등 고치 근교까지 알차게 둘러볼 수 있다. 호빵맨 뮤지엄이 있어 자녀와 함께하는 여행도 좋지만 어른들끼리의 여행도 좋다.

추천 패스 올시코쿠 레일패스 3일권 패스, MY유 버스 1일권

Day 1

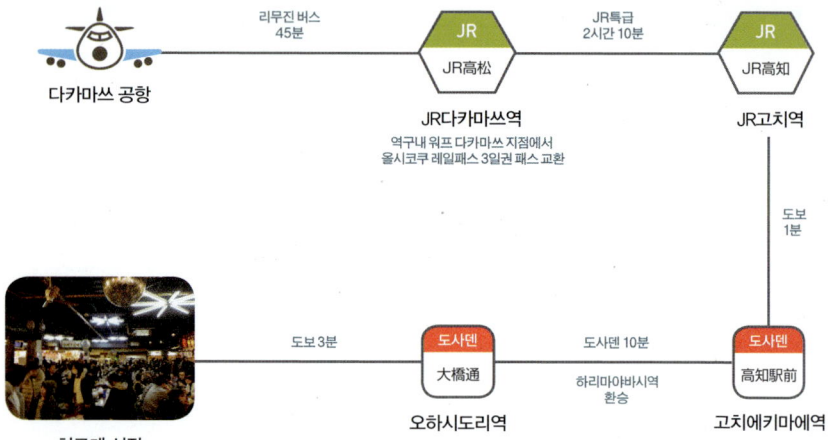

다카마쓰 공항 — 리무진 버스 45분 → JR 高松 / JR다카마쓰역 (역구내 워프 다카마쓰 지점에서 올시코쿠 레일패스 3일권 패스 교환) — JR특급 2시간 10분 → JR 高知 / JR고치역 — 도보 1분 → 도사덴 高知駅前 / 고치에키마에역 — 도사덴 10분 (하리마야바시역 환승) → 도사덴 大橋通 / 오하시도리역 — 도보 3분 → 히로메 시장

Day 2

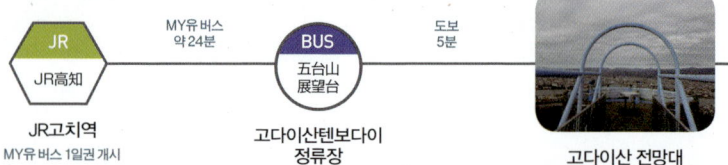

JR 高知 / JR고치역 (MY유 버스 1일권 개시) — MY유 버스 약 24분 → BUS 五台山展望台 / 고다이산텐보다이 정류장 — 도보 5분 → 고다이산 전망대

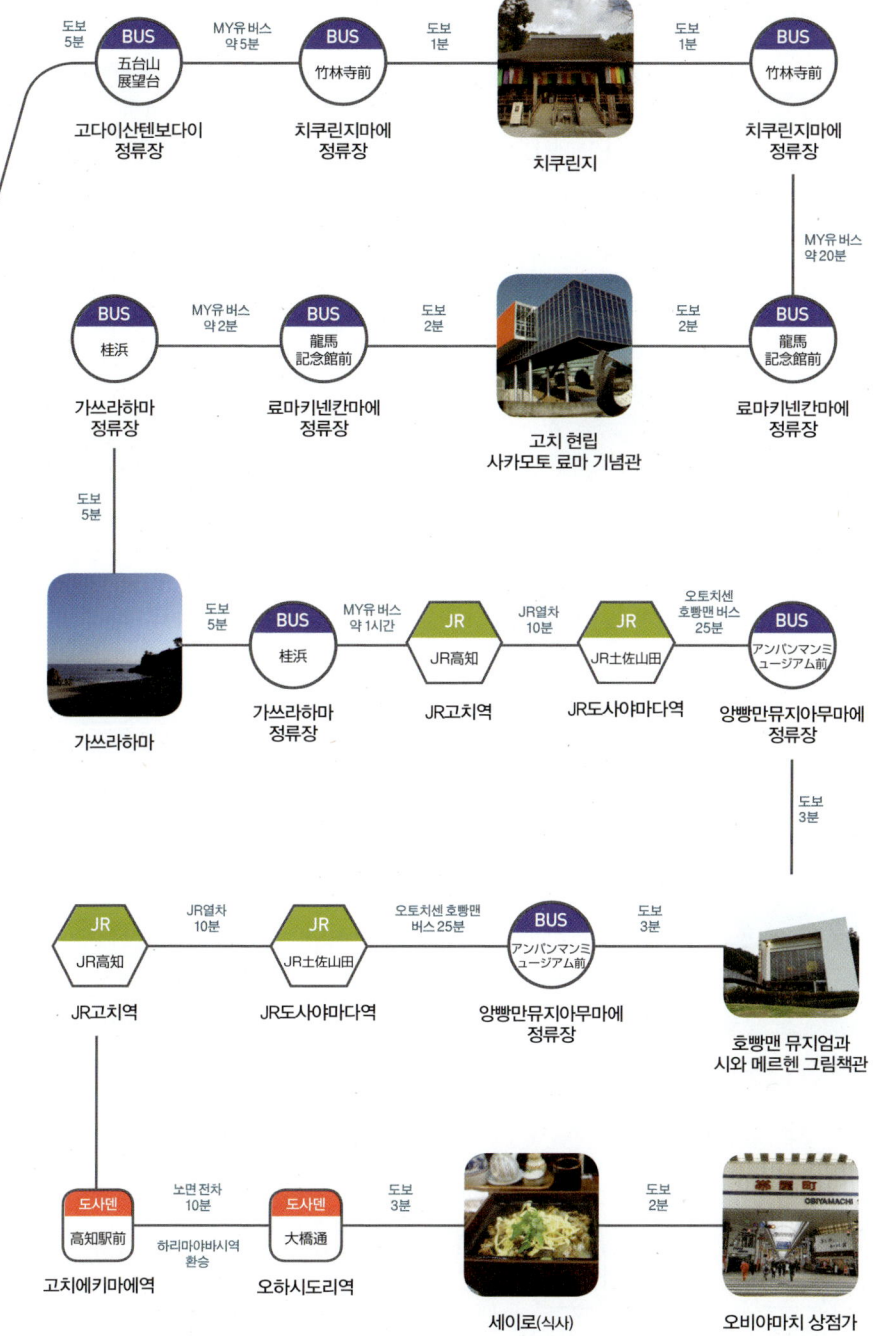

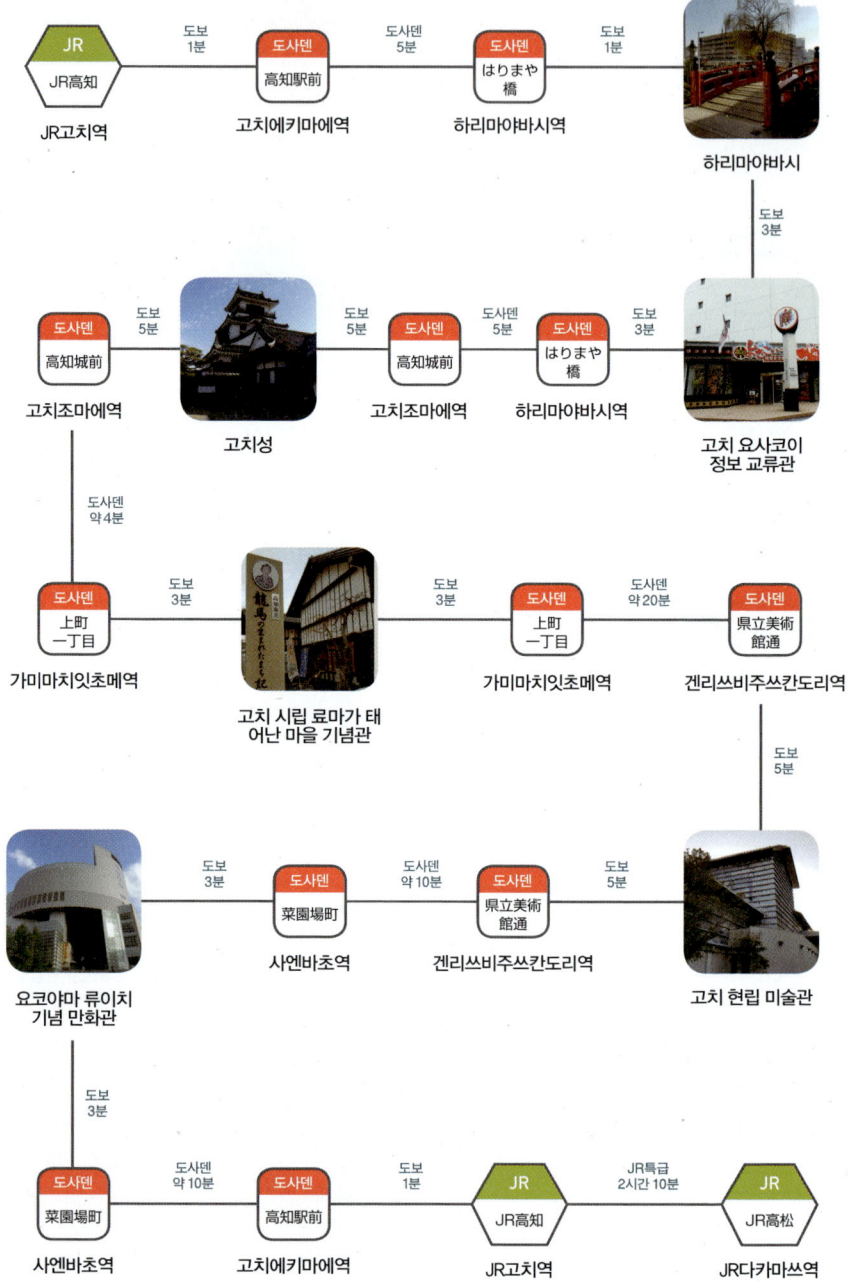

Day 4

JR高松
JR다카마쓰역

→ 레인보우 순환 버스 18분 →

BUS 栗林公園前
리쓰린코엔마에 정류장

→ 도보 1분 →

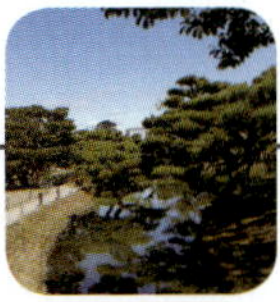

리쓰린 공원

→ 도보 1분 →

BUS 栗林公園前
리쓰린코엔마에 정류장

→ 레인보우 순환 버스 13분 →

BUS 兵庫町
효고마치 정류장

→ 도보 5분 →

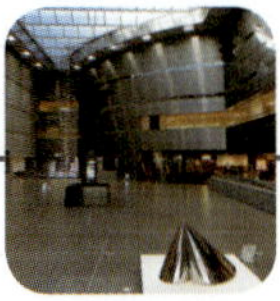

다카마쓰시 미술관

→ 도보 5분 →

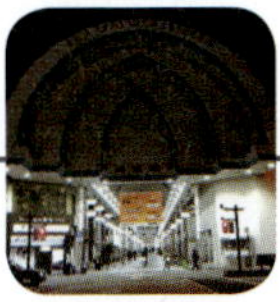

효고마치상점가

→ 도보 1분 →

BUS 兵庫町
효고마치 정류장

→ 리무진 버스 약 25분 →

다카마쓰 공항

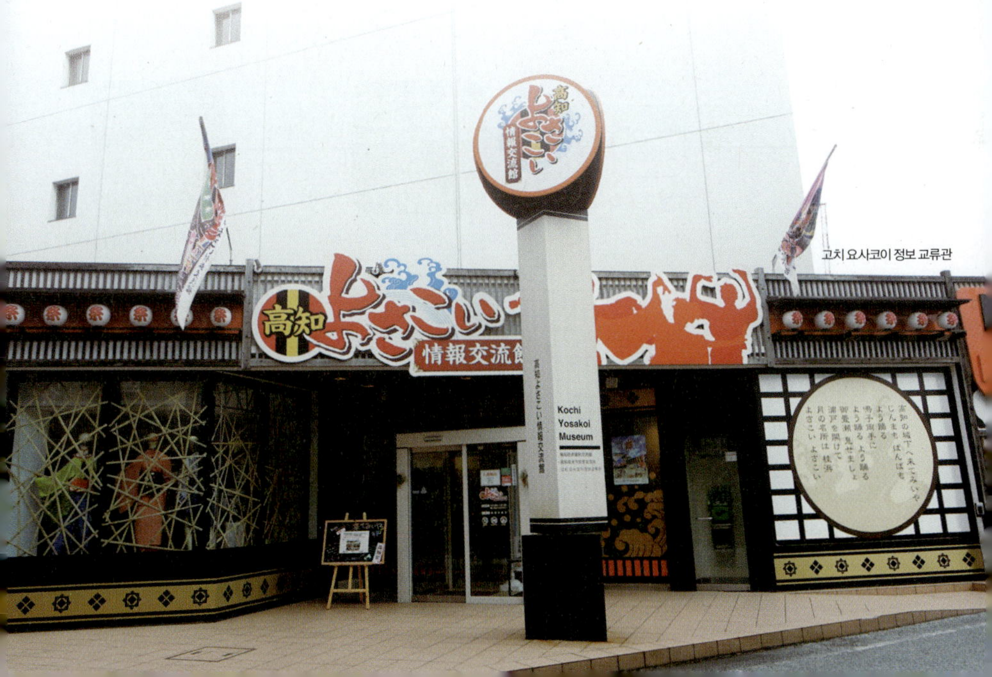
高知 よさこい 情報交流館
Kochi Yosakoi Museum

고치 요사코이 정보 교류관

봇짱과 마돈나를 만나는 3박 4일 에히메현 여행

3,000년 전통의 도고 온천 등 마쓰야마 시내를 돌아보고 근교의 오즈와 우치코의 옛 거리를 찾아가는 일정이다. 바닷가의 아름다운 무인역 시모나다역에서 소곤소곤 수다를 떨며 작은 커피 트럭의 커피도 마셔 보자. 누구와 가도 좋지만 특히 여성들끼리 조금 특별한 여행을 하기에 좋은 일정이다.

Day 1

마쓰야마 공항 — 리무진 버스 15분 → JR松山 JR마쓰야마역 — 도보 2분 → 노면 전차 松山駅前 마쓰야마에키마에역 — 노면 전차 약 13분 → 노면 전차 大街道 오카이도역 — 도보 2분 ↓

마쓰야마성 로프웨이 ← 로프웨이 또는 리프트 탑승(하행) — 마쓰야마성 ← 로프웨이 또는 리프트 탑승(상행) — 마쓰야마성 로프웨이 ← 도보 4분 — 소 소(식사)

↓ 도보 5분

노면 전차 大街道 오카이도역 — 노면 전차 약 12분 → 노면 전차 道後温泉 도고온센역 — 도보 1분 → 호조엔 — 도보 1분 → 도고 하이카라도리

↓ 도보 5분

오카이도 상점가 — 도보 1분 → 노면 전차 大街道 오카이도역 — 노면 전차 약 12분 → 노면 전차 道後温泉 도고온센역 — 도보 5분 → 도고 온천 본관

Day 2

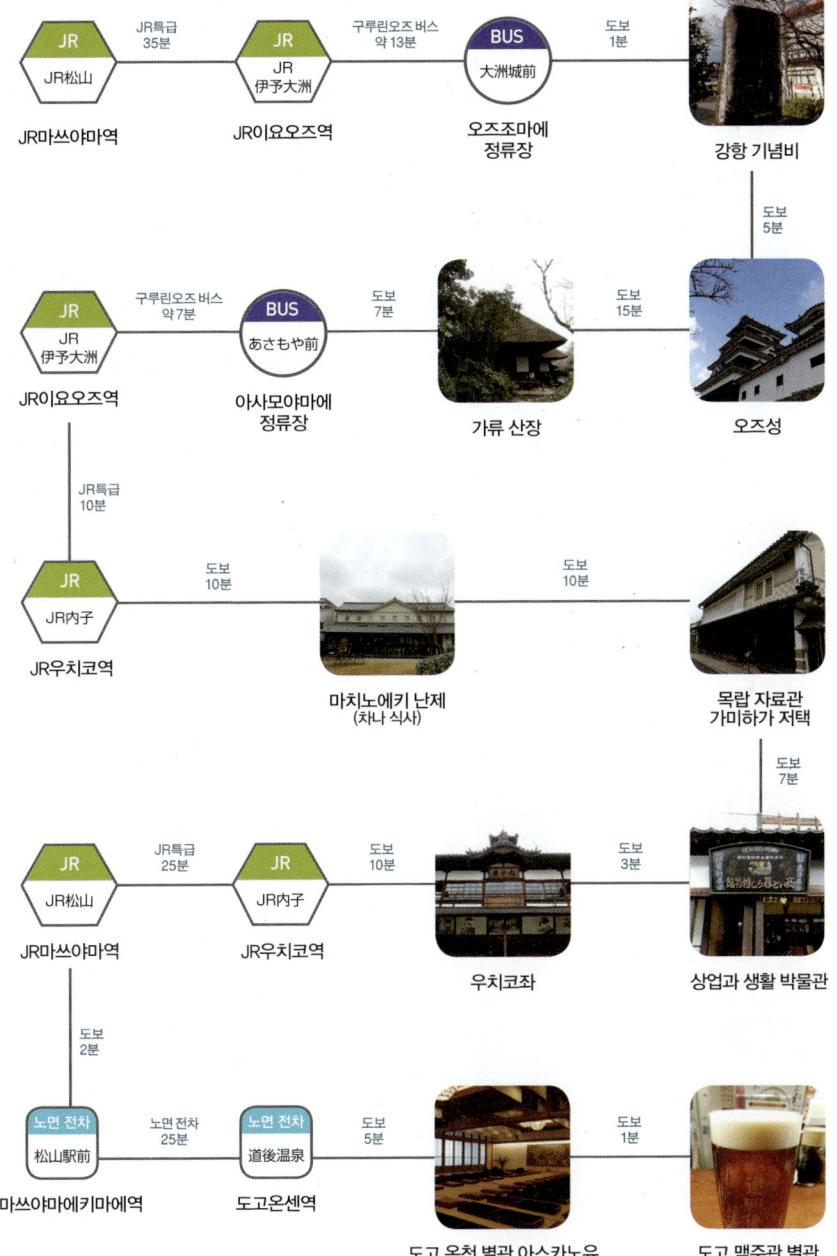

Day3

오카이도역 — 도보 5분 → **반스이소** — 도보 1분 → **애송정** — 도보 5분 → **오카이도역** (노면 전차 2분) → **겐초마에역** (노면 전차)

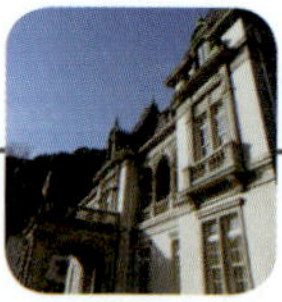

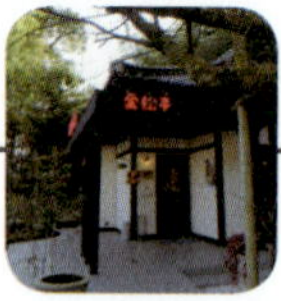

도보 5분 ↓

JR마쓰야마역 (JR) — 도보 2분 → **마쓰야마 에키마에역** (노면 전차 13분) → **오카이도역** (노면전차 2분) → **겐초마에역** (노면 전차 5분) → **마쓰야마성 제2성 유적 정원** (도보)

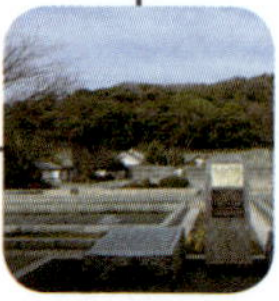

JR요산선 45분 ↓

JR시모나다역 (JR) — 도보 1분 → **시모나다역** — 도보 1분 → **시모나다 커피** — 도보 1분 → **JR시모나다역** (JR) — JR요산선 45분 → **JR마쓰야마역** (JR)

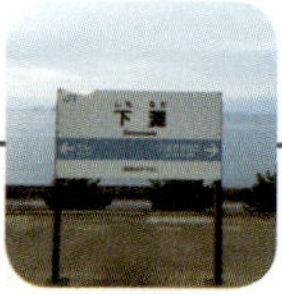

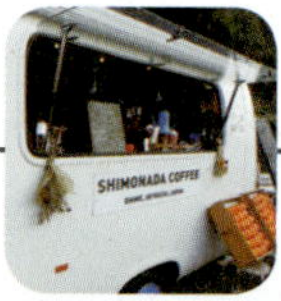

도보 2분 ↓

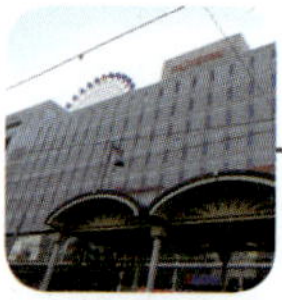

이요테쓰 다카시마야 (대관람차 구루린 탑승) — 도보 3분 → **봇짱 열차 뮤지엄** — 도보 3분 → **마쓰야마시역** (노면 전차) — 노면 전차 11분 → **마쓰야마에키마에역** (노면 전차)

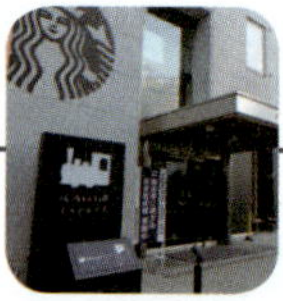

Day 4

오카이도 상점가 — 리무진 버스 30분 → **마쓰야마 공항**

7 COURSE
올시코쿠 레일패스를 이용한 4박 5일 도쿠시마+고치현 여행

올시코쿠 레일패스를 이용해 도쿠시마와 고치까지 돌아보는 일정이다. 400년 전통의 도쿠시마 아와오도리 공연을 즐기고 나루토의 거대 소용돌이와 오츠카 국제 미술관, 일본의 3대 비경인 이야 계곡의 가즈라바시 흔들다리와 오보케 계곡 유람선을 즐기는 등 활기와 모험에 찬 일정이다. 자녀와 함께하는 가족 여행도 좋고 인생을 아는 남성들끼리의 여행에도 좋다.

추천 패스 올시코쿠레일패스 4일권, DAY 4-MY유 버스 이용

Day 1

다카마쓰 공항

리무진 버스 45분

JR JR高松
JR다카마쓰역
다카마쓰역 구내 워프에서 올시코쿠 레일패스 4일권 패스 교환

JR특급 1시간 20분

JR JR徳島
JR도쿠시마역

도보 1분

BUS 徳島市営バスターミナル7番のりば
도쿠시마 시영 터미널 7번 승차장

도쿠시마 시영 버스 약 25분

BUS 十郎兵衛屋敷
주로베야시키 정류장

도보 1분

아와주로베 야시키

도보 1분

BUS 十郎兵衛屋敷
주로베야시키 정류장

버스 25분

JR JR徳島
JR도쿠시마역

도보 10분

효탄지마 크루즈

도보 15분

아와오도리 회관

도보 7분

긴자 잇푸쿠(본점)

Day 2

JR JR徳島
JR도쿠시마역

도보 1분

BUS 徳島市営バスターミナル16番のりば
도쿠시마 시영 터미널 16번 승차장

도쿠시마 시영 버스 1시간 20분

BUS 鳴門公園
나루토코엔 정류장

도보 5분

오나루토 대교 가교 기념관 에디

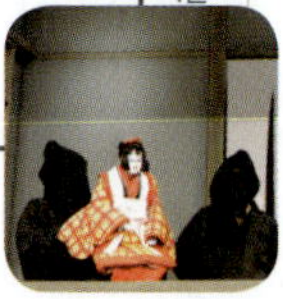

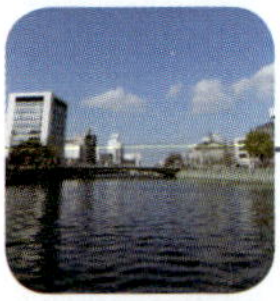

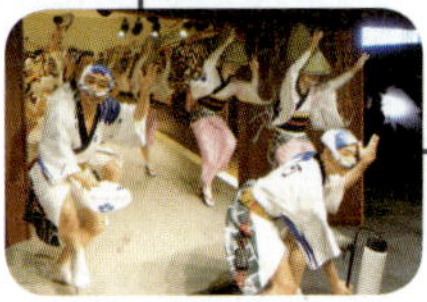

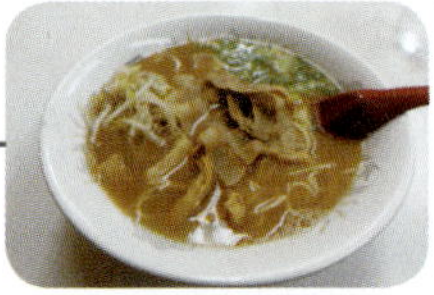

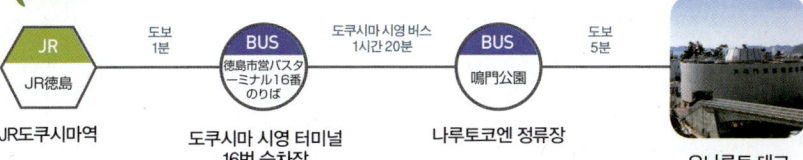

에스카히루 나루토 — 도보 5분 → 우즈노미치 — 도보 2분 → 우즈노야(식사) — 도보 10분 → BUS 鳴門公園 나루토코엔 정류장

(도보 3분)

BUS 鳴門公園 나루토코엔 정류장 — 노선버스 3분 → BUS 鳴門観光港 나루토칸코코 정류장 — 도보 1분 → 완다나루토 (소용돌이 관조선) — 도보 1분 → BUS 鳴門観光港 나루토칸코코 정류장 — 노선버스 4분 → BUS 大塚国際美術館前 오츠카코쿠사이 비주쯔칸마에 정류장

오츠카 국제 미술관 — 도보 1분 → BUS 大塚国際美術館前 오츠카코쿠사이 비주쯔칸마에 정류장 — 도쿠시마 시영 버스 1시간 15분 → JR JR徳島 JR도쿠시마역 — 도보 1분 → 추추추러스 카페 (도쿠시마 역전점)

주의!! 오보케쿄 정류장에서 오보케역을 경유해 가즈라바시까지 가는 노선버스는 4~11월(토, 일, 공휴일 운행), 4월 20일 이후~5월 6일 전후(매일 운행), 7월 중순~8월 31일(매일 운행)을 제외하고 운행에 제한이 있으니 정기 관광 버스를 이용하거나 사전에 버스 운행 여부를 반드시 확인하자.

Day 3

JR JR徳島 JR도쿠시마역 — JR특급 1시간 30분 아와이케다역 환승 → JR JR大歩危 JR오보케역 — 도보 1분 → BUS 大歩危駅前 JR오보케역 앞 노선버스 정류장 — 시코쿠 교통 노선버스 22분 → BUS かずら橋 가즈라바시정류장

오보케 계곡 유람선 — 도보 5분 → BUS 大歩危峡 오보케쿄 정류장 — 시코쿠 교통 노선버스 22분 → BUS かずら橋 가즈라바시 정류장 — 도보 5분 → 가즈라바시

(도보 5분)

도보
5분

시코쿠 교통 노선버스
4분

JR
JR大歩危
JR오보케역

JR특급
50분

JR
JR高知
JR고치역

도보
1분

도사덴
高知駅前
고치에키마에역

만나카
(오보케 계곡 레스토랑)

도사덴
5분

도사덴
はりまや橋
하리마야바시역

도보
3분

고치 요사코이
정보 교류관

도보
3분

하리마야바시

도보
1분

도사덴
はりまや橋
하리마야바시역

도사덴
5분

도사덴
高知城前
고치조마에역

도보
5분

고치성

도보
5분

도사덴
高知城前
고치조마에역

도사덴
약 5분

도사덴
上町一丁目
가미마치잇초메역

도보
3분

고치 시립 료마가
태어난 마을 기념관

도보
3분

오비야마치 상점가 또는 히로메 시장

도보
3분

도사덴
大橋通
오하시도리역

노면 전차
7분

도사덴
上町一丁目
가미마치잇초메역

Day 4

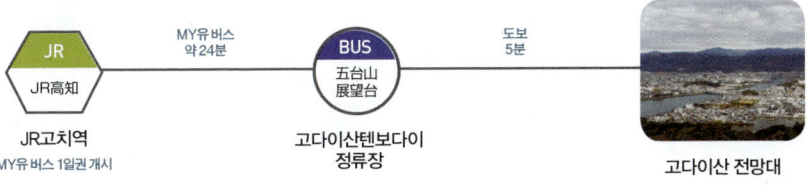

JR
JR高知

JR고치역
MY유 버스 1일권 개시

MY유 버스
약 24분

BUS
五台山展望台

고다이산텐보다이
정류장

도보
5분

고다이산 전망대

Day 4 (계속)

[BUS] 五台山展望台
고다이산텐보다이 정류장
— MY유 버스 약 5분 → [BUS] 竹林寺前
치쿠린지마에 정류장
— 도보 1분 → 치쿠린지
— 도보 1분 → [BUS] 竹林寺前
치쿠린지마에 정류장

— MY유 버스 약 20분 ↓

[BUS] 桂浜
가쓰라하마 정류장
— MY유 버스 약 2분 → [BUS] 龍馬記念館前
료마키넨칸마에 정류장
— 도보 2분 → 고치 현립 사카모토 료마 기념관
— 도보 2분 → [BUS] 龍馬記念館前
료마키넨칸마에 정류장

↑ 도보 5분

가쓰라하마 — 도보 5분 → [BUS] 桂浜 가쓰라하마 정류장 — MY유 버스 약 1시간 → [JR] JR高知 JR고치역 — JR특급 2시간 10분 → [JR] JR高松 JR다카마쓰역

Day 5

[JR] JR高松
JR다카마쓰역
— 레인보우 순환 버스 18분 → [BUS] 栗林公園前
리쓰린코엔마에 정류장
— 도보 1분 → 리쓰린 공원
— 도보 1분 → [BUS] 栗林公園前
리쓰린코엔마에 정류장

— 레인보우 순환 버스 5분 ↓

다카마쓰 공항 — 리무진 버스 약 45분 → [BUS] ゆめタウン高松前
유메타운 다카마쓰마에 정류장
— 도보 2분 → 유메타운(다카마쓰점)
— 도보 2분 → [BUS] ゆめタウン高松前
유메타운 다카마쓰마에 정류장

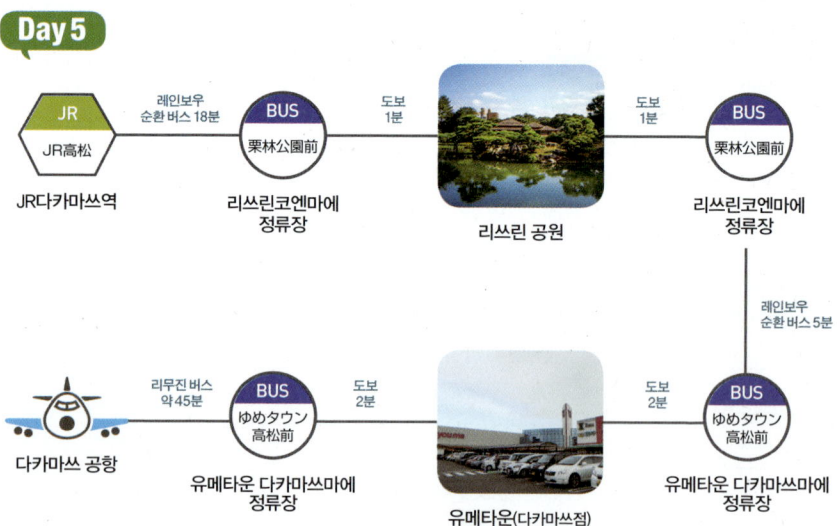

올 시코쿠 레일패스를 이용한 5박 6일 시코쿠 일주 여행

올 시코쿠 레일패스를 사용해 시코쿠 전역을 돌아보는 일정이다. 다카마쓰와 고토히라궁, 도쿠시마의 아와오도리와 나루토의 거대 소용돌이, 아름다운 풍경을 품은 고치 근교까지 돌아보고 마쓰야마로 이동해 도고 온천에서 온천을 즐기는 일정이다. 짧은 시간에 많은 곳을 돌아보고 싶거나 체력에 자신 있는 여행자에게 즐거움을 안겨 줄 특별 여행 플랜이다. (항공편은 다카마쓰 IN, 마쓰야마 OUT 일정)

추천 패스 올 시코쿠 레일패스 4일권, DAY 4 - MY 유 버스 이용

Day 1

다카마쓰 공항 — 리무진 버스 45분 → JR 다카마쓰역 — 레인보우 순환 버스 18분 → 리쓰린코엔마에 정류장 (栗林公園前) — 도보 1분 → 리쓰린 공원

리쓰린 공원 — 도보 10분 → 리쓰린코엔역 (고토덴) — 고토덴 약 9분 → 붓쇼잔역 (고토덴 仏生山) — 도보 2분 → 버거 카페 비츠 — 도보 10분 → 붓쇼잔 온천

붓쇼잔 온천 — 도보 12분 → 붓쇼잔역 (고토덴 仏生山) — 고토덴 약 17분 → 다카마쓰칫코역 (고토덴 高松築港) — 도보 10분 → 덴카쓰(식사) — 도보 7분 → 마루가메마치 상점가

61

Day 2

JR高松 (JR다카마쓰역) — JR특급 35분 → **JR琴平** (JR고토히라역) — 도보 20분 → **구 곤피라 대극장 가나마루자** — 도보 5분 후 몬젠마치 계단 도착, 785계단 오름 → **고토히라궁**

고토히라궁 — 500단째 → **가미쓰바키 (카페)** — 477단째 → **오모테 서원** — 477계단 내려옴 도보 15분 → **JR琴平** (JR고토히라역)

JR고토히라역 — JR특급 35분 → **JR高松** (JR다카마쓰역) — JR특급 1시간 20분 → **JR德島** (JR도쿠시마역) — 도보 15분 → **아와오도리 회관**

Day 3

JR德島 (JR도쿠시마역) — 도보 1분 → **도쿠시마 시영 터미널 16번 승차장** (徳島市営バスターミナル16番のりば) — 도쿠시마 시영 버스 1시간 20분 → **鳴門公園** (나루토코엔 정류장) — 도보 5분 → **오나루토 대교 가교 기념관 에디**

도보 3분 — 도보 5분 — 도보 2분

에스카히루 나루토 — 우즈노미치 — 우즈노야(식사)

BUS 鳴門観光港 — 도보 1분 — 완다나루토 (소용돌이 관조선) — 도보 1분 — BUS 鳴門観光港 — 노선버스 3분 — BUS 鳴門公園

나루토칸코코 정류장 — 나루토칸코코 정류장 — 나루토코엔 정류장

도보 10분

도쿠시마 시영 버스 1시간 15분

JR JR徳島 — JR특급 2시간 30분 이와이케다역 환승 — JR JR高知

JR도쿠시마역 — JR고치역

도보 8분 — 도사덴 蓮池町通 — 도사덴 3분

고지야(사케) — 하스이케마치도리역

Day 4

JR JR高知 — MY유 버스 약 24분 — BUS 五台山展望台 — 도보 5분 — 고다이산 전망대

JR고치역
MY유 버스 1일권 개시

고다이산텐보다이 정류장

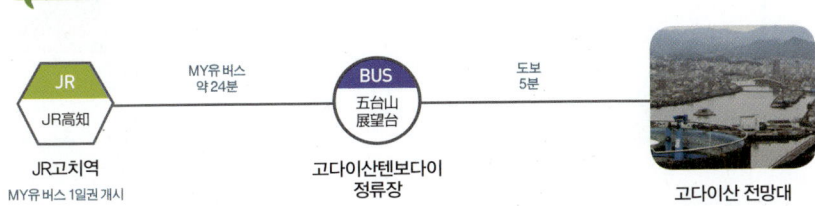

63

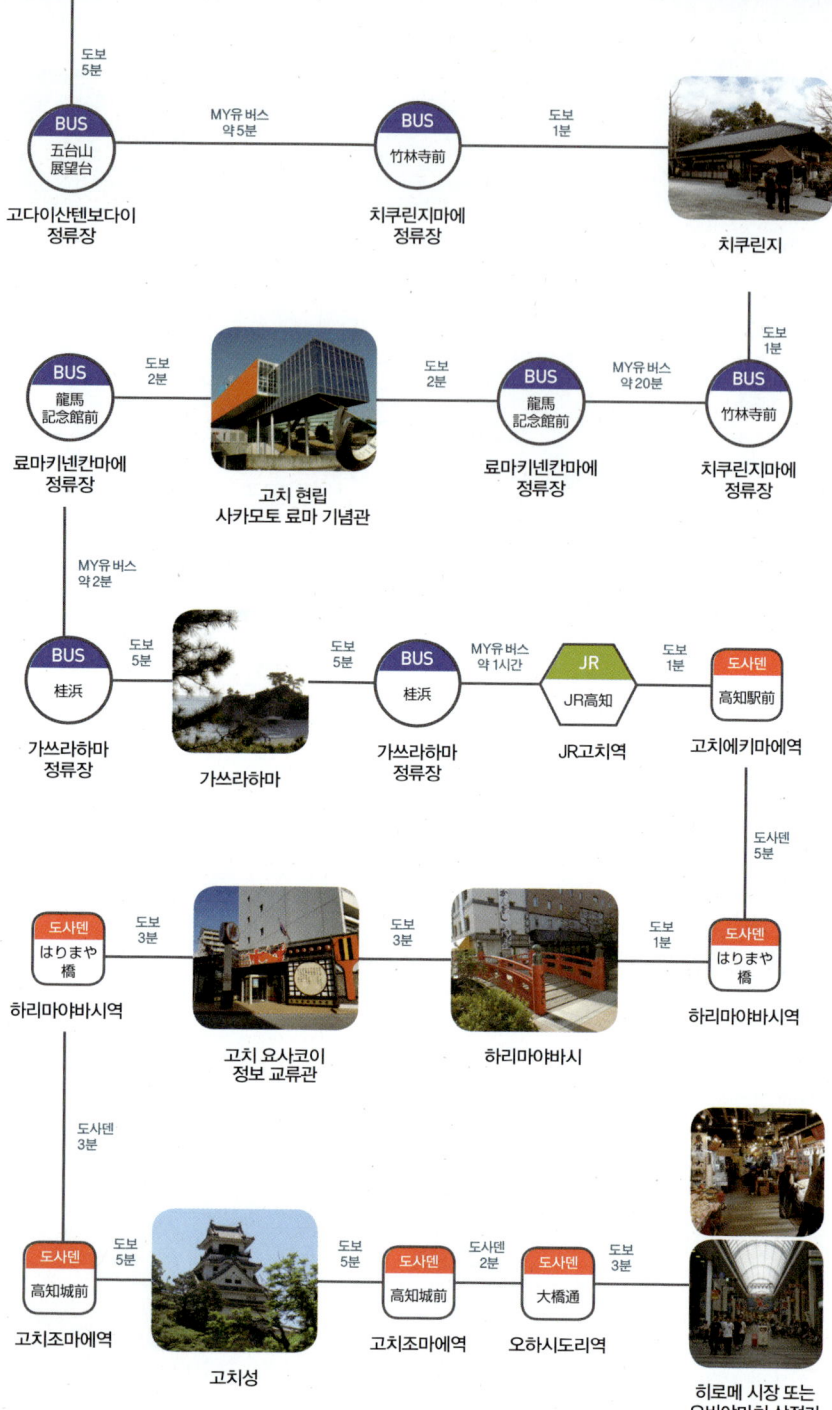

Day 5

```
JR JR특급 3시간 30분     JR        도보 2분    노면 전차       노면 전차 약 13분    노면 전차
JR高知    다도쓰역 환승   JR松山              松山駅前                              大街道
JR고치역              JR마쓰야마역          마쓰야마에키마에역                     오카이도역
```

도보 8분

```
                로프웨이 또는 리프트            로프웨이 또는 리프트                    도보 12분
                탑승(하행)                      탑승(상행)
마쓰야마성 로프웨이   마쓰야마성           마쓰야마성 로프웨이        고시키(본점)
                                                                    (식사)
```

도보 5분

```
노면 전차    노면 전차 약 12분    노면 전차      도보 1분               도보 1분
大街道                          道後温泉
오카이도역              도고온센역              호조엔                   도고 하이카라도리
```

도보 5분

```
                도보 1분    노면 전차    노면 전차 약 12분    노면 전차    도보 5분
                          大街道                          道後温泉
오카이도 상점가            오카이도역              도고온센역              도고 온천 본관
```

Day 6

오카이도 상점가

리무진 버스 30분

마쓰야마 공항

여행 준비

· 여행 전 체크 리스트
· 출입국 체크 리스트
· 시코쿠의 교통수단
· 알아 두면 좋은 정보

Shikoku
여행 전 체크 리스트

여권과 비자

대한민국 국적을 보유하고 있는 국민이라면 누구나 여권을 발급받을 수 있다. 단, 질병이나 장애, 18세 미만의 미성년자를 제외하고는 신청자 본인이 직접 도청, 시청, 군청, 구청에 있는 여권 민원실에 방문해 신청해야 한다.

신청할 때는 여권 발급 신청서와 여권용 사진 1매와 신분증이 필요하다. 발급 수수료는 58면은 38,000원이고 26면은 35,000원이다. 여권 소지자는 여권을 반납하여야 하며 신청한 후 5~7일(근무일 기준 5일 정도)이면 발급받을 수 있다. 미성년자나 군인 및 대체 의무 복무 중인 경우의 발급 절차는 외교부 여권 안내 홈페이지(www.passport.go.kr)에서 자세한 사항을 확인한다.

많은 나라에서 입국할 때 여권 만료 기간이 6개월 이상 남은 경우에 한해 출입국이 가능하다는 입장이지만 각 나라마다 출입국 관련 기준이 다르며, 일본은 왕복 항공권을 소지하고 여권 만료 기간 안에 귀국하는 일정이 확인되면 출입국이 가능하다. 단, 여행자의 개인 상황에 따라 특별한 경우 출입국이 제한되는 경우도 있으니 출발 전에 여권 유효 기간을 반드시 확인하자. 3개월 정도 잔여 기간이 남았을 때, 새로 발급받는 것이 보다 마음 편한 여행이 될 것이다. 2018년부터 유효기간 만료를 알려주는 서비스가 시행되어, 여권을 소지한 대한민국 국민은 여권 유효 만료일 6개월 전에 예고 메시지를 전달받게 된다. 비자는 관광 목적 등 90일 이내의 단기 체류일 경우 면제이니 받을 필요가 없다.

한국에서 시코쿠 가는 방법

시코쿠는 가가와현의 다카마쓰 국제공항, 에히메현의 마쓰야마 국제공항, 고치현의 고치 료마 공항, 도쿠시마현의 도쿠시마 아와오도리 공항 등 네 개의 공항이 있다. 이 중에서 한국에서 취항하는 공항은 다카마쓰와 마쓰야마 두 곳이다. 일본 국내에서 시코쿠로 이동하는 데는 국내선 항공기를 이용하거나 고속버스, 철도, 페리 등을 이용해서 이동할 수 있다.

항공권 예매하기

여행지를 정했다면 항공권을 예약해야 한다. 도쿄나 오사카, 후쿠오카같이 한국인 관광객이 많은 지역은 대형 항공사를 비롯해 저비용 항공사도 편수가 많아 저렴한 항공권을 구입할 기회가 많다. 하지만 시코쿠는 인천과 다카마쓰를 오가는 에어서울과 인천과 마쓰야마를 오가는 제주항공 두 곳뿐이어서 선택지가 많지 않다. 두 곳이 모두 저비용 항공사이기 때문에 항공권은 비교적 저렴한 편이지만 취항하는 항공사가 두 곳뿐인 만큼 여행 시기가 확실히 정해졌다면 일찍 예약하는 것이 가장 유리하다. 출발일에 임박해 예약하려면 가격이 상당히 오르는 경우가 많다.

예약할 때는 만일의 경우에 대비해 항공권 변경이나 취소 때의 조건과 수하물 조항도 꼼꼼하게 확인하자. 이벤트 요금에 끌려 급하게 예약해도 기쁜 건 잠시, 무료 위탁수하물 서비스가 없어서 수하물 요금을 과도하게 지불해야 하거나 취소 환불이 안 되는 경우 또는 취소 수수료가 높은 경우가 있어 여행 전 기분이 상할 수 있으니 취소나 변경, 위탁수하물 조항을 잘 살펴보고 비교해서 예약하자. 즉, 일정을 미리 확인해 특별한 변동이 없을 경우 항공권을 예매하고 가능한 일정을 바꾸는 일이 생기지 않도록 한다. (각 항공사의 항공 스케줄은 변동이 있으니 홈페이지를 통해 확인하자.)

숙소 예약 및 교통 패스 예매하기

여행의 스타일이나 취향에 따라 숙소의 종류를 먼저 선택하고, 교통편과 관광지와의 거리, 가격대 등을 고려하여 숙소를 예약한다. (숙소 예약 방법과 추천 숙소에 관해서는 '추천 숙소' 파트를 참조하자.)

그 밖에도 한국에서 미리 예매해야 할 교통 패스나 입장권이 있으면 예매해 둔다. 특히 시코쿠 내에서 여러 도시를 돌아볼 예정이라면 올시코쿠 레일패스를 이용하는 것이 합리적이다. 현지에서 구매할 수도 있지만 한국에서 여행사 할인 등을 이용하여 구매하는 것이 더 저렴한 경우도 있으니 미리 체크해 보자.(올시코쿠 레일패스에 관해서는 이 파트의 '시코쿠의 교통수단' 부분을 참조하자.)

여행 경비 산출

숙박비

시코쿠 여행의 가장 좋은 점이라면 대도시에 비해 물가가 저렴하다는 것이다. 일반적으로 비즈니스호텔은 1박에 7,000~9,000엔대에 예약할 수 있지만 부지런히 호텔 예약 사이트에서 가격을 비교해 보고 일찍 예약을 서두른다면 8,000엔 정도로도 깨끗한 호텔을 예약할 수 있다. 물론 조·석식이 포함인 온천 호텔은 만만치 않은 가격이다. 온천 호텔에 묵고 싶은데 가격이 부담된다면 식사를 빼면 다소 싼 가격에 예약할 수 있다. 좁아도 크게 상관하지 않는다면 체인 호텔을 주목하자. 예를 들어 도요코 인 호텔은 10박을 하면 무료로 1박을 할 수 있기 때문에 가격면에서 상당히 저렴하다. 시코쿠의 도요코 인 호텔의 경우, 고치현을 제외한 다른 세 현에는 체인 호텔을 두고 있다. 더 저렴한 곳을 찾는다면 게스트 하우스나 민숙을 이용하는 방법이 있다.

교통비

일본은 대중교통이 상당히 잘 정비된 나라지만 시코쿠는 주요 도시를 조금만 벗어나면 운행 횟수가 눈에 띄게 줄어들기 때문에 교통이 편리하다고는 할 수 없다. 하지만 주요 도시에만 있는 일정이라면 혼슈의 다른 지역과 크게 다르지 않다. 시내버스나 전철 요금은 1회당 200엔 내외지만 1일 승차권을 잘 활용해 무제한으로 타고 내리면서 시내 여행을 즐겨 보자. 보통 3번 이상을 탄다면 500엔인 1일 승차권이 더 합리적이니 이동하는 노선을 생각해서 1일 승차권 구입을 결정하면 된다. 승차권을 구입하기 전에 아래 사항을 기억하자.

고치, 마쓰야마에서는 전차 1일 승차권이 편리하며 다카마쓰와 도쿠시마는 대부분의 관광지가 도보 20분 거리 안에 있기 때문에 도보로 이동할 수 있다. 만약 다카마쓰에서 고토히라나 야시마 전망대, 붓쇼잔 온천 등 시내를 벗어날 예정이라면 고토덴 1일 승차권이 유리하다. 네 개의 현 중 도쿠시마에만 시내 전철이 없으며 도쿠시마에서 근교로 이동하는 일정이라면 노선버스를 이용해야 한다. 기차로 이동할 예정이라면 올시코쿠 레일패스가 압도적으로 유리하다.

식비

근래 일본 여행에서 체감하는 물가는 한국보다 싸거나 비슷하다. 특히 시코쿠는 우동을 비롯해 모든 음식이 다른 지역에 비해 저렴하므로 식비에 대한 여행자의 만족도는 높다. 조식은 호텔에서 제공하는 식사를 하거나 근처 커피숍에서 샌드위치와 커피가 세트로 구성된 모닝 메뉴를 이용해도 좋으며, 점심과 저녁은 그 지역의 유명 음식이나 인기 메뉴를 적극적으로 먹어 보는 것이 좋다. 특히 다카마쓰와 도쿠시마는 각각 우동과 라멘으로 유명하니 가게를 바꾸어 다양하게 맛보자. 또 유명한 도미 요리나 회 종류는 런치 메뉴를 이용하면 1,500~3,000엔 정도로 질 좋은 음식을 먹을 수 있다. 저녁에는 다카마쓰와 도쿠시마의 인기 메뉴인 뼈 있는 닭다리 호네쓰키도리도 추천할 만하다. 어느 가게나 1,000엔 전후니 맥주와 함께 현지인의 저녁 시간을 보내는 것도 좋다. 또 겨울이라면 갖은 야채를 넣고 끓인 싯포쿠우동도 한 끼 식사로 훌륭하다. 반면에, 고치의 향토 음식인 사와치 요리는 3~4인분이 13,000엔 정도부터인데 일본인 관광객들도 생각만큼 많이 먹지 않는다. 여행하는 인원을 생각해서 주문할지를 정하면 된다. 전체적으로 시코쿠에서는 대략 한 끼에 1,000~1,500엔 정도면 적당하다.

관광지 등 입장료

입장료도 다른 대도시에 비해 상대적으로 저렴한 편이지만 유명 미술관은 입장료가 다소 비싸다. 오츠카 국제 미술관은 3,300엔, 나오시마의 지중 미술관은 2,100엔, 그 외 섬 미술관도 1,000엔대의 입장료며 시코쿠 내에 있는 미술관이나 박물관은 다른 지역과 비슷하거나 저렴하다. 세토내해에 있는 섬 미술관을 대부분 돌아볼 생각이라면 10만 원 정도 입장료 예산을 따로 책정해 두는 것이 좋다.

> **예) 3박 4일 다카마쓰 일정**
> - **항공료** 30만 원 전후(각종 이벤트를 통해 10만 원대 후반부터 항공권을 구매할 수 있는 경우도 있음)
> - **숙박비** 1일 8,000엔×3일
> - **식비** 1일 5,000엔×3.5일
> - **교통비** 나오시마 왕복 페리와 고토덴 1일 승차권, 다카마쓰 공항 리무진 버스 왕복 승차권 등 약 6,000엔
> - **입장료** 나오시마 미술관 입장료 등 약 6,000엔
> - **기념품 등 쇼핑** 개인에 따름

쇼핑 비용을 제외하면 최저 비용으로 대략 80만 원 정도로 3박 4일 여행을 계획해 볼 수 있다. 여기에 항공사 이벤트나 각 현이 이벤트로 제공하는 쿠폰을 이용하면 비용은 좀 더 절감되고 그 부분은 오롯이 즐거운 여행을 위한 추가 비용으로 쓸 수 있다. 물론 숙소나 식사에 비용을 더 지불할지는 여행자의 선택에 따른다.

환전

한국에서는 카드 사용이 일반화돼 있지만 시코쿠에서는 식당이나 가게에서 현금만 받는 곳이 다른 지역보다 많은 편이다. 그러므로 어느 정도의 환전은 필요하다. 정확한 금액은 환율에 따라 달라지지만 대략 엔화와 원화를 100엔당 1,000원 정도로 생각해서 경비를 환전하면 된다. 공항은 환전 수수료가 비싸므로 틈틈이 환율을 확인해서 주거래 은행에서 환전해 두자. 은행에서 제공하는 다양한 환전 우대 서비스를 챙기거나 여행사에서 배부하는 환전 수수료 우대 쿠폰을 사용하는 등 알뜰하게 환전을 하자.

여행자 보험

여행자 보험은 여행 중 발생한 사고나 질병, 도난이나 배상 책임, 휴대 물품 손해 등을 보상해 주는 보험이다. 일본은 비교적 안전한 여행지지만 만약의 경우에 대비해 여행자 보험은 필요하다. 보상 한도액이나 보험 기간에 따라 보험료 납입액이 달라지며 여행 기간 동안만 보험에 가입하는 것이니 비교적 합리적인 가격으로 가입할 수 있다. 국내의 생명보험사나 손해보험사 대부분에서 여행자 보험을 취급하며 성별이나 연령에 따른 제한이 없고 인천공항에 있는 여행자 보험 창구에서도 가입할 수 있다. 앱을 통해서도 간편하게 가입할 수 있지만 일정과 기간에 맞추어 꼼꼼하게 비교해 보고 가입하도록 한다. 보험금을 청구해야 할 일이 생겼을 때는 구비 서류가 필요하다. 항목별 청구서에는 어떤 구비서류가 필요한지 만일의 경우에 대비해 약관을 꼼꼼하게 읽어 두는 것도 잊지 말자.

국제 운전면허증

일본에서 렌터카나 카트, 전기차 등 자동차를 운전하려면 출국 전에 국제 운전면허증을 발급받아야 한다. 국제 운전면허증은 전국의 면허 시험장이나 경찰서 등에서 신청 및 발급받을 수 있다. 신청할 때는 본인 여권(사본 가능)과 운전면허증, 6개월 이내에 촬영한 여권용 사진 1매가 필요하며 수수료는 8,500원이다. 특히 국제 운전면허증의 영문 이름과 여권의 영문 이름이 일치하지 않는 경우나 서명이 일치하지 않는 경우에 국제 운전면허증의 효력을 인정해 주지 않을 수 있으니 꼼꼼하게 확인하자.

여행 가방 꾸리기

여행 가방은 가방의 크기를 고려해 우선순위를 정해서 꼭 가져갈 물건을 빠뜨리지 않도록 한다. 위탁수하물로 보내는 짐이 항공사 규정을 벗어나면 공항에서 짐을 다시 싸야 하는 불편을 겪거나 용량 초과로 예상에 없던 요금을 지불하는 경우가 생길 수 있으니 미리 기내 수하물과 무료 위탁수하물의 용량을 꼼꼼하게 확인해 불필요한 짐은 줄이도록 한다. 무료 위탁수하물 허용량은 항공권의 좌석 등급에 따라 개수와 무게가 다르므로 사전에 항공사 홈페이지에서 위탁수하물 허용 기준을 확인해 보는 것이 좋다. 시코쿠로 취항하는 제주항공과 에어서울은 모두 저비용 항

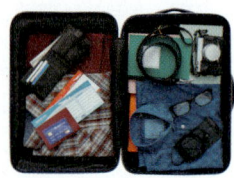

기내 수하물과 위탁수하물 규정

에어서울	기내 수하물	기내 휴대 수하물(115cm(A+B+C) 미만) 1개 외 추가로 반입 가능한 수하물 1개 (휴대 수하물 1개 + 추가 반입 1개, 최대 2개까지 가능하며, 2개의 합이 10kg을 초과할 수 없음)	
	위탁 수하물	정규 / 할인 운임	특가 운임
		무게 15kg 이내 크기 삼변의 합 203cm 이내 허용 개수 1개	수하물 무료 서비스 없음
제주항공	기내 수하물	기내용 캐리어: 21인치 이하(단, 40×20×55cm 이내) 개인 휴대품: 35×15×40cm 이내 개인 휴대품 1개 포함, 총무게 10kg 이하	
	위탁 수하물	BIZ LITE	FLYBAG	FLY
		무게 30kg 이내 크기 삼변의 합 203cm 이내 허용 개수 1개	무게 15kg 이내	수하물 무료 서비스 없음

공사므로 기내 수하물은 10kg, 위탁수하물은 15kg을 초과할 수 없다. 특히 귀국할 때는 아무래도 짐이 늘게 마련이니 그에 대한 대책도 미리 생각해 두는 것이 좋다(자세한 사항은 항공사 홈페이지 수하물 규정 참조).

여행 준비물 체크 리스트

미리 작성해 둔 체크 리스트를 바탕으로 빠뜨린 것이 없는지 점검한다.

❶ 여권 유효 기간을 확인하고 만일에 대비해 여권 사본과 여권용 사진을 챙겨 둔다.

❷ 항공권 편리한 모바일 티켓을 이용하거나 E-티켓을 예비로 출력해 두고 출도착 일정을 다시 확인한다.

❸ 경비 현금, 엔화, 신용카드 등을 확인한다.

❹ 호텔 예약 예약 내역과 체크인 시간을 확인하고 바우처를 출력하거나 모바일에 저장해 둔다.

❺ 휴대용 와이파이 와이파이가 해외여행의 필수품인 시대다. 여행 일수에 맞춰 사전에 예약해 두고 출발 당일에 공항에서 수령한다.

❻ 여행용 변압기 일본은 100V이기 때문에 한국의 전자 제품을 사용할 때는 일명 '돼지코'라 부르는 변환 변압기가 있어야 한다. 잊지 않고 여유 있게 챙겨 둔다.

❼ 여행용품 의류, 화장품 등 미용용품과 카메라와 휴대 전화 충전기, 비상약품, 모자, 접는 우산, 선글라스 등을 챙긴다.

Shikoku
출입국 체크 리스트

인천 국제공항에서 출국하기

공항철도나 리무진 버스, 승용차 등을 이용해 공항에 도착한다. 연휴나 여행 시즌과 맞물릴 경우 의외로 시간이 오래 걸릴 수 있으니 인터넷 면세점에서 구입한 면세품을 찾기 위해 면세품 인도장에 들러야 하는 경우라면 넉넉히 3~4시간 전에는 도착하도록 한다. 인천 국제공항을 이용할 경우, 지방에 거주하거나 비행기 출발 시각에 맞추기 위한 교통편에 문제가 있다면 공항 내에 있는 캡슐 호텔 '다락 휴'(홈페이지 www.walkerhill.com/capsulehotel, 인스타그램 www.instagram.com/capsule_hotel_darak)를 이용해도 좋다. 싱글 타입과 더블 타입으로 나뉘어 기본 3시간 사용부터 가능하며 여행자들 사이에 꽤 인기가 있어 최소 한 달 전에는 예약하는 것이 좋다. 2017년에 자동 출입국 심사 사전 등록제가 폐지돼 18세 이상의 대한민국 국민이라면 자동 출입국 심사를 받을 수 있어 출국 수속하는 데 걸리는 시간은 짧아졌으나 면세품 수취에 필요 이상의 시간이 소요되는 등 변수가 생길 수 있으므로 충분히 여유를 두고 공항에 도착하도록 한다. 출국 수속이 끝나고 대기 시간 없이 면세품을 수취해서 다소 시간이 남는다 해도 그 시간도 여행의 시작으로 받아들이고 공항 여기저기를 탐색하는 즐거움을 누리자. 어쨌든 일찌감치 공항에 도착하는 것이 좋다.

출국 심사 받기

❶ 공항에 도착하면 항공사의 카운터 또는 셀프 체크인 기계로 좌석 배정 및 수하물 위탁 등 탑승 수속을 한다.

❷ 수속이 끝나면 탑승권을 받고 출국장으로 이동해 보안 검사를 받는다. 이때 노트북이나 태블릿 PC를 소지한 경우라면 반드시 미리 꺼내서 바구니에 넣어 검사를 받는다. 외투는 벗어야 하며 목이 긴 운동화도 벗어야 한다.

❸ 보안 검사를 마치면 출국 심사대로 이동한다. 여권과 탑승권을 제시하고 출국 스탬프를 받으면 출국 심사가 끝난다. 만 19세 이상의 내국인이면 사전 등록 없이 자동 출입국 심사가 가능해졌으니 무인 심사대로 바로 이동해도 된다. 보통은 직원이 나와서 혼잡 정도에 따라 유인 심사대나 무인 심사대로 안내하니 따르면 된다.

❹ 출국 심사가 끝나고 면세 구역으로 나오면 탑승 시간까지 면세품 쇼핑을 즐기거나 식사를 하는 등 개인 시간을 보내면 된다. 보통 출발 시간 30~40분 전부터 탑승을 시작해서 출발 10분 전에는 탑승을 마감하지만 항공사별로 마감 시간이 다른 경우도 있으므로 출발 시간 30~60분 전에는 탑승 게이트에 도착해 있는 것이 좋다. 특히 제주항공과 에어서울은 셔틀트레인을 타고 탑승동으로 이동해야 하니 여유를 두고 움직이는 것이 좋다.

입국 준비

항공기 이륙 후 현지에 도착할 때까지 입국을 위한 서류를 준비한다. 일본 입국에 필요한 서류는 입국 신고서와 휴대품·별송품 신고서(세관 신고서)로, 한글로 된 서류에 이름, 여권 번호, 여행 일수 등을 기재한다. 입국 신고서에 작성해야 할 내용이나 질문은 다음과 같다.

①~⑧번 조항은 개인의 상황대로 기입하면 되고 ⑨번 항목은 자신이 묵는 호텔 주소를 기입하면 된다.

입국 신고서 작성 시 주의할 점

- 영문 성과 이름은 여권과 일치하도록 쓴다.
- 주소나 도시명, 공항 등도 정확히 써 둔다.
- 숙소 주소나 전화번호도 메모해 둔다.
- 회사원, 학생, 주부 등 자신의 직업명을 한자나 영어로 확인해 둔다.
- 여행, 업무 등 방문 목적도 한자나 영어로 확인해 둔다.
- 공란이 없도록 작성하고 서명란에는 여권 서명과 동일하게 서명하면 된다.

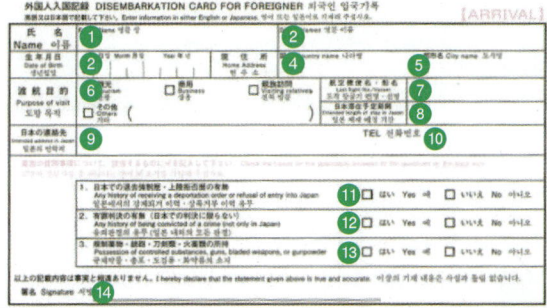

❶ 성 ❷ 이름 ❸ 생년월일(년/월/일) ❹ 현재 사는 국가 ❺ 현재 사는 도시 ❻ 여행 목적 ❼ 도착 항공기 편명 ❽ 일본 체류 예정 기간 ❾ 일본 연락처 ❿ 전화번호 ⓫ 일본에서 강제퇴거·상륙거부 이력 ⓬ 유죄판결의 유무(일본 내외) ⓭ 규제약물·총포·도검류·화약류의 소지 여부 ⓮ 서명

⑪~⑬번 조항은 Yes나 No로 답하는 항목이니 별 문제가 되지 않을 것이다. 만약 첫 해외여행이라 다소 불안을 느낀다면 다음 항목을 미리 한자나 영어로 메모해 두는 등 준비해 두면 안심이 될 것이다.

한국에서도 큐코드(검역 정보 사전 입력 서비스)로 편리하게 입국 신고를 하듯이 일본도 입국에 필요한 검역, 입국 심사, 세관 신고를 웹에서 할 수 있는 서비스인 비지트재팬웹(Visit Japan Web)을 시행하고 있다. 비지트재팬웹 사이트에서 개인 정보를 등록하고 이용하면 된다.

입국 심사 받기

입국 심사

공항에 도착하면 입국 심사를 받는다. 기내에서 입국 신고서와 휴대품·별송품 신고서(세관 신고서)를 작성하지 않았다면 작성부터 하고 입국 심사를 받아야 한다. 일본 입국 심사장에서는 지문 등록을 하고 사진 촬영을 하는데 한글 설명도 나오기 때문에 지시에 따라 진행하면 된다.

비지트재팬웹(Visit Japan Web) 이용자는 공항 직원의 안내에 따라 입국 수속을 한다.

수하물 찾기

입국 심사가 끝나면 자신이 타고 온 항공편의 수하물이 나오는 레일 번호를 확인 후 해당 장소에서 캐리어나 수하물을 찾는다. 비슷한 캐리어가 많아서 바뀌는 경우가 생기니 자신의 캐리어가 맞는지 반드시 확인한다.

세관 검사

수하물을 찾아 나오면서 세관원에게 휴대품·별송품 신고서(세관 신고서)를 제출한다. 간혹 질문하는 경우도 있지만 대부분 며칠 일정인지, 여행인지, 혼자 왔는지 같은 간단한 질문이니 걱정하지 않아도 된다. 일본에 입국이 허용되는 범위는 760ml병을 기준으로 주류는 3병까지, 담배는 10갑(200개비), 향수는 28ml를 기준으로 2병까지다.

Shikoku
시코쿠의 교통수단

공항에서 시내로 이동하기

다카마쓰 공항 → 다카마쓰 시내

다카마쓰 공항에서는 다카마쓰역, 고토히라, 마루가메 방면으로 가는 리무진 버스가 운행된다. 입국 심사를 마치고 나오면 안내 데스크 옆에 리무진 버스 승차권 자판기가 있다. 목적지를 누르고 금액(다카마쓰역까지 1,000엔)을 넣은 후 승차권을 받아 승강장으로 가면 된다. 리무진 버스는 비행기 도착 시간에 맞추어 운행되고 있다. 비행기 도착 시간에 따라 1~2개월 간격으로 버스 시간이 변경되기도 하므로 주의한다. JR다카마쓰역까지는 40분 정도 소요되며 승차권은 내릴 때 내면 된다. 귀국 날 다카마쓰 공항으로 갈 때는 출발지인 JR다카마쓰역 3번 승차장에서 타거나 효고마치, 가와라마치, 리쓰린 공원, 유메타운 등 노선에 있는 정류장에서 타면 된다.

※버스 출발 시간 www.takamatsu-airport.com/access/bus/index.php

마쓰야마 공항 → 마쓰야마 시내

마쓰야마 공항 1번 승차장에서 마쓰야마 시내로 나오는 리무진 버스를 탈 수 있다. 버스 승차장에 승차권 발매기가 있으니 승차 전에 승차권을 구입하면 된다. 다카마쓰 공항과 마찬가지로 항공기 도착 시간에 맞춰 버스가 운행하니 항공기가 연착된 경우에도 도착 시간에 맞춰 리무진 버스를 탈 수 있다. JR마쓰야마역까지는 15분 정도 소요되며 요금은 650엔, 오카이도와 도고온센역까지는 각각 30분, 40분이 소요되며 요금은 오카이도까지 800엔, 도고온센역까지는 900엔이다. 귀국 시 마쓰야마 공항으로 갈 때도 마찬가지로 오카이도나 도고온센역 리무진 버스 승차장이나 JR마쓰야마역 앞에 있는 버스 정류장 6번 승차장에서 리무진 버스를 타면 된다.

※버스 출발 시간 www.iyotetsu.co.jp/bus/limousine/airport/

시코쿠 내에서 이동할 때

다카마쓰와 도쿠시마, 고치, 마쓰야마 등 각 현의 주요 도시는 열차와 버스를 이용해서 이동할 수 있다. 노선에 따라 열차보다 버스가 빠른 경우도 있어서 버스를 이용하는 것이 더 편리할 수 있으나 여러 차례 승차하는 것을 생각하면 올시코쿠 레일패스를 구입해서 되도록 열차를 이용하는 것이 가격면에서 합리적이다. 시간과 경비를 생각해서 버스와 열차를 적절히 이용하는 등 본인에게 맞는 교통편을 선택하도록 한다.

시코쿠에서 교통 패스 사용하기

시코쿠는 일본에서 신칸센이 달리지 않는 유일한 곳이며, 다른 현에 비해 교통이 편리하다고는 할 수 없다. 혼슈나 규슈에 비해 열차 편수도 많지 않고 환승할 때도 다소 시간이 걸리는 불편이 있지만 차창 밖으로 펼쳐

시코쿠의 도시 간 이동 시간과 요금

도시 간 이동	철도		버스 소요 시간과 요금
다카마쓰⇔도쿠시마	약 1시간	약 1시간 35분	편도 2,300엔, 왕복 4,200엔
다카마쓰⇔마쓰야마	약 2시간 30분	약 2시간 40분	편도 4,400엔, 왕복 8,400엔
다카마쓰⇔고치	약 2시간 15분	약 2시간 5분	편도 3,900엔, 왕복 7,000엔
마쓰야마⇔도쿠시마	약 3시간 40분	약 3시간 20분	편도 4,800엔, 왕복 8,640엔
마쓰야마⇔고치	약 3시간 50분	약 2시간 40분	편도 3,700엔, 왕복 6,700엔
도쿠시마⇔고치	약 2시간 30분	약 2시간 50분	편도 4,000엔, 왕복 7,200엔

※열차의 경우, 올시코쿠 레일패스를 사용한다는 전제하에 요금은 표시하지 않고 버스 요금만 기재한다(소인은 요금의 50%).

※열차의 경우, 마쓰야마⇔도쿠시마, 마쓰야마⇔고치, 도쿠시마⇔고치 편은 1회 환승이 필요하니 실제 시간은 좀 더 소요된다.

지는 높은 산과 깊은 계곡, 그 사이를 흐르는 맑은 계곡물을 보며 달리는 열차 여행은 잊고 있던 여행 감성을 자극한다. 또 열차가 붐비는 일이 거의 없기 때문에 드문드문 앉아 있는 승객들 사이에서 느린 여행의 즐거움을 만끽할 수 있다. 시코쿠 내에서의 이동은 버스나 렌터카보다 열차가 경비면에서 합리적이다. 한두 지역에 그치지 않고 여러 지역을 방문하고 싶은 여행자라면 올시코쿠 레일패스를 이용하는 것이 가장 좋은 선택이다. JR시코쿠 전 노선과 에히메현의 사철인 이요테쓰, 다카마쓰의 고토덴, 고치와 마쓰야마의 노면 전차 등 주요 도시의 시내를 이동할 때도 별도 요금 없이 모두 이용할 수 있으니 두 개 이상의 현을 여행할 때는 올시코쿠 레일패스를 추천한다.

올시코쿠 레일패스란?

올시코쿠 레일패스는 시코쿠에서 운행하는 JR시코쿠 전 노선과 도사구로시오 철도 전 노선, 아사해안 철도, 다카마쓰의 고토덴, 고치의 도사덴, 마쓰야마에서 운행하는 노면 전차까지, 총 연장 1,100km에 달하는 시코쿠 지역의 모든 철도를 정해진 기간 내에 자유롭게 이용할 수 있는 레일패스다. 일본을 방문한 외국인 여행자들을 위한 특별 요금으로 3일권부터 7일권까지 네 종류가 있으니 여행 일정에 따라 선택하자. 시코쿠는 다른 지역에 비해 열차 편수가 적은 편이다. 버스로 이동하는 것이 편한 구간도 있지만 느린 여행을 꿈꾼다면 열차로 시코쿠를 누비는 것만큼 좋은 여행도 없다. 끝없이 펼쳐지는 태평양 바다를 바라보거나 소박하고 아름다운 풍경 속에 빠지기도 하고

높은 산과 깊은 계곡의 아찔함도 즐길 수 있다. 창 너머로 펼쳐지는 다채로운 경관을 자유롭게 즐기자.

올시코쿠 레일패스의 이용 노선

❶ JR시코쿠 전 노선 및 도사구로시오 철도 전 노선의 특급 열차, 쾌속 열차, 보통 열차의 일반실 자유석.
❷ 아사 해안 철도 전 노선, 다카마쓰 고토히라 전기 철도 전 노선, 이요 철도 전 노선, 도사덴 교통 전 노선
❸ 쇼도시마 페리(주) (다카마츠 항~도노쇼 항 페리)
❹ 쇼도시마 올리브 버스(주)의 노선버스 전 노선

패스 요금

종류	구분	판매가
3일용	대인(만 12세 이상)	12,500엔
	소인(만 6~11세)	6,250엔
4일용	대인(만 12세 이상)	15,500엔
	소인(만 6~11세)	7,750엔
5일용	대인(만 12세 이상)	17,500엔
	소인(만 6~11세)	8,750엔
7일용	대인(만 12세 이상)	20,500엔
	소인(만 6~11세)	10,250엔

패스 구입처

하나투어, 롯데 JTB 등 국내 여행사를 통해 교환권을 구입한 후 일본에서 실제 패스로 교환하거나 일본 현지에서 구입하는 방법이 있다. 국내에서 구입할 때가 이벤트 등으로 500엔 정도 더 저렴하니 비교해

구입하도록 하자. 특히 국내에서 구입하면 한글판 여행 일정 안내나 소책자가 제공되기도 해 여행 전에 미리 레일패스 사용법을 살펴볼 수 있다. 일본 내에서 구입하려면 다카마쓰역, 마쓰야마역, 도쿠시마역, 고치역이나 JR시코쿠 여행 센터(워프) 지점에서 구입할 수 있다(워프 다카마쓰 지점, 워프 마쓰야마 지점, 워프 도쿠시마 지점, 워프 고치 지점 *워프 지점은 모두 역 구내에 있거나 역과 붙어 있어서 찾기에 어렵지 않다).

패스 교환처

구입(발권일) 후 90일 이내 현지에서 여권 제시 후 교환해서 사용할 수 있다. 국내에서 구입한 교환권을 현지에서 실제 패스로 교환할 때는 역구내에 있는 미도리노마도구치(초록색 창구)나 JR시코쿠 여행 센터(워프)에서 교환할 수 있다.

렌터카 활용하기

대부분의 공항이나 역 주변에는 렌터카 영업소가 있어서 국제 운전면허증을 제시하면 이용할 수 있다. 렌터카를 이용해 여행할 계획이라면 인터넷 홈페이지에서 자신에게 맞는 차량을 찾아보고 미리 예약해 두는 것이 좋다. 국내 여행사에서 렌터카 예약을 해주기도 하니 여행사 홈페이지를 살펴보는 것도 좋다. 일본의 휘발유 가격은 한국보다 저렴한 편이지만 고속도로 통행료가 상당히 비싸기 때문에 렌터카를 이용한다고 해서 경비가 줄어들지 않는 점도 선택 시 고려하자. 일본에서는 자동차의 운전석이 한국과 반대며 자동차는 좌측통행이니 운전에 익숙하지 않은 여행자라면 대중교통을 이용하기를 권한다. 특히 소도시에는 표지판이 많지 않은 경우가 있으니 운전을 계획한다면 내비게이션에만 의존하지 말고 출발 전에 미리 대략적인 지형을 숙지하는 등 사전 준비를 하는 것이 좋다.

> **TIP**
> ### 올시코쿠 레일패스의 특전
> 버스나 페리를 특별 할인 요금으로 이용하실 수 있는 특전이 있으니 살펴보자.
> ① 마쓰야마 ↔ 고치 구간 버스 '난고쿠익스프레스호'를 올시코쿠 레일패스 제시 후 할인 요금 2,000엔(일반 요금 3,700엔)으로 승차할 수 있다.
> ② 선박을 이용해 혼슈의 와카야마로 건너갈 계획이라면 도쿠시마항 ↔ 와카야마항을 연결하는 난카이 페리를 올시코쿠 레일패스 제시 후 30% 할인된 요금으로 이용할 수 있다.
> ③ 다카마쓰 ↔ 쇼도시마(사카테항), 쇼도시마(사카테항) ↔ 고베, 다카마쓰 ↔ 고베 항로를 50% 할인 요금으로 이용할 수 있다(단, 토, 공휴일과 심야 시간대는 별도 추가 요금이 발생할 수 있다).
> ④ 올시코쿠 레일패스 제시 후 마쓰야마의 이요테쓰 다카시마야의 관람차(구루린)를 무료로 탑승할 수 있다.

Shikoku

알아 두면 좋은 정보

화폐

일본에서 사용되는 동전은 1엔, 5엔, 10엔, 50엔, 100엔, 500엔이 있다. 한국에서는 1원과 5원 동전은 거의 사용되지 않지만 일본에서는 자주 사용된다.

일본 동전의 특징 ·Tip·

1엔 일본에서 물건 살 때는 8%의 소비세가 붙기 때문에 1엔짜리 동전도 많이 사용된다.
5엔 일본인이 신사에 가서 복을 빌고 세전으로 많이 던지는 돈이다. 5엔의 발음 '고엔(五円)'과 인연을 가리키는 '고엔(ご縁)'의 발음이 같은 데서 착안해 좋은 인연이나 관계가 찾아오기를 빌며 던진다. 동전 중앙에 구멍이 나 있다.
10엔 일본 헤이안 시대(794~1185년)의 사찰이며 유네스코 문화유산으로 지정된 교토 우지에 있는 뵤도인(平等院)의 모습이 담겨 있다.
50엔 국화가 그려져 있으며 중간에 구멍이 나 있다.
100엔 벚꽃이 그려져 있으며 한국의 100원 동전보다 크기가 작다.
500엔 오동나무가 그려져 있으며 한국의 500원 동전과 크기가 같다.

일본에서 사용되는 지폐는 1,000엔, 2,000엔, 5,000엔, 10,000엔이 있다.

일본 지폐의 특징 ·Tip·

1,000엔 앞면에는 과학자이자 세균학자인 노구치 히데요가 그려져 있다. 1,000엔권 지폐는 이토 히로부미에서 나쓰메 소세키를 거쳐 현재의 노구치 히데요에 이르렀으며 뒷면에는 후지산과 벚꽃이 있다.
2,000엔 앞면은 오키나와 슈리성에 있는 슈레이몬이, 뒷면은 일본이 자랑하는 1,000년 전 고대 소설《겐지 이야기》를 쓴 무라사키 시키부가 그려져 있다. 2,000엔권 지폐는 오키나와현에서 개최한 제26회 주요국 정상회담과 2000년 밀레니엄을 맞아 만든 화폐로, 특히 오키나와현에서 사용률이 높다.
5,000엔 앞면은 소년 소녀의 성장을 그린 소설《키 재기》로 유명한 메이지 시대의 여류 작가 히구치 이치요가 그려져 있고, 뒷면은 에도 시대의 화가 오가타 고린의 제비붓꽃도가 들어 있다.
10,000엔 앞면은 메이지 시대의 계몽가이자 교육가며 현 게이오대학의 설립자인 후쿠자와 유키치가 있고, 뒷면은 10엔 동전에 있는 뵤도인(平等院)의 지붕 양 끝에 있는 봉황상이 그려져 있다.

비상 연락처

관광 목적으로 일본을 방문할 경우 입국 비자를 발급받지 않고 90일간 체류가 가능하다. 하지만 학업이나 비즈니스를 목적으로 하는 경우에는 반드시 그에 맞는 입국 비자를 받아야만 한다.

일본 현지
경찰 110 화재 신고 119

외교부 영사 콜센터
홈페이지 www.0404.go.kr
전화 82-2-3210-0404
일본 현지 입국과 동시에 자동으로 수신되는 영사 콜센터 안내 문자에서 통화 버튼을 누르면 연결된다. 여권 분실 시, 긴급한 상황으로 돈을 송금받아야 할 경우에, 단수여권 발급 서비스나 신속 해외 송금 서비스 같은 도움을 받을 수 있다.

관광 안내소

역구내나 역 주변에 있는 관광 안내소를 잘 활용하자. 다카마쓰역 구내에는 작은 관광 안내소가 있고 한국어가 가능한 직원이 있다. 도쿠시마는 도쿠시마역 앞

광장에 종합 관광 안내소가 있다. 고치는 고치역 오른쪽에 있는 도사 테라스에서 관광 안내 업무를 맡고 있다. 마쓰야마는 마쓰야마역 구내매점 옆에 있으며 마쓰야마성 로프웨이 승차장과 도고온센역에도 작은 관광 안내소가 있다. 외국어 팸플릿도 구비돼 있으니 지도나 리플릿을 꼼꼼하게 챙기도록 한다. 열차에 관련해 알아볼 사항이 있거나 올시코쿠 레일패스로 지정석 예약을 할 때는 역구내에 있는 미도리노마도구치(みどりの窓口)를 찾도록 한다. 초록색의 좌석 모양 표시를 찾아가면 된다.

할인 쿠폰

시코쿠는 혼슈의 다른 도시에 비해 할인 쿠폰제 등이 많지 않다. 고치의 MY유 버스 1일 승차권에 일부 관광지의 할인 특전이 있는 정도다. 그 대신 각 현에서 외국인 여행자들에게 제공하는 특전이 있으나 자세히 살펴보면 좋다. 가령 가가와현에서는 여행자의 부담을 덜어 주고 편안한 여행을 할 수 있도록 일정한 조건에 충족되는 여행자에게 다카마쓰 공항에서 다카마쓰나 마루가메, 고토히라로 이동하는 리무진 버스 왕복 승차권과 리쓰린 공원 입장권, 쇼도시마 페리 왕복 승선권이 세트인 쿠폰 북을 제공한다. 여행 조건은 인천–다카마쓰 왕복 노선을 이용하는 것과 에어비앤비를 포함해 가가와현의 숙박 시설을 1박 이상 이용하는 조건 등 때에 따라 달라진다. 시코쿠에 취항하는 에어서울과 제주항공 홈페이지를 자주 방문해 여행할 지역에 대한 프로모션이나 이벤트 정보를 확인해 보자.

국제 전화

스마트폰의 대부분은 현지에 도착해서 전원을 켜면 자동으로 로밍이 된다. 로밍으로 연결되면 국내 요금제와는 별도로 요금이 발생하므로 미리 로밍 데이터를 차단하거나 통신사에 연락해 로밍 데이터 차단을 신청한다. 국내의 각 통신사에서도 저마다 저렴한 로밍 요금제를 출시하고 있으니 신청할 때는 자신이 가입한 통신사의 로밍 요금제를 자세히 확인하고 신청한다.

포켓 와이파이

국제 전화와 인터넷 사용을 한번에 해결하는 가장 좋은 방법은 포켓 와이파이 같은 휴대용 와이파이를 대여하는 것이다. 포켓 와이파이는 단말기 한 대로 5~6명이 사용할 수 있고, 인터넷 사용은 물론 각종 SNS를 이용해 문자 메시지, 음성 통화, 영상 통화까지 무료로 할 수 있다. 따라서 로밍 서비스를 받지 않아도 되는 셈이다. 수령도 미리 인터넷으로 신청한 후 공항에서 받고 귀국할 때 공항에 반납하면 되니 간편하다. 포켓 대여료도 업체에 따라 하루 3~4천 원 대로 저렴하기 때문에 가격 면에서도 부담이 적어졌다.

소비세 면세(Tax Free)

소비세 8%를 면세해 주는 현행 면세 제도는 일반 물품(가전 제품, 의류, 가방, 신발 등)과 소모품(음료, 주류, 의약품, 화장품, 식품 등)을 각각 5,000엔 이상 구매 시 면세 가격으로 구입할 수 있다. 면세를 받으려면 물건을 구입할 때 여권을 제시하면 된다.
2021년 10월부터 면세 수속 전산화가 완료되어 구입 기록표를 여권에 첨부하는 과정도 사라졌다. 단, 국내에서 출국할 때 면세점에서 구매한 면세품은 일본 현지에서 소비하거나, 다시 국내로 반입하는 경우 면세 범위(800달러)를 초과하면 관세를 납부해야 하므로 현명하고 알뜰한 쇼핑이 필요하다.

지역 가이드

가가와현
- 다카마쓰
- 고토히라
- 나오시마
- 쇼도시마
- 데시마
- 이누지마
- 메기지마 · 오기지마

도쿠시마현
- 도쿠시마
- 나루토
- 이야 계곡

에히메현
- 마쓰야마
- 우치코
- 오즈

고치현
- 고치

가가와현
Kagawa

작지만 매력적인 우동과 예술 섬의 고장

일본에서 가장 작은 현(県), 가가와현은 매력이 무궁무진하다. 특히 일본 3대 우동인 사누키우동의 발상지로, 현 내에 우동집이 900군데가 넘어 '우동현'이라 불리기도 한다. 또 가가와현의 앞바다 세토내해에 떠 있는 나오시마, 데시마 등 많은 섬에는 곳곳에 섬사람들의 생활과 어우러진 예술 작품이 있어서 여행자를 매료시킨다. 가가와현을 대표하는 도시는 현청 소재지이자 시코쿠의 현관 격인 다카마쓰인데, 특별 명승지 리쓰린 공원과 일본 3대 수성(水城)의 하나인 다카마쓰성 등 역사적인 볼거리가 많다. 또한 본고장의 맛을 자랑하는 사누키우동을 비롯한 미식 여행, 쇼핑, 전통 공예 등을 즐기기에도 더없이 좋은 여행지다. 옛 문화와 새로운 문화가 교차하면서 활기찬 매력을 발산하는 가가와현에는 곤피라궁을 비롯해 많은 명소가 자리하고 있으며 특히 3년에 한 번씩 세토내해의 여러 섬에서 펼쳐지는 현대 미술의 제전 '세토우치 국제 예술제'가

개최돼 전 세계에서 100만 명에 이르는 관광객이 찾아온다. 우동을 즐기는 여행도 좋고 향기로운 예술 섬을 찾아나서는 여행도 좋은 가가와현 속으로 푹 빠져 보자.

• 가가와현 여행 정보 www.my-kagawa.jp
• 가가와현 공식 블로그 blog.naver.com/kagawalove

다카마쓰

高松

다카마쓰는 가가와현의 현청 소재지이며 JR시코쿠나 시코쿠 전력 등 유명 기업의 본사가 자리하고 있어 시코쿠를 대표하는 정치·경제의 중심지라 할 수 있는 곳이다. 절제된 아름다움을 자랑하는 리쓰린 공원을 비롯해 벚꽃 명소로도 알려진 다카마쓰성 성터, 세토내해 바다가 내려다보이는 야시마를 둘러보며 시간의 발자취를 더듬어도 좋고, 가게마다 개성을 자랑하는 별미 우동을 맛보는 등 알찬 여행을 즐길 수 있다. 시내에는 고토덴 전차나 버스가 잘 정비되어 있어서 목적지로 이동하는 데 불편함이 없으며 페리를 이용하여 나오시마나 쇼도시마 등을 오가며 섬 여행을 즐기기에도 편리하다. 지방 도시 특유의 풍경과 분위기가 감도는 다카마쓰에서는 역사와 문화, 예술, 음식 등 다양한 매력을 느끼는 특별한 여행을 실현할 수 있다.

• 다카마쓰시 공식 관광 사이트 www.art-takamatsu.com/jp

• 다카마쓰 교통편 •

가가와현의 출발점이라 할 수 있는 JR다카마쓰(高松)역은 이 역을 기점으로 버스 터미널과 다카마쓰항, 고토덴 출발역인 다카마쓰칫코역까지 모두 도보권에 있어 이동하고 관광하기에 편리하다. 시내를 많이 벗어나지 않는다면 고토덴 버스를 타거나 걷고, 야시마 전망대나 붓쇼잔 온천, 고토히라까지 이동하려면 고토덴 1일 승차권을 구입하는 것이 좋다.

고토덴과 고토덴 버스

다카마쓰 시내는 물론 고토히라궁, 붓쇼잔 온천, 야시마 전망대 등 다카마쓰 근교의 명소를 돌아볼 수 있는 전기 철도 고토덴을 잘 활용하면 알차게 관광지를 둘러볼 수 있다. 고토덴의 정식 명칭은 다카마쓰 고토히라 전기 철도(高松琴平電気鉄道)며 줄여서 고토덴(ことでん)이라고 부른다. 다카마쓰 시내와 근교를 고토히라선(琴平線), 나가오선(長尾線), 시도선(志度線) 3개의 노선이 운행한다. 고토덴 운임은 200엔부터며 운행 간격은 시간대에 따라 차이가 있지만 대략 10~30분 간격으로 운행한다. 또 시내를 순환하는 고토덴 버스도 운행하고 있다.

홈페이지 www.kotoden.co.jp

페리

JR다카마쓰역에서 가까운 다카마쓰항에서는 쇼도시마, 나오시마, 데시마, 이누지마 등 세토내해의 각 섬으로 가는 페리나 고속선이 출발한다. 페리의 운항 상황은 요일과 시즌에 따라 달라지니 반드시 사전에 확인해야 한다. JR다카마쓰역에서 가까운 거리니 미리 다카마쓰항에 가서 페리나 고속선 출발 창구에서 직접 확인하고 티켓을 구입해 두는 것도 좋다. 특히 겨울철에는 섬 내에 있는 미술관 개관 여부에 따라 페리나 고속선을 운항하지 않는 날도 있으니, 일본어 홈페이지에서 찾는 게 어렵다면 다카마쓰항으로 직접 가서 확인하는 것도 좋다. 각 섬까지의 소요 시간은 고속선이냐 페리냐에 따라 달라지지만 대략 25~60분이면 각 섬에 도착할 수 있다.

시코쿠 페리 www.shikokuferry.com   시코쿠 기선 www.shikokukisen.com

교통 패스

■ 고토덴 1일 승차권 1日フリーきっぷ

고토덴 전 구간을 하루 동안 무제한으로 자유롭게 타고 내릴 수 있는 '이치니치 후리 킷푸'(1,230엔)와 고토덴 전 구간과 JR 지정역(시도(志度)~다카마쓰(高松)~고토히라(琴平)) 간 쾌속, 보통 열차의 일반실 자유석을 승차할 수 있는 '고토덴 JR구루린 킷푸'(2,000엔)를 잘 활용해 여행을 만끽하자. 특급 열차를 탈 때는 특급권 등 별도의 요금이 추가되니 고토히라까지만 간다면 고토덴 1일 승차권을 이용하는 것이 효율적인 방법이다.

■ 가가와 미니 레일 & 페리 패스 KAGAWA Mini Rail & Ferry Pass

해외에서 단기 체류 자격으로 일본을 방문하는 외국인 여행객에 한해 사용 가능하며, 하나투어 등 국내 여행사를 통해 교환권을 구입한 다음 현지에서 여권 제시 후 교환해서 사용한다(교환 장소: 다카마쓰역 미도리노마도구치, 워프 다카마쓰 지점). 일본 현지에서는 다카마쓰역 워프 다카마쓰 지점(영업 시간 외에는 다카마쓰역의 미도리노마도구치)에서 구입할 수 있다. 연속 사용 2일권 한 종류이며, 가격은 대인 6,000엔(12세 이상), 소인 3,000엔(6~11세)이다.

이용 구간 ① 다카마쓰~간온지, 다카마쓰~히케타, 다도쓰~고토히라 간 특급 열차, 쾌속 열차, 보통 열차의 일반실 자유석 ② 다카마쓰 고토히라 전기 철도(고토덴) 전 구간 ③ 쇼도시마 페리(주)(다카마쓰항~도노쇼항 페리, 고속선 이용 불가) ④ 쇼도시마 올리브 버스(주)의 노선버스 전 구간

■ 고토덴 온천 승차 입욕권 ことでんおんせん乗車入浴券

고토덴 온천 승차 입욕권은 고토덴 승차 요금과 붓쇼잔 온천 입욕권, 붓쇼잔 온천 오리지널 수건과 부채가 세트인 승차 입욕권이다(1,300엔). 부채 모양의 기획형 티켓으로, 대인용 티켓만 판매한다. 붓쇼잔역에서부터 360엔 구간에 한해 하루 동안 무제한으로 이용할 수 있다. 이 외에도 1일 승차권과 영화 티켓, 팝콘이 세트인 고토덴 시네마 티켓(2,100엔)과 겨울철이면 아이스 아레나 입장과 스케이트화 대여료가 포함된 고토덴 스케이트 티켓(2,200엔) 같은 재미있는 티켓도 판매한다.

■ 레인보우 순환 버스 レインボー循環バス

JR다카마쓰역, 리쓰린 공원, 유메타운 등 다카마쓰 시내 주요 지역을 도는 순환 버스로, 시내 관광에 편리하다. 요금은 170~230엔이며 15~25분 간격으로 운행된다.

JR다카마쓰역
高松駅 [다카마쓰에키]

가가와현 여행의 시작

JR다카마쓰역은 시코쿠에서 가장 큰 역이며 다카마쓰 관광의 시작점이자 교통의 중심부다. 무엇보다 귀엽게 웃는 얼굴을 한 역 건물이 인상적이다. 마쓰야마, 도쿠시마, 고치로 이동하는 데 편리하며 각 도시로 이동하는 고속버스 터미널도 역 옆에 있다. 또 다카마쓰 심볼 타워와 시내버스 정류장이 바로 앞에 있고 도보 5분 거리에 세토내해의 각 섬으로 가는 배가 출발하는 다카마쓰항이 위치해 있다. 고토덴의 출발역 다카마쓰칫코역과 새로운 트렌드를 볼 수 있는 기타하마 앨리도 멀지 않다. 효고마치, 마루가메마치 같은 중심 상점가도 도보권 내에 있으니 다카마쓰 시내 관광은 JR다카마쓰역을 시작으로 하면 좋다. 역 1층은 편의점과 패스트푸드점, 렌터카 사무실 등이 있고, 2층은 잡화점과 스타벅스, 소바와 우동집 그리고 서점도 있어 열차 출발 전에 이용하기 좋다. 여행 정보는 역구내에 있는 관광 안내소나 역 앞에 있는 '다카마쓰시 인포메이션 플라자'에서도 여행 정보나 팸플릿 등을 받을 수 있다.

주소 香川県高松市浜ノ町 **시간** 04:20~23:00 (미도리노마도구치 업무 시간) **전화** 087-825-1702

리틀 머메이드에서 달콤한 간식을!

몇 년 전까지만 해도 시코쿠의 각 역 구내에는 JR시코쿠가 직영하던 빵집 윌리윙키가 있었지만, 현재는 리틀 머메이드(リトルマーメイド, 리토루 마메이도)가 그 빈자리를 채우고 있다. 1972년 히로시마에서 탄생하여 전국에 260여 개의 매장이 있는 리틀 머메이드는 합리적인 가격을 자랑하는 식빵, 소금빵, 호두롤 등이 꾸준히 사랑받고 있다. 다카마쓰역, 마쓰야마역, 고치역 등 시코쿠에 스무 개의 매장이 있으니 열차를 타기 전에 시간이 남으면 호두롤(183엔), 소금빵(183엔), 애플파이(324엔) 등 오랜 인기 제품을 가볍게 맛보아도 즐겁다.

다카마쓰항
高松港 [다카마츠코-]

세토내해 예술 섬으로 떠나는 현관

세토내해 교통의 거점인 다카마쓰항은 나오시마와 데시마, 오기지마, 메기지마 등 세토우치 국제 예술제가 개최되는 7개의 섬으로 출발하는 바다의 현관이라 할 수 있다. 이곳을 통해 시원한 바닷바람을 맞으며 도착한 섬들에서 산책로를 걷거나 예술 작품 앞에서 사진을 찍는 등 가볍게 즐길 수 있다. 또 다카마쓰항 방파제에 서 있는 다카마쓰항 다마모 방파제 등대(애칭은 빨간 등대 또는 세토시루시)까지 산책하는 것도 좋다. 내부에서 빛이 반사돼 등대 전체가 붉게 빛나 밤에 보아도 아름답다.

주소 香川県高松市サンポート 1番 1号 **위치** JR다카마쓰(高松)역에서 도보 5분 **시간** 06:00~22:00 **홈페이지** 시코쿠 페리 www.shikokuferry.com, 시코쿠 기선 www.shikokukisen.com **전화** 087-851-3442

리쓰린 공원
栗林公園 [리츠린코-엔]

다카마쓰의 대표 얼굴

다카마쓰 시내에 자리한 리쓰린 공원은 시운산을 배경으로 연못과 언덕을 배치한 품격 넘치는 정원으로, 국가 특별 명승지 중 최대 규모를 자랑한다. 에도 시대 초기 사누키 지역(가가와현의 옛 이름)을 다스리던 다이묘의 별장으로, 봄에는 매화와 벚꽃, 여름에는 창포와 연꽃, 가을에는 단풍, 겨울에는 동백꽃까지 사계절 내내 아름다운 꽃을 즐길 수 있으며 계절마다 달라지는 아름다운 풍경은 언제 보아도 새롭다. 6개의 연못과 13개의 언덕을 절묘하게 배치해 미학적으로 뛰어나며 긴 세월을 이겨 온 흔적을 고스란히 안고 있는 천여 그루의 소나무도 볼거리다. 특히 2009년에는 '미슐랭 그린 가이드 재팬'에서 최고 평가인 별 3개에 선정되기도 했다.

주소 香川県高松市栗林町 1-20-16 **위치** ❶ JR리쓰린코엔기타구치(栗林公園北口)역에서 도보 3분 ❷ 고토덴 리쓰린코엔(栗林公園)역에서 도보 10분 ❸ JR다카마쓰(高松)역 버스 터미널에서 서순환(西廻り, 니시마와리) 버스 타고 리츠린코엔마에(栗林公園前) 정류장 하차 후 도보 1분 **시간** 07:00~17:00(계절따라 변동), 05:30~18:30(4~9월) **요금** 410엔(일반), 170엔(초등·중학생) **홈페이지** www.my-kagawa.jp/ritsuringarden **전화** 087-833-7411

기쿠게쓰테이 掬月亭 [키쿠게츠테이]

7세기 후반에 지어져 구 번주들이 차실로 사용하던 곳이다. '물을 떠올 리면 달이 손바닥 안에 있다'는 중국 시의 한 구절에서 이름 붙인 것이 다. 보통 건물보다 약간 낮게 느껴지는 바닥에 앉으면 마치 배 위에서 손 을 뻗어 호수면에 닿는 듯한 분위기가 난다. 난코 연못을 바라보며 런치 나 말차 세트를 맛볼 수 있다.

위치 리쓰린 공원 남쪽 정원에 있는 난코(南湖) 호수 옆(정문 매표소에서 도보 5분)
시간 11:30~13:00(런치), 09:00~16:00(그 외) **가격** 700엔(말차, 화과자 포함)

엔게쓰교 偃月橋 [엔게츠쿄]

리쓰린 공원에서 가장 큰 나무다리로 우아한 기품이 흐른다. 리쓰린 공 원을 알리는 사진에 자주 등장하는 다리로, 연못에 비친 다리의 그림자 가 초승달처럼 보이는 데서 붙은 이름이다. 다리 위에서 세 개의 작은 인 공 섬이 떠 있는 난코 호수를 바라보면 정면에 하트 모양의 철쭉이 보인 다. 특히 5월경에 하트 철쭉을 볼 수 있다.

위치 난코 호수 가장자리에 있으며 연못을 사이에 두고 기쿠게쓰테이와 멀리 마주 보는 위치로 와센(일본식 나룻배) 승선장과도 가깝다.

난코 주유 뱃놀이 南湖周遊和船 [난코슈-유-와센]

이곳에서는 난코 연못을 느리게 도는 와센(일본식 나룻배)을 타고 또 다 른 풍경을 즐길 수 있다. 뱃사공의 설명을 들으면서 바라보는 정원은 또 다른 느낌으로 다가온다. 약 30분 동안 옛 정취에 빠져 그림 같은 풍경의 변화를 즐겨 보자. 승선권은 입장권 매표소에서 구입할 수 있으며 승선 장은 엔게쓰교 부근에 있다.

시간 09:00~17:00(계절따라 변동, 15~30분마다 1편씩) **요금** 620엔(일반), 310엔(초·중학생), 무료(미취학 아동) *3세 이하 승선 불가 **전화** 087-833-7413

기타하마 앨리
北浜アリー [기타하마아리-]

오래된 창고가 개성적인 공간으로 재탄생한 곳

쇼와 시대(1926~1989년) 초기에 세워져 백 년이 되어 가는 오래된 창고를 개조한 분위기 넘치는 창고 거리다. 바다를 바라보면서 차를 마실 수 있는 카페를 비롯해 레스토랑이나 잡화점 등 개성 강한 15개 정도의 가게가 모여 있어서 소품 쇼핑이나 휴식, 사진 찍기에도 좋다. 기타하마 앨리에서 가장 유명한 카페 우미에를 비롯해 파이 전문점, 잡화점, 의류, 레스토랑 등 젊은이의 감각에 맞춘 가게들을 느릿느릿 산책하듯 돌아볼 수 있다. 넓은 공터에서는 벼룩시장이나 콘서트가 열리기도 한다.

주소 香川県高松市北浜町 4-14 **위치** ❶ JR다카마쓰(高松)역에서 도보 15분 ❷ 고토덴 가타하라마치역(片原町駅)에서 도보 약 4분 **시간** 점포마다 다름 **휴무** 점포마다 다름 **전화** 087-834-4335

우미에 Umie

입구부터 특이한 낡은 창고 2층에 자리한 카페로, 창 너머로 바다가 보여서 개방감이 뛰어나다. 감각적인 인테리어로 테이블마다 다른 분위기를 연출하며, 저녁놀을 보며 기억에 남을 순간을 보내기에 좋은 곳이다. 런치와 디저트류, 맥주 등 메뉴도 다양하다. '바다로'라는 의미의 일본어 발음이 우미에(Umie)다.

주소 香川県 高松市 北浜町 3-2 北浜 alley 内 **위치** JR다카마쓰(高松)역에서 도보 15분 **시간** 11:00~19:00(일·월·화·목·금), 11:00~21:00(토) **휴무** 수요일 **전화** 087-811-7455

다마모 공원
史跡高松城跡 玉藻公園 [시세키 다카마쓰조아또 타마모코-엔]

일본 3대 수성의 흔적을 찾아서

다마모 공원은 다카마쓰 성터를 공원으로 정비해 개방한 시민의 휴식처다. 1590년에 축성된 다카마쓰성은 일본 3대 수성(水城)의 하나로, 북쪽은 세토내해로 연결된 바다고, 동, 서, 남쪽은 바닷물을 끌어와 해자를 만들었다. 중요 문화재로 지정돼 있는 우시토라 망루, 쓰키미 망루 등은 건축 당시의 모습을 그대로 간직하고 있으며 세토내해가 훤히 내다보이는 천수각 터와 석단 등이 사적으로 지정돼 있다. 또 나룻배를 타고 성벽을 바라보거나 해자에서 헤엄치는 도미에게 먹이를 주는 체험도 할 수 있다(나룻배 30분, 500엔, 12~2월 휴항, 도미 먹이 100엔).

주소 高松市玉藻町 2番 1号 **위치** JR다카마쓰(高松)역에서 도보 5분 **시간** 서문(西門): 05:30~18:30(4~5월), 05:30~19:00(6~8월), 05:30~18:30(9월), 06:00~17:30(10월), 06:30~17:00(11월), 07:00~17:00(12~1월), 07:00~17:30(2월), 06:30~18:00(3월) / 동문(東門): 07:00~18:00(4~9월), 08:30~17:00(10~3월) **휴원** 12월 29~31일 **요금** 200엔(16세 이상), 100엔(16세 미만) **홈페이지** www.takamatsujyo.com **전화** 087-851-1521

다카마쓰시 미술관
高松市美術館 [다카마쓰시 비주쯔칸]

가가와현의 전통 공예를 즐길 수 있는 곳

다카마쓰 시내 중심가에 있는 도시형 미술관으로, '전후 일본의 현대 미술', '20세기 이후의 세계 미술', '가가와의 미술'이라는 세 가지 테마를 중심으로 1,600점이 넘는 작품을 소장하고 있다. 세계적인 아티스트 이우환의 작품도 만날 수 있고 특별전과 상설전도 자주 교체돼서 둘러볼 만하다. 미술관을 둘러본 후 미술관 숍에서 기념품을 고르거나 미술관 1층에 있는 커피숍에서 따뜻한 차를 즐기며 거리를 내다보는 것도 즐겁다.

주소 香川県高松市紺屋町 10-4 **위치** JR다카마쓰(高松)역에서 도보 10분 **시간** 09:30~17:00 **휴관** 월요일, 12월 29일~1월 3일 **요금** 200엔(일반), 150엔(대학생), 무료(고교생 이하) **홈페이지** www.city.takamatsu.kagawa.jp/museum/takamatsu **전화** 087-823-1711

가가와 현립 뮤지엄
香川県立ミュージアム [카가와 켄리츠뮤지아무]

역사 박물관과 미술관이 결합된 곳

다카마쓰 시내 중심가에 있는 도시형 미술관으로, '전후 일본의 현대 미술', '20세기 이후의 세계 미술', '가가와의 미술'이라는 세 가지 테마를 중심으로 1,600점이 넘는 작품을 소장하고 있다. 세계적인 아티스트 이우환의 작품도 만날 수 있고 특별전과 상설전도 자주 교체돼서 둘러볼 만하다. 미술관을 둘러본 후 미술관 숍에서 기념품을 고르거나 미술관 1층에 있는 커피숍에서 따뜻한 차를 즐기며 거리를 내다보는 것도 즐겁다.

주소 高松市玉藻町 5푬 5号 **위치** ❶ JR다카마쓰(高松)역에서 도보 10분 ❷ 고토덴 가타하라마치(片原町)역에서 도보 약 5분 **시간** 09:00~17:00(특별전 개최 기간 금요일 19:30분까지) **휴관** 월요일, 12월 26일~1월 1일 **요금** 410엔(일반), 무료(고교생 이하) **홈페이지** www.pref.kagawa.jp/kmuseum **전화** 087-822-0002

미야와키 서점(본점)
宮脇書店本店 [미야와키쇼텐혼텐]

일본 최대의 점포 수를 자랑하는 곳

다카마쓰에서 제일 유명한 서점이라면 역시 미야와키 서점(宮脇書店)이다. 미야와키 서점은 다카마쓰에 본사를 둔 서점 그룹으로, 점포 수로는 일본 최대를 자랑한다. 에히메현에 하루야 서점이 많다면 가가와현에는 미야와키 서점이 압도적이다. 작은 시골에 가도 어김없이 미야와키 서점 간판이 보이니 시간이 날 때 들러서 그림책이나 잡지를 보며 일본 트렌드를 점쳐 봐도 좋다. 미야와키 서점 본점은 마루가메 상점가 안에 있어서 오고 가다 들르기 편하다.

주소 香川県高松市丸亀町4-8 **위치** JR다카마쓰(高松)역에서 도보 15분 **시간** 09:00~21:00 **휴무** 없음 **홈페이지** www.miyawakishoten.com **전화** 087-851-3733

호네쓰키도리 아즈마(본점)
骨付鳥 東 本店 [호네쓰키도리 아즈마 혼텐]

다카마쓰의 명물을 맛보는 즐거움

다카마쓰에서 호네쓰키도리를 파는 가게는 어디나 직장인들로 붐비지만 이곳 역시 퇴근 시간이면 몰려드는 직장인들로 흥이 넘치는 곳이다. 히나(영계)는 육즙이 풍부하고 부드러워서 맛있고 오야(노계)는 쫄깃하면서도 담백해서 또 다른 매력이 있다. 카운터석에 앉아 근처 직장인들과 어울리는 시간도 좋으며, 독립된 공간도 있어서 그룹끼리 오붓하게 호네쓰키도리를 즐기기에도 좋다.

주소 香川県高松市瓦町1-5-2 **위치** 고토덴 가와라마치(瓦町)역에서 도보 5분 **시간** 16:00~23:00(주문 마감: 푸드 22:00, 드링크 22:30) **가격** 호네쓰키도리(히나, 오야) 980엔 **휴무** 일요일 **전화** 087-813-2828

성의 눈
城の目 [시로노 메]

독특한 끌림이 있는 곳

1962년에 문을 연 찻집으로, 건축가 야마모토 다다시가 설계를 맡고 조각가 소라 미즈아키가 인테리어를 담당했다. 뉴욕 세계 박람회 일본관 출품을 위해 가가와현에 있는 석재회사 오카다 석재가 시험 제작한 석조 릴리프가 그대로 벽에 남아 있다. 정원 미술관으로 유명한 조각가이자 화가인 이사무 노구치, 작곡가 다케미쓰 도오루도 이곳에서 자주 커피를 마셨다고 한다. 독특한 외관으로는 찻집 내부가 상상이 되지 않지만 60년을 거슬러 옛 시간 속으로 들어가 보자. 다카마쓰산 돌로 만든 스피커, 오래된 천장 중앙에 있는 천창 등, 찻집이라고는 생각할 수 없는 개성적인 디자인이 숨어 있다. 안타깝게도 내부 사진 촬영은 금지지만 따뜻한 커피 한 잔과 함께 단번에 레트로 감성에 빠져들 수 있다.

주소 香川県 高松市 紺屋町 2-4 **위치** 고토덴 가타하라마치(片原町)역에서 도보 7분 **시간** 07:30~18:00 **휴무** 일요일 **가격** 400엔~(커피) **전화** 087-851-8447

란마루
蘭丸 [란마루]

다카마쓰 시민들의 인기 메뉴

다카마쓰의 명물인 호네쓰키도리(뼈가 붙은 닭다리)는 캐릭터 인형이 판매될 정도로 시민들에게 인기 있는 음식이다. 호네쓰키도리 가게는 시내 중심가 여러 곳에 있으며 히나도리(영계)와 오야도리(노계) 두 종류가 있다. 란마루의 오야도리는 생각보다 커서 놀라지만 쫄깃함이 살아 있어 식감이 좋고, 히나도리는 이 가게 고유의 양념 맛이 밴 파삭파삭한 식감이 매력이다.

주소 香川県 高松市 大工町 7-4 **위치** 고토덴 가타하라마치(片原町)역에서 도보 5분 **시간** 18:00~새벽 01:00 **가격** 980엔(히나도리), 980엔(오야도리) **전화** 087-821-8405

덴카쓰
天勝 [텐카츠]

세토내해의 깊은 맛
1866년에 창업한 가게로, 가게 중앙의 활어조에서 막 건져 올린 세토내해의 신선한 생선을 맛볼 수 있다. 예부터 세토내해의 생선은 맛이 깊기로 유명한데 그 세토내해에서 잡은 크고 굵은 붕장어 베스케(べえすけ)를 이용한 스키야키(전골 요리)나 고소한 복어 꼬치 튀김, 감칠맛 나는 도미아라다키(도미 조림) 등 생선 요리가 유명하다.

주소 香川県高松市兵庫町 7-8　**위치** JR다카마쓰(高松)역에서 도보 7분　**시간** 11:00~14:00, 16:00~22:00, 11:00~21:00(토, 일, 공휴일)　**가격** 800엔~(런치), 1,080엔(도미아라다키)　**전화** 087-821-5380

산마르크 카페(다카마쓰 마루가메초점)
サンマルクカフェ 高松丸亀町店 [산마르크 카훼 다카마쓰 마루가메초텐]

초코크로로 유명한 곳
산마르크 카페는 초코크로(초코크루아상)가 제일 유명하다. 마루가메 상점가에도 산마르크 카페가 입점해 있는데, 1층은 다소 붐비지만 2층은 한산하다. 초코크로는 200엔, 프리미엄 초코크로는 280엔이다. 매일 빵이 바뀌는 모닝 세트도 괜찮지만 런치도 저렴한 가격에 비해 호감도가 높은 편이다.

주소 香川県高松市丸亀町 2-3　**위치** 고토덴 가타하라마치(片原町)역에서 도보 7분　**시간** 07:30~21:30　**가격** 200엔(초코크로), 390~590엔(모닝 세트), 590~790엔(런치 세트)　**홈페이지** www.saint-marc-hd.com/saintmarccafe　**전화** 087-821-0309

도리초
鳥長 [도리초]

분위기 좋은 이자카야
도리초는 언제나 손님으로 가득 차 있기 때문에 미리 예약을 하는 것이 좋다. 아담한 실내에 테이블 간격도 좁기 때문에 이런 이자카야 분위기를 좋아한다면 즐겨 볼 만하다. 흥겨운 음악 속에서 이야기꽃을 피우는 사람들, 호네쓰키도리를 비롯해 각종 꼬치 등 안주류도 풍부해서 전형적인 이자카야의 모습을 보여 준다.

주소 香川県高松市鍛冶屋町4-14 **위치** 고토덴 가와라마치(瓦町)역에서 도보 10분 **시간** 17:30~23:00 **가격** 1,100엔(구시야키 오마카세 세트) **휴무** 연중무휴 **전화** 087-823-2232

소케 구쓰와도(총 본포)
宗家くつわ堂総本舗 [소-케 쿠츠와도 소-혼뽀]

가가와현을 대표하는 가와라센베
1877년에 창업한 가게로, 가와라센베를 대표로 화과자부터 양과자까지 다양한 과자를 맛볼 수 있다. 단품부터 다양한 센베를 조합한 세트까지 선택의 폭이 넓으며 특히 입시철에 판매하는 합격 센베가 인기다. 학문의 신으로 추앙받는 스가와라 미치자네를 모신 다키노미야 텐만구(滝宮天満宮)에서 기도를 받은 센베 틀로 만든 센베로 입시철에 한정 판매한다. '합격'이라는 글자가 새겨진 센베 봉지 뒷면에는 '노력은 천재를 이긴다(No pain no gain)'라는 글귀가 적혀 있다.

주소 香川県高松市兵庫町 4-3 **위치** JR다카마쓰(高松)역에서 도보 8분 **시간** 08:00~18:00 **휴무** 1월 1일 **가격** 378엔~(가와라센베) **홈페이지** www.kutsuwado.co.jp **전화** 087-851-9280

커피 살롱 황제
コーヒーサロン皇帝 [코-히-사론 코우테이]

가라아게 도시락 대 인기

효고마치 상점가에 있는 커피 살롱 황제는 개업한 지 40년이 되어 가는 곳으로, 다카마쓰에서는 손꼽히는 오래된 카페다. 전체 150석으로 카페치고는 상당히 넓은 편이다. 영업시간에는 네모난 입간판을 길가에 세워 두기 때문에 쉽게 보이는데 만약 찾기 어려우면 파칭코 타마야(TAMAYA) 간판을 찾으면 된다. 황제는 그 옆 건물 2층에 자리하고 있다. 커피는 430엔부터며, 모닝 세트는 480엔, 런치는 10종류로 전품 890엔이다. 닭고기 튀김이 든 가라아게 도시락이 가장 인기 메뉴다.

주소 香川県 高松市 兵庫町 11-5 **위치** JR다카마쓰(高松)역에서 도보 8분 **시간** 08:00~20:30 **휴무** 1월 1~2일 **가격** 430엔~ (커피) **홈페이지** takamatsu-kohtei.com **전화** 087-822-1071

노포의 런치 타임 풍경

이름도 화려한 '커피 살롱 황제' 앞에 선 여행자는 뭔가 독특한 분위기 때문에 선뜻 2층으로 올라가지 못하고 계단 앞에서 망설일 것이다. 때마침 점심시간이기라도 하면 문을 열고 들어간 순간 식당이 아닌가 하고 놀랄지도 모른다. 개업 40년이 가까운 노포의 런치 타임에는 150석이 거의 찬다. 젊은이부터 노년층까지, 여성, 남성 빼곡하다. 클래식 음악이 흐르고는 있지만 런치 때는 손님이 많아서 잘 들리지 않는다. 게다가 한국에서는 있을 수도 없는 일이지만 모든 자리가 흡연 가능하다. 한쪽에서는 도시락을 먹고 한쪽에서는 담배를 피우며 차를 마신다. 모닝 메뉴는 낮 2시까지다. 낮 2시에 모닝 세트를 먹을 수 있는 사람, 거기다 담배를 피우는 사람이라면 '커피 살롱 황제'에서는 바로 그가 황제다.

사누키면업(효고마치 본점)
さぬき麺業 兵庫町店 本店 [사누기멘교 효고마치텐 혼텐]

겨울 한정 메뉴 싯포쿠우동이 맛있는 집

1926년에 창업해 3대째 이어 오고 있는 우동집이다. 효고마치 상점가 안에 있어 멀리 찾아가는 수고 없이 깊은 맛을 즐길 수 있다. 다카마쓰 공항 2층에도 지점이 있으며, 공항에 있는 우동 국물이 나오는 수도꼭지의 우동 국물은 사누키면업에서 제공하는 것이다. 겨울철에는 한정 메뉴 싯포쿠우동이 인기다. 효고마치에 있는 본점과 다카마쓰 공항 지점을 비롯해 다카마쓰에 본점과 3개의 지점이 있으며 도쿄와 오사카에도 지점이 있다. 10명 이상일 때는 예약이 필요하다.

주소 香川県高松市兵庫町 11-9 **위치** ❶ JR다카마쓰(高松)역에서 도보 10분 ❷ 고토덴 가타하라마치(片原町)역에서 도보 5분 **시간** 10:00~21:00 **홈페이지** www.sanukiudon.co.jp **전화** 087-851-5090

사카에다
さか枝 [사카에다]

아침부터 즐기는 우동

셀프 우동집으로, 아침 일찍부터 현지인과 관광객으로 붐비는 유명한 수타 우동 가게다. 오전 7시에 문을 열기 때문에 아침 식사로 우동을 먹으려는 손님들이 꽤 많다. 언제라도 갓 만들어 끓인 쫄깃한 우동을 맛볼 수 있으며 우동 위에 올려 먹는 치쿠와 튀김(어묵 튀김) 등의 토핑은 전품 100엔이다. 우동면은 찰지고 맛있으면서 가케우동, 자루우동과 40종류 이상의 토핑으로도 유명하다.

주소 香川県 高松市 番町 5-2-23 **위치** 고토덴 가와라마치(瓦町)역에서 도보 15분 **시간** 07:00~15:00(팔리는 대로 영업 종료) **휴무** 토·일요일, 공휴일 **가격** 250엔(가케우동), 310엔(자루우동) **홈페이지** www.sakaedaudon.jp **전화** 087-834-6291

치쿠세이(본점)
竹清 本店 [치쿠세이 혼텐]

반숙계란튀김 토핑이 처음 탄생한 우동집

1968년에 창업한 셀프 우동집이다. 개점과 동시에 대기 줄이 생기는 집으로도 유명하지만 반숙계란튀김 토핑을 처음 고안한 가게로도 알려져 있다. 그런 만큼 갓 튀겨낸 뜨거운 반숙계란튀김은 꼭 맛볼 것. 매끈하고 탱글탱글한 우동과 토핑을 저렴한 가격에 먹을 수 있는 가게인 만큼 점심시간에는 긴 줄이 생기니 조금 일찍 가는 것이 좋다. 도쿄, 오사카, 치바, 구라시키, 히로시마에도 지점이 있다.

주소 香川県 高松市 亀岡町 2-23 **위치** 고토덴 가와라마치(瓦町)역에서 도보 17분 **시간** 10:45~14:30(면이 팔리는 대로 영업 종료) **휴무** 월요일 **가격** 200엔~(우동) **홈페이지** chikuseiudon.com **전화** 087-862-1095

야마다야
山田家 [야마다야]

유형 문화재로 등록된 대저택에서 먹는 우동 한 그릇

한적한 고토덴 야쿠리역에 내려 20분 넘게 느릿느릿 걸어가 만나는 야마다야 본점. 약 800평의 광대한 부지에 서 있는 저택은 등록 유형 문화재이기도 하다. 정취가 넘치는 공간에서 먹는 엄선한 재료로 만든 우동 한 그릇은 각별하다. 우동 제품도 구매할 수 있으며 식후에 커피나 말차 라테 같은 음료를 즐길 수 있는 카페도 마련돼 있다.

주소 香川県 高松市 牟礼町牟礼 3186 **위치** 고토덴 시도선(志度線) 야쿠리(八栗)역 하차 후 도보 약 25분 **시간** 10:00~20:00 **가격** 600엔(자루붓가케우동) **홈페이지** www.yamada-ya.com **전화** 087-845-6522

우동 うどん

쫄깃하고 매끄러운 면발로 유명한 사누키우동은 가가와현을 대표하는 명물이다. 우동 버스, 우동 택시, 우동 학교까지, 가가와현은 우동현으로 불릴 만큼 이 지역 사람들은 우동에 대한 사랑과 열정이 대단하다. 우동을 더 맛있게 먹기 위해 먼저 우동의 기초를 알아보고 우동 한 그릇에 담긴 소박한 지역 문화를 맛보자.

우동의 종류

- **가케우동** かけうどん
  가장 일반적인 우동을 말하며 데친 면을 찬물로 헹군 후 온수로 헹구고 멸치나 가다랑어 등으로 맛을 낸 따뜻한 국물을 부어 먹는 우동이다.

- **붓가케우동** ぶっかけうどん
  삶은 면을 찬물에 헹궈 진한 국물(だし)을 면에 직접 넣는다. 파나 갈은 무를 고명으로 얻는 경우가 많다.

- **가마아게우동** 釜揚げうどん
  삶은 면과 삶은 물을 함께 그릇에 담아, 같이 나오는 츠유에 찍어 먹는다.

- **자루우동** ざるうどん
  삶은 면을 찬물에 헹궈 체(자루)에 담아내는 우동으로 츠유에 찍어 먹는다.

- **싯포쿠우동** しっぽくうどん
  가가와현에서 겨울에 먹는 대표적인 향토 음식이다. 표고버섯과 채소, 어묵, 무 등 여러 종류의 재료를 한번에 푹 끓여서 우동 위에 듬뿍 올려서 먹는다.

- **가마타마우동** 釜玉うどん
  삶은 면 위에 날달걀을 넣고 간장과 양념을 뿌려 먹는다. 면이 뜨거울 때 날달걀을 넣으면 반숙이 되어 먹기 좋다.

우동 가게 유형

- **일반점**
  보통 음식점과 같은 주문 시스템. 가게에 들어가 자리에 앉으면 주문을 받으러 오고 음식을 가져다주는 일반적인 형태다.
  특징_ 메뉴가 다양하며, 먹고 나서 계산한다.

- **셀프점**
  가게에 들어가면 자신이 트레이를 들고 사이드 메뉴를 고르고 우동을 주문하는 시스템. 가게에 따라 다양한 형태가 있다.
  특징_ 사이드 메뉴가 다양하며 싸고 빠르다. 선불이다.

- **제면소**
  보통 제면을 만들어 판매하고 있는 공장 한쪽에서 먹는시스템. 주로 셀프 타입이다.
  특징_ 교통이 불편한 곳에 있지만, 싸고 빠르다.

우동을 즐기는 조금 특별한 방법

• **우동 버스** うどんバス

가가와현의 대표 먹거리 우동을 찾아 떠나는 반일, 혹은 종일 우동 버스를 소개한다. JR다카마쓰역 9번 승차장에서 출발해 사누키우동 맛집과 관광지를 돌아보는 일석이조 우동 여행 상품이다. 모든 코스에 안내원이 동승하며 우동에 대한 설명이나 관광지 설명을 해준다. 반일 코스와 하루 코스로 나뉘며, 주말과 공휴일은 하루 코스로 운영하는데, 코스에 따라 대중교통으로 가기 힘든 곳도 함께 돌아볼 수 있어서 여행 계획에 넣어 볼 만하다. 유명 우동집 우동을 맛보는 건 기본이고 편하게 관광지까지 이동할 수 있다는 장점이 있으므로 자신의 일정에 맞추어 이용해 보는 것도 즐거운 경험이 될 것이다. 자세한 일정은 홈페이지를 참조하고, 한국어 지원도 되니 자신에게 맞는 일정을 선택한다.

주소 香川県丸亀市土器町北 2-77 **시간(예약)** 09:00~18:00(평일), 09:00~16:00(주말, 공휴일) **요금** 2,000엔(반나절 코스), 3,000엔(종일 코스) *소인은 반액 **휴무** 골든위크(4월 29일~5월 7일), 오봉(8월 11~15일), 연말연시(12월 30일~1월 5일) **홈페이지** www.kotosan.co.jp/sp **전화** 0877-22-9191(마루가메 영업소), 087-851-0021(다카마쓰 영업소)

Notice 2023년 7월 현재, 우동 버스는 운휴 중이므로 홈페이지를 통해 운행 여부를 확인하자.

평일	오전 코스(약 3시간)		우동집 두 곳
	오후 코스(약 3시간)		우동집 두 곳+야시마 전망대
주말·공휴일	하루 코스 (약 6시간 30분)	A코스(일·공휴일)	우동집 한 곳+다카야신사, 치치부가하마
		B코스(토)	우동집 두 곳+고토히라궁
		C코스(토)	우동집 두 곳+리쓰린 공원, 야시마 전망대
		D코스(토)	우동집 한 곳+마루가메성, 세토대교 기념 공원

• **우동 택시** うどんタクシー

가고 싶은 우동집이 대중교통으로 가기 힘든 곳에 있거나 짧은 시간에 다녀오고 싶을 때, 비용을 더 지불하더라도 효율적으로 시간을 쓰고 싶을 때 우동 택시를 추천한다. 필기 시험은 물론 수타 시험까지 합격한 우동 관련 전문 지식을 가진 기사가 우동의 역사와 문화부터 우동 먹는 법, 주문 방법 등 우동에 관한 지식을 설명해 주면서 안내한다. 승객이 원하는 가게에 가는 건 물론 숨은 가게도 안내해 준다. 승하차 장소는 마루가메, 사카이데, 젠쓰지 등 예약할 때 정하면 된다. 일반적으로 1시간 코스는 우동집 한 곳, 1시간 30분과 2시간 코스는 우동집 두 곳을 방문한다. 단점은 가격에 대한 부담이 있고 일본어 안내뿐이라서 언어적으로 불편이 있을 수 있다.

요금 5,400엔(중형 택시 4~5인승, 1시간 코스), 8,100엔(1시간 30분 코스), 10,800엔(2시간 코스) **홈페이지** www.udon-taxi.com **전화** 050-3537-5678

와라야
わらや [와라야]

시코쿠무라에 갈 때 들르기 좋은 우동집

1975년에 창업한 와라야는 에도 시대 말기의 농가를 이축해 가게 내부도 옛날 모습 그대로며 사누키수타 우동으로 사랑받는 가게다. 도심을 벗어나 시코쿠무라 입구에 있는 넓은 가게에서 사누키우동을 맛볼 수 있다. 특제 국물과 재료의 맛을 잘 살린 메인 메뉴 가마아게우동 외에 자루우동, 쇼유우동, 붓가케우동 등 크게 4종류가 있다.

주소 香川県高松市屋島中町 91番地 **위치** 고토덴 시도선(志度線) 고토덴야시마(琴電屋島)역에서 도보 7분 후 시코쿠무라 입구 근처 오른쪽 **시간** 09:30~18:00 **가격** 540엔~(가마아게우동) **홈페이지** www.wara-ya.co.jp **전화** 087-843-3115

우동바카 이치다이
手打十段うどんバカ一代 [데우치 쥬단 우동바카이치다이]

유명인의 사인이 벽면을 가득 채운 우동집

각종 방송 매체에 여러 번 소개되어 이른 아침부터 우동을 즐기려는 사람으로 가득 차는 가게다. 아담한 가게 벽면은 유명인의 사인으로 빼곡하게 덮여 있고 주변에 우동집 전용 주차장이 네 곳이나 있는 걸 보아도 그 인기를 실감할 수 있다. 가케우동은 280엔부터 맛볼 수 있지만 이 집의 인기 메뉴는 단연 가마바타우동(釜バターうどん)이다. 갓 끓여 낸 우동면에 버터 한 조각을 올리고 날계란과 섞어 먹는 가마바타우동은 일본풍 까르보나라 느낌으로 큰 인기를 얻고 있다.

주소 香川県高松市多賀町1-6-7 **위치** 고토덴 하나조노(花園)역에서 도보 5분 **시간** 06:00~18:00 **휴무** 없음 **가격** 490엔~(가마바타우동) **전화** 087-862-4705

•TIP•
먼 거리를 걷기도 싫고 줄을 서서 기다리는 것도 싫다면?

짧은 시간에 가볍게 먹으려면 그야말로 곳곳이 우동집이므로 어디에 들어가서 먹어도 큰 실패는 없다. 다카마쓰역을 나오면 바로 오른쪽에도 우동집 메리켄야(めりけんや)가 아침 7시부터 오후 8시까지 영업하고 있으며 우동 체인점 하나마루(はなまる)도 자주 보이니 시내 곳곳에서 빠르고 저렴한 가격에 먹을 수 있다.

가마쿠라 파스타 (마루가메상점가점)
鎌倉パスタ 高松丸亀町商店街店 [가마쿠라 파스타 다카마쓰 마루가메쇼텐가이텐]

여성들에게 인기 있는 일본식 파스타 전문점
생면 파스타 전문 체인점이다. 30가지나 되는 일본풍 파스타에, 계절에 따른 추천 메뉴나 어린이 메뉴, 디저트류도 다양해서 특히 여성들에게 인기 있는 가게다. 젓가락과 포크 중 선택할 수 있으며 차분한 분위기에서 식사를 즐길 수 있다.

주소 香川県 高松市 丸亀町 12-6 **위치** JR다카마쓰(高松)역에서 도보 12분 **시간** 11:00~22:00(주문 마감 21:00) **가격** 990엔~(파스타 베이컨 페페론치노) **홈페이지** www.saint-marc-hd.com/kamakura **전화** 087-822-5309

우동 장인 사누키 멘노스케
うどん職人さぬき麺之介 [우동 쇼쿠닌 사누키멘노스케]

철도 팬이라면 매료될 가게

선로 바로 옆에 자리하고 있어서 철도 팬이라면 더없이 반가운 가게다. 주문을 받은 후 면을 밀기 때문에 다소 시간이 걸리지만 가게 뒷문에서 손에 닿을 거리에 있는 선로 위로 끊임없이 기차가 지나가기 때문에 기다리는 시간도 지루하지 않다. 테이블에 깔린 비닐 안에는 손님들의 우동 맛 평가, 아르바이트 모집 광고, 예술제 팸플릿까지 무질서하게 놓여 있는데 읽는 재미도 소소하게 즐겁다. 특히 굵은 면발에 꼬들꼬들하고 쫄깃한 식감은 상당히 매력적이다. 주먹밥 두 개가 나오는 오니기리 세트와 함께 먹어도 맛있고, 저녁이면 맥주와 함께 우동을 즐길 수도 있다.

주소 香川県高松市瓦町1-7-3 **위치** 고토덴 가와라마치(瓦町)역에서 도보 3분 **시간** 09:00~14:00, 17:00~새벽 02:00(면이 팔리는 대로 영업 종료) **휴무** 부정기 **가격** 599엔~(가케우동) **전화** 087-802-2696

다카마쓰 심볼 타워
高松シンボルタワー [다카마쓰 심보루 타와]

한눈에 다카마쓰 시내를 바라볼 수 있는 곳

다카마쓰역 앞에 있는 다카마쓰 심볼 타워는 30층 건물 타워동과 8층 건물 홀동으로 이루어져 있으며 특히 타워동은 시코쿠에서 가장 높은 건물이다. 2004년에 완공한 심볼 타워는 사무실, 상업 시설, 이벤트 홀 등을 갖춘 복합 상업 시설이다. 카페와 레스토랑, 기념품점 등이 입점해 있어서 식사와 쇼핑을 한꺼번에 즐기기에 좋다. 홀동 1~3층까지는 카페나 패스트푸드점, 라멘과 우동, 초밥, 스테이크 등 다양한 음식을 맛볼 수 있는 가게들이 입점해 있다. 특히 타워동 29층, 30층에는 고급 레스토랑이 있어서 야경을 보면서 식사를 즐길 수 있는 '천공 레스토랑'으로 사랑받아 왔지만 현재는 폐점하고 리뉴얼을 예정한 상태며 '29층 전망 스페이스'라는 이름으로 시민에게 무료로 공개되고 있다. 전망 스페이스에서는 야시마를 비롯해 세토내해의 섬들과 다카마쓰역, 다카마쓰 시가지가 한눈에 들어와서 시원한 풍경을 즐길 수 있다 (10:00~17:00, 전망 공간 휴무일은 한 달 전에 홈페이지에 공고).

주소 香川県高松市サンポート 2-1 高松シンボルタワー 타워 **위치** JR다카마쓰(高松)역에서 도보 3분 **시간** 점포마다 다름 **홈페이지** www.symboltower.com **전화** 087-822-1707

시코쿠 숍 88 四国ショップ88 [시코쿠숍뿌하치주하치]

시코쿠 숍 88은 가가와현뿐만 아니라 시코쿠 네 개 현의 특산품과 기념품을 전시하고 판매한다. 무려 2,400점이 넘는 아이템을 갖추고 있으며 우동 스티커 같은 재미있고 기발한 상품이 많다. 기념품뿐만 아니라 생활용품도 많이 구비하고 있으니 네 개 현의 상품을 한자리에서 살펴보자.

위치 다카마쓰 심볼 타워 홀동 1층 **시간** 10:00~21:00(4~11월), 10:00~20:00(12~3월) **휴무** 연중무휴 **가격** 390엔~(우동 캐릭터 메모장) **홈페이지** shikokushop.ikomaya88.com **전화** 087-822-0459

잠깐 카페 ちょっとカフェ [촛또카훼]

시코쿠 숍 88 맞은편에 있는 크레이프 전문점이다. 갓 구워낸 크레이프도 맛있지만 오요메이리 소프트아이스크림이 단연 인기다. 이름하여 '행복 한정 오요메이리 소프트아이스크림'이다. 예로부터 가가와현의 결혼식 때 사용했다는 전통 과자 오이리를 듬뿍 얹은 아이스크림으로, 바삭거리는 식감은 먹는 즐거움을 더한다. 오이리를 먹으면 행복해진다고 하는데 아이스크림을 먹는 순간은 정말로 행복해진다.

위치 다카마쓰 심볼 타워 홀동 1층 **시간** 10:00~21:30 **가격** 300엔(오요메이리 소프트아이스크림) **홈페이지** www.maripla.jp/staticpages/index.php/chottocafe **전화** 087-825-5256

고야시키 우동 うどん匠郷屋敷 [우동쇼고야시키]

우동현이라 불리는 가가와현인 만큼 다카마쓰 심볼 타워에도 고야시키 우동 분점이 있어서 다카마쓰역을 오갈 때 간편하게 맛있는 우동을 맛볼 수 있다. 저렴한 우동 단품부터 사계절의 식재료를 풍부하게 사용한 가이세키 요리와 연회석 요리까지 메뉴도 다양하다. 참고로, 다카마쓰 근교에는 국가등록지정문화재로 지정된 건물과 아름다운 정원을 자랑하는 고야시키 우동 본점이 자리하고 있다(고토쿠선(高徳線) 야쿠리구치(八栗口)역에서 도보 약 15분 소요).

위치 다카마쓰 심볼 타워 홀동 3층 **시간** 런치 11:00~15:00(주문 마감 14:30), 디너 17:00~21:00(주문 마감 20:30) **휴무** 1월 1일 **가격** 580엔~(자루우동) **전화** 087-822-1128

옥상 광장 屋上広場 [오쿠조-코-조-]

옥상 광장은 개성적인 이벤트 공간으로 활용하고 있으며, 낮에는 바다 위에 점점이 떠 있는 섬들을 굽어보며 세토내해와 다카마쓰항의 아름다움을 즐길 수 있고, 저녁에는 일몰을 감상할 수 있다. 바다를 배경으로 인상적인 여행 사진을 남기고 싶은 여행자가 들러 볼 만한 곳이다.

위치 다카마쓰 심볼 타워 홀동 8층 **시간** 09:00~20:00(5~9월), 09:00~19:00(10~4월) **휴무** 12월 29일~1월 3일 *우천 시 폐쇄 **전화** 087-825-5000

가리가리 카레 カリガリ高松店 [가리가리 다카마쓰텐]

도쿄 아키하바라에 본점을 둔 가리가리 카레는 '문화, 건설 중'이라는 슬로건으로 다수의 미디어에 소개되어 유명해진 곳이며, 2019년에는 일본 최대급 카레 축제인 '간다 카레 그랑프리'에서 그랑프리를 차지하기도 했다(2022년에는 3위 수상). 2색 카레 세트를 주문하면 20종류 이상의 향신료를 사용한 스파이스 카레와 농후한 오리지널 카레를 한 번에 맛볼 수 있다.

위치 다카마쓰 심볼 타워 홀동 3층 **시간** 11:00~21:00(주문 마감 20:00) **휴무** 없음 **가격** 830엔(가리가리 카레), 980엔(2색 카레 세트, 샐러드 포함) **전화** 087-873-2400

가가와 플라자 かがわプラザ [카가와프라자]

가가와 플라자는 가가와현을 알리고 교류의 장이 되기 위한 시설로, 가가와현의 자연과 축제, 이벤트와 특산품을 다양한 형태로 소개하고 안내하는 시설이다. 이전에 비해 규모는 축소되었지만, 도쿠시마현, 고치현, 에히메현의 자료도 비치하고 있으므로 심볼 타워를 돌아볼 때 가볍게 들르기 좋다.

위치 다카마쓰 심볼 타워 타워동 3층 **시간** 10:00~18:00 **휴무** 수요일(공휴일인 경우 다음 날 휴무), 12월 29일~1월 3일 **요금** 무료 **홈페이지** www.symboltower.com/customer/facility/kagawaplaza.html **전화** 087-825-5125

다카마쓰 중앙 상점가
高松中央商店街 [다카마쓰 추오 쇼-텐가이]

400년 이상의 역사를 지닌 상점가
다카마쓰 중앙 상점가는 효고마치(兵庫町), 가타하라마치 동, 서부(片原町東, 西部), 마루가메마치(丸亀町), 라이온도리(ライオン通), 미나미신마치(南新町), 도키와마치(常磐町), 타마치(田町), 이 8개의 상점가를 총칭하는 말이다. 400년 이상의 역사를 가지고 있는 이들 상점가는 동서남북으로 뻗어 있으며 총 연장 길이가 2.7km에 이르는 일본에서 가장 긴 아케이드다. 의류, 잡화, 음식 등 수백 개의 상점이 늘어선 상점가는 전통과 현재가 공존하는 매력적인 공간으로, 아케이드 안에서 서로 이어져 있다. 아케이드의 상징이라고도 할 수 있는 크리스탈 돔(三町ドーム, 산초도무)이 있는 지점은 가타하라마치와 효고마치, 마루가메마치가 만나는 지점으로, 전체 상점가 중 가장 번화한 곳이며, 이 주변에 한국 여행자들이 즐겨 찾는 상점들이 많이 모여 있다. 전통적인 분위기와 화제의 핫 스폿이 공존하는 효고마치와 마루가메마치 상점가를 걸어 보자.

위치 JR다카마쓰(高松)역에서 도보 10분 거리의 시내 중심가

효고마치 상점가 兵庫町商店街 [효-고마치 쇼-텐가이]

효고마치 상점가는 8개의 상점가 중 JR다카마쓰역에서 가장 가까운 상점가로, 효고마치를 시작으로 아케이드 여행을 시작하면 된다. 다카마쓰 공항에도 지점이 있는 사누키면업 본점 등 다수의 우동집과 뼈 있는 닭다리 호네쓰키도리, 다카마쓰의 명물 가와라센베 등 다양한 음식을 맛볼 수 있는 가게와 커피 살롱 황제를 비롯한 카페, 잡화점, 식품점 등 갖가지 가게가 사이좋게 붙어 있다. 다카마쓰 시민들의 활기찬 생활이 엿보이는 상점가를 걸으며 소도시 여행을 만끽하자.

주소 香川県高松市兵庫町 1-15 **위치** JR다카마쓰(高松)역에서 도보 10분 **시간** 점포마다 다름 **휴무** 점포마다 다름 **홈페이지** www.hyougomachi.com **전화** 087-822-0373

마루가메마치 상점가 丸亀町商店街 [마루가메마치 쇼-텐가이]

마루가메마치 상점가는 거리 산책과 쇼핑을 즐기기에 최적의 공간으로, 한국 여행자들이 일본 여행을 할 때 많이 찾는 가게들이 다수 모여 있다. 미쓰코시 백화점 주변에는 루이뷔통, 보테가 베네타, 구찌, 막스마라 같은 브랜드 매장이 있으며 카페 레스토랑 가스트, 서브웨이, 산마르크 카페, 도토루, 스타벅스, 가마쿠라 파스타 같은 카페나 음식점을 비롯해 마치노슈레 963, 다이소, 무인양품, 프랑프랑, 빌리지 뱅가드 같은 생활잡화점도 자리하고 있다. 또 자라, 갭 같은 의류나 드러그스토어 마쓰모토 키요시와 미야와키 서점 본점도 있으니 천천히 둘러보자.

주소 高松市丸亀町 13番地 2 **위치** 고토덴 가타하라마치(片原町)역에서 도보 약 5분 **시간** 점포마다 다름 **휴무** 점포마다 다름 **홈페이지** www.kame3.jp **전화** 087-821-1651

마루가메마치 그린
丸亀町グリーン [마루가메마치 그린]

감각적인 쇼핑센터

마루가메마치 그린은 마루가메마치 상점가에 있는 복합 상업 시설로 동관과 서관으로 구성돼 있으며 2012년 4월에 오픈했다. 1층 중앙에는 느티나무 광장(けやき広場, 게야키코조)이 있어서 각종 이벤트나 시민의 휴식처로 이용되고 있다. 동관 1층에 있는 슈퍼 마치마르쉐 키무라(まちマルシェきむら)에도 들러볼 만하며 이마바리의 유명 수건 전문점 이오리(伊織)나 로프트(Loft), 타워 레코드 같은 매장도 있어서 쇼핑과 산책이 즐겁다.

주소 香川県高松市丸亀町 7-16 **위치** ❶ JR다카마쓰(高松)역에서 도보 15분 ❷ 고토덴 가와라마치(瓦町)역에서 도보 7분 **시간** 11:00~20:00(쇼핑; 점포마다 다름), 11:00~22:00(레스토랑) **홈페이지** mgreen.jp **전화** 087-811-6600

마치노슈레 963
まちのシューレ963 [마치노슈레 963]

세련된 라이프 스타일을 제안하는 곳
가가와현을 중심으로 시코쿠의 신선한 식재료를 비롯해 세련된 식기와 생활 잡화, 수공예품 등을 다루는 라이프 스타일 숍이다. 슈레(Schule)는 독일어로 '학교'나 '배움'을 의미하며, 의식주라는 라이프 스타일을 생각하는 장이 되고 싶다는 바람이 담긴 이름이다. 6개의 테마로 구성된 실내에는 하나하나 정성 들인 물건들이 빼곡해서 작은 탄성이 나온다. 카페에서는 건강한 식재료를 사용한 런치도 즐길 수 있으며 한쪽에는 아담한 갤러리도 있어서 분기별로 작은 전시회를 관람할 수 있다.

주소 香川県高松市丸亀町 13-3 高松丸亀町参番街東館 2F **위치** ❶ JR다카마쓰(高松)역에서 도보 15분 ❷ 고토덴 가타하라마치(片原町)역에서 도보 6분 **시간** 11:00~18:30(월~일, 쇼핑), 11:30~18:00(카페), 17:30~(야간 영업 카페) **홈페이지** www.schule.jp **전화** 087-800-7888

야시마 전망대
屋島展望台 [야시마 텐보다이]

다카마쓰 시내와 세토내해를 조망할 수 있는 곳
'야시마(屋島)'라는 이름은 지붕처럼 생긴 산의 모양에서 유래하며 예로부터 세토내해 해로의 랜드마크였다. 남북으로 5km, 동서로 3km 되는 섬으로, 산 정상에서는 세토내해를 조망할 수 있다. 또 헤이안 시대 말기에 일본 각지에서 펼쳐졌던 겐페이 전쟁(源平合戦) 당시에 있었던 야시마 전투의 흔적도 곳곳에 남아 있다. 정상으로 이르는 길은 풍경이 아름다워서 드라이브 코스로도 유명하다. 정상에는 곳곳에 전망대가 있는데 그중에서 시시노레이간(獅子の霊巌) 전망대, 단코레이(談古嶺) 전망대, 유카쿠테이(遊鶴亭) 전망대를 야시마 3대 전망대라고 부른다. 이 중 가장 유명한 전망대는 시시노레이간(獅子の霊巌) 전망대다. 전망대에서는 다카마쓰 시내와 오기지마와 메기지마 등 세토내해의 아름다운 풍경을 감상할 수 있다. 근처에는 시코쿠 오헨로 88개 사찰 중 84번 절인 야시마지(屋島時)가 있다.

주소 香川県高松市屋島東町 784 **위치** JR야시마(屋島)역이나 고토덴 시도선(志度線) 고토덴야시마(琴電屋島)역에서 야시마산조행 버스 타고 야시마산조(屋島山上) 정류장 하차(JR야시마역에서 18분, 고토덴야시마역에서 10분, 버스 요금 100엔) **요금** 무료 **홈페이지** www.yashima-navi.jp **전화** 087-839-2416

시코쿠무라
四国村 [시코쿠무라]

자연과 조화된 작은 마을

야시마산 기슭에 위치한 시코쿠무라는 약 5만 m²의 부지에 쇼도시마에서 옮겨 온 농촌 가부키 무대를 비롯해 시코쿠 각지에서 옮겨 온 오래된 민가를 복원한 민속 마을이다. 에도 시대부터 다이쇼 시대에 이르는 지방색이 짙은 건물을 배치하고 다양한 일상생활 도구를 전시하고 있다. 간장과 설탕 제조, 쌀 창고 등 시코쿠의 전통 생활상을 볼 수 있으며 관내에는 세계적인 건축가 안도 다다오가 설계한 시코쿠 갤러리가 있다.

주소 香川県高松市屋島中町 91 **위치** 고토덴 시도선(志度線) 고토덴야시마(琴電屋島)역 하차 후 도보 10분 **시간** 09:30~17:00 **휴무** 화요일 **요금** 1,600엔(일반), 600엔(중·고등학생), 무료(초등학생) **홈페이지** www.shikokumura.or.jp **전화** 087-843-3111

시코쿠무라 갤러리 四国村ギャラリー [시코쿠무라 갸라리]

2002년에 개관한 시코쿠무라 갤러리는 시코쿠무라의 창립자 가토 다쓰오가 수집한 미술품을 전시한 미술관이다. 세계적인 건축가 안도 다다오가 설계한 것으로도 유명하다. 아담한 갤러리에서 회화, 청동기, 조각, 불상 등 다양한 미술품을 천천히 감상할 수 있다. 발코니로 나오면 지형의 특성을 살려서 만들어진 수경 정원을 감상할 수 있다. 산속의 청량한 공기와 계단식 수경 정원을 흐르는 맑은 물소리가 인상적이다.

주소 香川県 高松市 屋島中町 91 **위치** 시코쿠무라 원내 **시간** 09:30~16:30 **휴무** 화요일 **요금** 시코쿠무라 갤러리 세트권(1,600엔)에 포함

시코쿠무라 카페 四国村カフェ [시코쿠무라 카훼]

일본 주택과는 다른 서양식 주택에 서양인이 살고 있다고 해서 이진칸(異人館)이라 불린 고베의 이진칸을 옮겨 온 찻집이다. 영국에서 들여온 집기로 꾸며진 내부는 조용해 시코쿠무라에서 나오는 길에 잠시 차를 마시며 쉬기에 좋다. 시코쿠무라 매표소에서 입장권을 사면 커피 100엔 할인권을 함께 주니 참고하자.

주소 香川県 高松市 屋島中町 91 **위치** 시코쿠무라 출구와 연결 **시간** 09:30~17:30(계절따라 변동) **전화** 087-843-3114

•TIP•
시코쿠무라와 함께 들르기 좋은 곳

시코쿠무라 입구에는 유명 우동 가게 '와라야'가 자리하고 있으니 시코쿠무라에 간다면 사누키우동을 맛보는 것도 좋다. 고토덴야시마역(琴電屋島)에서 버스로 10분 거리인 야시마 전망대는 시코쿠무라를 돌아보기 전후에 다녀오는 일정을 짜면 된다.

붓쇼잔 온천
仏生山温泉 [붓쇼잔온센]

세련된 도심 온천

붓쇼잔 온천은 에도 시대의 옛 시가지 붓쇼잔에 문을 연 당일 온천 시설이다. 현대적이고 감각적인 건물 외관이 눈길을 끌며 관내에는 대욕탕과 노천탕, 휴게실과 식당이 갖추어져 있다. 온천수는 미인탕이라고 불리는 중조천으로 피부를 부드럽게 해주는 효능을 가졌다. 높은 천장이 주는 개방감과 원천이 흘러넘치는 대욕장과 노천탕도 좋지만, 온천 안에는 작은 헌책방이 있어서 온천욕을 하면서 책을 읽을 수 있다. 동네 온천탕에 몸을 담그고 책을 읽는 것도 신선한 경험이 될 것이다. 긴 복도를 따라 가지런히 놓인 전 품목 200엔짜리 책과 나무의 온기가 느껴지는 바닥, 편안히 앉아 쉴 수 있는 좌식 휴게실, 하루나 반나절 동안 여행의 피로를 풀기에 제격이다. 2007년에 굿디자인상을 받은 건물도 눈여겨볼 만하다.

주소 香川県高松市仏生山町乙 114-5 **위치** 고토덴 고토히라선(琴平線) 붓쇼잔(仏生山)역에서 도보 10분 **시간** 11:00~24:00(평일), 09:00~24:00(토, 일, 공휴일) **휴무** 매월 넷째 주 화요일 **요금** 700엔(대인), 350엔(소인) **홈페이지** busshozan.com **전화** 087-889-7750

고토덴 온천 승차 입욕권 ことでんおんせん乗車入浴券 [고토덴 온센 죠-샤뉴요쿠켄] *TIP

고토덴 1일 승차권 없이 붓쇼잔 온천에 갈 예정이라면 고토덴 온천 승차 입욕권을 구입하는 것이 좋다. 고토덴 온천 승차 입욕권은 붓쇼잔(仏生山)역까지의 운임과 입욕료, 붓쇼잔 온천 오리지널 수건과 부채가 세트인 티켓으로 가격은 1,300엔이다. 수건도 부채도 귀여워서 여행을 추억하는 기념품으로 손색이 없다. 또 고토덴 승무원들이 온천 승차 입욕권을 광고하는 재미있는 포스터가 시내 곳곳에 많이 붙어 있으니 길가 벽에 붙은 포스트도 눈여겨보자. 어쩌나 기발한지 발견하면 누구나 유쾌하게 미소 지을 것이다. 다카마쓰칫코(高松築港)역, 가타하라마치(片原町)역, 가와라마치(瓦町)역, 리쓰린코엔(栗林公園)역, 붓쇼잔(仏生山)역, 이마하시(今橋)역에서 구입할 수 있다.

버거 카페 비츠
Burger cafe Bit'z [바가 카훼 빗쯔]

온천욕 후 먹는 맛있는 수제 버거

붓쇼잔역을 나와 붓쇼잔 온천 쪽으로 가기 위해 왼쪽으로 돌면 몇 걸음 가지 않아 맛있는 냄새가 나는 버거 카페 비츠(Bit'z)를 만날 수 있다. 십여 년 전에 문을 연 작은 가게에서 만드는 햄버거는 놀랄 만큼 맛있다. 스무 가지 햄버거 메뉴를 고르는 것도 즐겁고 핫도그도 맛있다. 가장 인기 메뉴는 스페셜 버거. 온천욕 전후에 출출해진 배를 달래기에 좋다. 미국의 시골 패스트푸드점에서 수제 햄버거로 유명한 규슈 사세보 지역의 햄버거를 먹는 느낌이다. 가게는 좁지만 흡연석과 금연석이 분리된 점도 좋다. 포장도 가능하다.

주소 香川県 高松市 仏生山町甲 322 **위치** 고토덴 고토히라선(琴平線) 붓쇼잔(仏生山)역 도보 1분 **시간** 10:00~17:00(평일), 08:00~17:00(토·일·공휴일) *버거 소진 시 영업 종료 **휴무** 수요일 **가격** 450엔~(햄버거) **전화** 087-889-0441

유메타운(다카마쓰점)
ゆめタウン高松店 [유메타운 다카마쓰텐]

다카마쓰 최대 규모의 쇼핑센터

유메타운 다카마쓰마에(ゆめタウン高松前) 정류장은 다카마쓰 공항으로 가는 리무진 버스도 정차하기 때문에 짐이 많지 않다면 출국이나 귀국 때 들러도 좋다. 다른 도시에 비하면 대규모 매장은 아니지만 시코쿠 내에 있는 이온몰 중에서는 알차게 갖추고 있는 편이니 즐겁게 탐색전을 벌이자. 본관과 남관 1층은 종합 식품 매장과 식당가, 가전 제품 판매점 에디온(EDION)과 무인양품이 있다. 식당가에는 여성들에게 인기 있는 가마쿠라 파스타를 비롯해 다양한 패스트푸드점, 회전 초밥 체인점 스시로 등이 있으니 취향대로 선택할 수 있다. 2층은 푸드 코트와 아동용품점, 패션 잡화와 의류, ABC마트, 일본 국내 브랜드 스포츠용품점 제비오(zevio)가 있다. 또, 주로 종합 복합 시설이나 역구내에 많이 출점해 있는 구마자와 서점도 입점해 있으며 문구점과 다이소도 빠지지 않는다. 100엔짜리 동전 3개면 뭐든 살 수 있는 스리코인스(3Coins)도 둘러보면 의외의 상품을 발견할 수 있어서 재미있다. 동관 3층은 전 층에 의류 매장 유니클로와 구(GU)가 입점해 있으니 천천히 둘러보자.

주소 高松市三条町 608-1 **위치** JR다카마쓰(三条駅)에서 레인보우 순환 버스(레인보우·循環バス) 타고 유메타운 다카마쓰마에(ゆめタウン高松前) 정류장 하차(23분 소요, 버스 요금 220엔) **시간** 09:30~21:00 **홈페이지** www.izumi.jp/takamatsu **전화** 087-869-7500

·TIP·
고토덴 산조역에서 유메타운 가기

이온몰 홈페이지에 '산조역(三条駅) 하차 후 도보 13분'이라고 나와 있는데, 올시코쿠 레일패스를 가지고 있다면 고토덴 산조역까지 무료로 승차할 수 있다. 다만, 산조역에서 유메타운까지는 약 1km 정도로 생각보다 시간이 걸린다. 만약 갈 때는 산조역에 내려 걸어간다 하더라도 쇼핑 후에는 짐도 생기니 돌아올 때는 레인보우 순환 버스나 택시를 이용하는 것이 합리적이다.

돈키호테(다카마쓰점)
ドン・キホーテパウ高松店 [돈키호-테 파우 다카마쓰텐]

한국 여행자들이 많이 찾는 곳

다카마쓰 시내에서 대중교통을 이용해 돈키호테까지 가는 방법은 없다. 현재로는 레인보우 순환 버스를 타고 유메타운 다카마쓰마에(ゆめタウン高松前) 정류장에서 내려 돈키호테까지 1km를 걸어가는 것이 대중교통을 이용해서 갈 수 있는 가장 저렴한 방법이다. 돈키호테 다카마쓰 점은 혼슈에 있는 판매장보다 소규모며 여느 판매점과 같이 신년이라면 다이어트 기기나 제품이 많고 절분 때가 다가오면 도깨비 가면과 도깨비 복장이 많이 등장한다. 크리스마스나 연말에는 인형이나 복주머니[후쿠부쿠로]가 잔뜩 나와 있어서 돈키호테를 둘러보며 일본 서민들의 생활상을 살펴보는 것도 재미있다. 유메타운과 돈키호테를 둘러보고 짐이 늘어났다면 돌아오는 길은 택시를 이용하는 것도 방법이다. 돈키호테에서 다카마쓰역까지는 5km가 되지 않으며 택시를 이용하면 1,600엔 전후다.

주소 香川県 高松市 上天神町 536 **위치** 유메타운 다카마쓰에서 1km **시간** 09:00~새벽 03:00 **홈페이지** www.donki.com/store/index.php **전화** 087-815-0411

이온몰(다카마쓰점)
イオンモール高松店 [이온모루 다카마쓰텐]

다카마쓰의 대형 쇼핑몰

다카마쓰역에서 고토덴 버스를 이용하면 20분이 채 걸리지 않으며 종점 정류장이 이온몰 건물 앞이므로 이동하기에 편리하다. 1층에는 식당가와 식품 매장, 유니클로와 구(GU) 등 의류 매장, 악기점, 펫 용품점, 스타벅스 등이 자리하고 있다. 2층에는 주로 여성·남성 패션용품과 생활용품점으로 구성되어 있으며 ABC 마트, 미용실, 서점, 어학원 등도 입점해 있다. 3층에는 여성·남성·아동 패션, 생활 잡화와 푸드 코트가 있다. 미스터도넛과 다이소 같은 매장이 있어서 식사와 쇼핑을 겸해 가볍게 둘러보기에 좋다.

주소 香川県高松市香西本町 1-1 **위치** JR다카마쓰(高松駅)역에서 고토덴 버스 이온몰 다카마쓰행 타고 종점 하차(17분 소요) **시간** 09:00~22:00(1~3층), 07:00~22:00(1층 식품 매장), 10:00~21:00(전문점가), 11:00~21:00(식당가) **홈페이지** www.aeon.jp/sc/takamatsu **전화** 087-842-8100

고토히라

琴平

고토히라는 가가와현을 대표하는 관광지로 고토히라궁 아래에 형성돼 번창한 지역이다. 일본에서는 중세 말 이후에 신사나 절 앞에 형성된 시가지를 몬젠마치(門前町)라고 부르는데, 고토히라궁의 몬젠마치는 전국적으로 유명하다. 나카노 우동 학교를 지나 5인 백성에 이르기 전까지 돌계단 양옆에 늘어선 기념품점과 음식점, 가게들은 고토히라 몬젠마치 특유의 분위기를 풍긴다. 에도 시대부터 일생에 한 번은 가 보고 싶다고 동경하는 사람이 많았던 고토히라궁 산책에 나서 보자. '곤피라상'이라는 애칭으로 친숙한 고토히라궁은 조즈산(象頭山) 중턱에 위치하고 있다. 멀리서 보면 산의 모양이 코끼리 머리처럼 보인다고 해서 붙은 이름이다. 본궁까지 이어지는 785개의 긴 돌계단 한 걸음마다 모두의 행복을 빌면서 올라가 보자.

- 고토히라 여행 정보 www.kotohirakankou.jp
- 고토히라궁 주변 여행 정보 www.my-kagawa.jp/konpira/feature/kotohiragu

고토히라 교통편

고토히라까지 가는 데는 다카마쓰 공항에서 리무진 버스를 타고 바로 가는 방법도 있고, 다카마쓰에서 출발한다면 JR다카마쓰역에서 JR고토히라역까지 특급으로 약 40분, 보통 열차로 약 1시간 정도 소요된다. 또 다카마쓰칫코역에서 출발하는 고토덴을 타고 고토덴고토히라역까지 가는 데는 약 1시간 정도 소요된다. 고토덴을 타고 가는 쪽이 경비면에서는 제일 저렴하다(630엔). 이 외에도 우동 버스를 이용해서 가는 방법이 있는데 우동 버스를 탈 경우는 고토히라에서 두 시간 동안 자유 시간을 준다.

고토히라

- JR고토히라역 JR琴平駅
- 고토덴고토히라역 琴電琴平駅
- 유모토 곤피라 온천 하나노유 고바테이 湯元金毘羅温泉華之湯 紅梅亭
- 고토히라 온천 고토산카쿠 ことひら温泉 琴参閣
- 유모토 야치요 료칸 가가와 Yumoto Yachiyo Ryokan Kagawa
- 시코쿠노 슌 四国の旬
- 나카노 우동 학교 곤피라교 中野うどん学校 琴平校
- 다카하시 유이치관 高橋由一館
- 오모테 서원 表書院
- 보물관 宝物館
- 구 곤피라 대극장 가나마루자 旧金毘羅大芝居金丸座
- 5인 백성 五人百姓
- 고토히라궁 金刀比羅宮
- 가미쓰바키 神椿

JR고토히라역 & 고토덴고토히라역
JR琴平駅 [제이아루 고토히라에키] & 琴電琴平駅 [고토덴고토히라에키]

고토히라 여행의 시작
고토히라에는 두 개의 역이 있다. JR고토히라역과 고토덴고토히라역이다. JR열차를 타고 고토히라에 온다면 JR고토히라역에서 내리면 된다. JR고토히라역은 1889년부터 영업을 시작했으며 1922년에 현재의 위치로 이전했다. 2009년에는 역 건물이 근대화 산업 유산으로 지정됐고, 2017년에 1922년 당시의 역사 복원 공사를 하여 역 구내는 쾌적하고 깔끔하다. 고토덴고토히라역은 고토덴 전차를 타고 고토히라에 왔을 때 내리는 역이며 두 역을 기점으로 고토히라 여행을 시작하면 된다.

JR고토히라역
주소 香川県仲多度郡琴平町榎井 **위치** 고토덴 고토히라선(琴平線) 고토덴고토히라(琴電琴平)역에서 도보 3분 **시간** 05:30~23:20 **전화** 0877-73-4131

고토덴고토히라역
주소 香川県仲多度郡琴平町字川東 360番地 22 **위치** JR고토히라(琴平)역에서 도보 3분 **시간** 05:30~23:06 **전화** 0877-75-3068

나카노 우동 학교 곤피라교
中野うどん学校 琴平校 [나카노 우동각꼬 콘피라꼬]

우동 만들기의 전 과정을 체험할 수 있는 특별한 학교
나카노 우동 학교에서는 베테랑 우동 선생님의 지도 아래 수타 우동 만들기에 도전할 수 있다. 면 반죽부터 시작해 음악에 맞춰 반죽을 밟아서 쫄깃한 면발이 되게 한다. 또 미리 숙성시킨 반죽을 밀대로 늘리고 썰고 삶아서 시식까지, 우동 만들기의 전 과정을 체험할 수 있다. 만든 우동 면은 집으로 가져올 수도 있고 우동 교실 옆에 있는 식당에서 시식을 할 수도 있다. 우동 만들기 체험만 하는 데는 40~50분 정도 걸리고 우동 체험 후 식사까지 하면 70~90분이 소요된다. 체험을 마치면 우동 만들기 비법과 고지도가 그려진 우동 족자를 주는데 우동 밀대와 세트로 구성되어 있다. 세트 구성도 재미있고 다 함께 우동을 만들며 보내는 시간도 즐거운 추억이 된다.

주소 香川県仲多度郡琴平町 796番地 **위치** JR고토히라(琴平)역에서 도보 10분 **시간** 09:00~15:00(우동 체험, 예약제) **요금** 1,600엔(2~14명, 우동 만들기 체험+만든 우동 시식+우동 족자) **홈페이지** www.nakanoya.net/school/kotohira.html **전화** 0877-75-0001

시코쿠노 슌
四国の旬 [시코쿠노슌]

고토히라의 간식집

요메이리오이리 소프트아이스크림을 비롯해 하나에 100엔짜리 달콤한 와산본 도넛도 판매한다. 뼈 있는 닭 다리 호네쓰키도리 같은 간단한 요깃거리도 판매하지만 가장 인기 메뉴는 예쁜 색깔의 오이리를 얹은 요메이리오이리 소프트아이스크림이다. 785계단을 앞두고 달콤한 소프트아이스크림을 먹어 두면 긴긴 돌계단을 올라가기 쉬울지도 모른다.

주소 仲多度郡琴平町 716-5 **위치** JR고토히라(琴平)역에서 도보 10분 **시간** 09:00~16:30 **가격** 350엔(요메이리오이리 소프트아이스크림) **홈페이지** www.nakanoya.net/shikoku **전화** 0877-75-0001

구 곤피라 대극장 가나마루자
旧金毘羅大芝居「金丸座」[큐-곤피라 오-시바이 카나마루자]

지금도 공연을 계속하는 현역 극장

1835년에 세워진 극장으로, 국가 중요 문화재로 지정돼 있으며, 현존하는 가장 오래된 극장이다. 복원된 내부에서는 에도 시대 때의 극장 모습을 실감 나게 살펴볼 수 있다. 회전 장치가 있는 주 무대는 물론이고 무대 뒤의 배우 대기실과 무대 아래의 다양한 장치, 2층 관람석까지 구석구석 살펴볼 수 있고 사진 촬영도 자유롭다. 지금도 매년 4월이면 시코쿠 곤피라 가부키 대공연(四国こんぴら歌舞伎大芝居)이 열려 전국에서 가부키 팬이 모여든다. 이 공연은 에도 시대 때와 마찬가지로 기계의 힘을 빌리지 않고 모두 인력으로 무대 장치를 가동하며 하루 두 번씩 16일 동안 열린다.

주소 仲多度郡琴平町乙 1241 **위치** JR고토히라(琴平)역에서 도보 20분 **시간** 09:00~17:00 **요금** 500엔(대인), 300엔(중등·고교생), 200엔(초등학생) **홈페이지** www.konpirakabuki.jp/index.html **전화** 0877-73-3846

5인 백성
五人百姓 [고닌뱌쿠쇼-]

유자향이 나는 달콤한 엿을 맛보다

365개의 돌계단을 오르면 고토히라궁 경내 입구에 해당하는 오몬(大門)에 도착한다. 1650년에 세워진 이 문을 지나면 커다란 양산을 펴고 있는 5채의 노점상이 눈에 들어온다. 이들을 '5인 백성'이라고 부르는데, 중세 시대 때부터 유일하게 경내에서 장사가 허락된 상인들로 옛날 방식 그대로 만든 '가미요아메(加美代飴)'라는 엿을 팔고 있다. 가미요아메는 설탕과 물엿을 졸여 만든 유자향이 나는 엿인데 특히 부채 모양의 엿을 깨 먹을 수 있도록 같이 들어 있는 손가락 한 마디만 한 작은 망치가 아주 귀여워서 고토히라 기념 선물로 좋다.

주소 香川県仲多度郡琴平町 892-1 **위치** 돌계단 365단 앞 **시간** 07:00~17:00(10~3월), 06:00~18:00(4~9월) **가격** 500엔(가미요아메 5개 들이)

곤피라 강아지

5인 백성을 지나 사쿠라노바바 니시즈메도도리이(桜馬場西詰銅鳥居)에 다다르면 그 옆에 작은 강아지 상이 서 있다. 에도 시대는 서민이 여행 허가를 받기가 쉽지 않은 시대였기 때문에 이세신궁이나 곤피라궁, 교토의 혼간지에 참배하러 가는 건 서민들의 일생의 꿈이었다. 그래서 직접 참배하러 가지 못하는 사람이 다른 사람을 통해 대신 참배를 부탁하기도 했고 더러는 봉투에 자신의 이름과 신에게 바칠 돈과 강아지의 식비를 넣어 '곤피라 참배'라고 쓴 집에서 기르던 강아지 목에 매달아 자기 대신 참배시키는 풍습이 있었는데 그 강아지를 '곤피라 강아지'라고 부르게 됐다. 강아지는 여행자들의 손을 거치면서 그들에게 보살핌을 받으며 마침내 곤피라궁에 도착했다. 유명 일러스트 유무라 데루히코가 디자인한 곤피라 강아지는 상당히 귀여운 모습이다.

보물관
宝物館 [호-모쯔칸]

긴 역사를 자랑하는 박물관
곤피라궁으로 올라가는 길에는 에도 시대부터 메이지 시대까지 탄생한 미술품을 만날 수 있는 곳이 여럿 있다. 보물관도 그중 한 곳이다. 보물관은 1905년에 세워진 박물관으로, 서양과 일본 양식이 조화를 이룬 중후한 건물이 멋스럽다. 불상을 비롯해 곤피라궁의 보물을 전시하고 있으며 개관 이래 긴 역사를 자랑한다.

주소 香川県仲多度郡琴平町 892-1 **위치** 돌계단 400단 부근 **시간** 08:30~17:00 **요금** 800엔(대인), 400엔(고교생, 대학생), 무료(중학생 이하) **홈페이지** www.konpira.or.jp/articles/20200629_treasure-house/article.htm **전화** 0877-75-2121

다카하시 유이치관
高橋由一館 [다카하시 유이치칸]

일본 최초의 서양화가의 작품을 모은 미술관
에도 시대 말부터 메이지 시대에 이르기까지 활약한 일본 최초의 서양화가라고 불리는 다카하시 유이치의 작품을 전시하고 있다. 소장하고 있는 27점 전 작품을 상설 전시하고 있으므로 다카히시 유이치의 회화에 관심 있는 여행자라면 들러 볼 만하다.

주소 香川県仲多度郡琴平町 892-1 **위치** 돌계단 431단 옆 **시간** 08:30~17:00(입장 마감 16:30) **요금** 800엔(대인), 400엔(고교생, 대학생), 무료(중학생 이하) **홈페이지** www.konpira.or.jp/articles/20200710_takahashi-yuichi/article.htm **전화** 0877-75-2121

오모테 서원
表書院 [오모테쇼인]

뛰어난 장벽화를 만나다

오모테 서원은 17세기 중엽 때 지어진 건물로, 고토히라궁의 여러 의식과 참배를 위해 찾아온 사람들을 접대하던 공간으로 사용된 건물이다. 건물에는 7개의 방이 있으며 그중 5개에는 에도 시대의 화가 마루야마 오쿄가 그린 뛰어난 장벽화가 있으며 건물과 함께 국가 중요 문화재로 지정돼 있다. 장벽화가 그려진 방을 따라 약간 어두운 복도를 걸어가면서 역동적인 에너지가 넘치는 그림을 감상해 보자.

주소 香川県仲多度郡琴平町 **위치** 돌계단 477단 옆 **시간** 09:00~17:00(입장 마감 16:30) **요금** 800엔(대인), 400엔(고교생, 대학생), 무료(중학생 이하) **홈페이지** www.konpira.or.jp/articles/20200703_drawing-room/article.htm **전화** 0877-75-2121

가미쓰바키
神椿 [카미츠바키]

500계단째의 분위기 있는 쉼터

유명 코스메틱 브랜드 시세이도의 자회사인 시세이도파라가 운영하는 카페 겸 레스토랑이다. 참배로 500계단째에 있으며 1층은 카페, 지하 1층은 레스토랑으로 운영하고 있다. 올라오느라 고생한 자신에게 달콤한 휴식을 줄 수 있는 장소다. 레스토랑에서는 시세이도파라가 자랑하는 일품요리부터 코스 요리까지 맛볼 수 있으며, 1층 카페는 가볍게 쉬기에 좋다. 창 너머로 보이는 풍경을 즐기며 커피를 마시는 것도 좋지만 카페의 가장 인기 메뉴인 컬러풀한 파르페를 맛보는 것도 좋다.

주소 香川県仲多度郡琴平町 892-1 **위치** 돌계단 500단째 **시간** 09:00~17:00(카페, 주문 마감 16:30), 11:30~15:00(레스토랑, 주문 마감 14:00) **가격** 450엔~(커피), 1,230엔(파르페) **홈페이지** kamitsubaki.com **전화** 0877-73-0202

고토히라궁
金刀比羅宮 [고토히라구]

고토히라 신사의 총 본산
총 785계단을 오르면 해발 251m의 본궁이다. 본궁에서 모시는 신은 '곤피라상'이라고 불리는 '바다의 신'이며 일본 각지에 있는 고토히라 신사의 총 본산으로 풍년과 풍어, 상업 번영과 해상 안전을 기원하러 전국에서 찾아오는 참배객으로 붐빈다. 현재의 본궁 건물은 1878년에 개축된 것이다. 가장 안쪽에 있는 이즈타마 신사(厳魂神社)까지는 무려 1,368계단을 올라가야 한다.

주소 香川県仲多度郡琴平町 892-1 **위치** 돌계단 785단째 **시간** 경내 자유(유료 시설은 08:30~17:00) **요금** 경내 무료 **홈페이지** www.konpira.or.jp **전화** 0877-75-2121

본궁에서 꼭 챙겨야 할 명물

본궁에 도착하면 노란 부적을 사는 사람들을 많이 볼 수 있다. 바로 '행복의 노란 부적과 미니 곤피라 강아지'(1,500엔)다. 노란색 부적과 곤피라 강아지가 세트인데, 곤피라 강아지는 휴대 전화 액세서리로도 쓸 수 있다. 노란색 부적은 질병과 재앙으로부터 몸을 지켜 주고 건강과 행복을 가져다준다고 한다.

또 하나, 고토히라 시내를 내려다보는 것도 잊지 말자. 높은 건물 없이 올망졸망 머리를 맞대고 모여 있는 시가지를 내려다보면 정겹다. 사누키의 후지산이라 불리는 이노산도 또렷하게 내려다보인다. 작지만 당당하게 후지산의 모습을 하고 있기 때문에 이노산 이름을 몰라도 누구나 발견한다.

나오시마

直島

혼슈와 규슈, 시코쿠 사이에는 '일본의 에게해'라 불리는 아름다운 세토내해가 있다. 세토내해 위에 떠 있는 소박한 작은 섬들이 주민들과 예술가들의 오랜 노력 끝에 예술 섬으로 재탄생했다. 섬사람들의 생활과 조화를 이룬 많은 작품과 소박한 먹거리, 맑은 공기로 마음의 눈을 뜨게 해 주는 아름다운 예술 섬들은 많은 관광객들을 불러들이고 있다. 그중에서도 나오시마가 가장 유명하다. 전체 둘레가 약 16km에 불과한 작은 섬 나오시마는 쓰레기와 공장 잔해들로 버려지다시피 한 섬이었지만 많은 사람의 손길을 거쳐 예술 공간으로 새롭게 태어났다. 나오시마에는 섬의 고유한 지형을 해치지 않고 지어진 지중 미술관, 이우환 미술관 등 다양한 미술관이 있고, 안도 다다오의 팬이라면 그의 건축물도 마음껏 감상할 수 있다. 또 혼무라(本村) 지역에서는 마을 속에서 주민과 같이 호흡하는 집 프로젝트 작품들을 만날 수 있다.

- 나오시마 여행 정보 www.naoshima.net
- 시코쿠기선 www.shikokukisen.com, 087-821-5100

• 나오시마 교통편 •

다카마쓰에서 아침 배편으로 나오시마에 온다면 하루 만에 돌아볼 수 있지만 분명 다시 오고 싶어지게 될 섬이다. 섬에서는 자전거를 빌리거나 초에이 버스나 무료 셔틀버스를 이용해 이동할 수 있다. 다카마쓰항에서 나오시마의 미야노우라항까지는 하루 5편 운항하는 페리와 3편 운항하는 고속선이 있다. 다카마쓰항에서 나오시마의 혼무라항까지 운항하는 고속선도 하루 한 차례 정도 있지만 요일과 계절에 따라 변동이 있으니 반드시 홈페이지에서 확인하자.

나오시마 가는 방법

■ **페리 운항 시간**(편도 520엔 / 소인 260엔)
다카마쓰항 출발 8시 12분~18시 5분까지 하루 5편 운항(50분 소요)
미야노우라항 출발 7시~17시까지 하루 5편 운항(60분 소요)

■ **고속선 운항 시간**(편도 1,220엔 / 소인 610엔)
다카마쓰항 출발 07:20, 09:20, 20:30 하루 3편 운항(30분 소요)
미야노우라항 출발 06:45, 08:40, 19:45 하루 3편 운항(30분 소요)

※ 승선권을 구입할 때 왕복편이 다소 저렴하니 왕복권을 구입한다.

나오시마 내에서의 교통편

■ **나오시마 초에이 버스** 直島町営バス
페리가 도착하는 미야노우라항(宮浦港)에서 집 프로젝트가 있는 혼무라(本村) 지역을 경유해 쓰쓰지소(つつじ荘) 정류장까지 운행한다. 즉 쓰쓰지소가 종점이고 쓰쓰지소 앞부터는 미술관 구역이다. 쓰쓰지소부터는 도보 혹은 무료로 운행하는 '베네세 아트 사이트 나오시마 장내 셔틀버스(ベネッセアートサイト直島場内シャトルバス, 베넷세아-또사이또 나오시마조나이샤토루바스)'를 이용하면 된다.

버스 요금 100엔(1회당, 중학생 이상), 50엔(1회당, 5세~초등학생)
버스 시간표 www.town.naoshima.lg.jp/about_naoshima/access.files/busjikoku202012.pdf

■ **베네세 아트 사이트 나오시마 장내 셔틀버스** ベネッセアートサイト直島場内シャトルバス
베네세 하우스-이우환 미술관-지중 미술관 사이를 무료로 이용할 수 있는 셔틀버스다. 날씨나 체력이 허락한다면 한 구역 정도는 풍경과 야외 작품을 즐기면서 걷는 것도 좋다. 3~9월 사이나 10~2월 사이에는 셔틀버스 운행 간격이 달라지니 미리 시간을 확인하자.
버스 시간표 benesse-artsite.jp/stay/FreeBus_timetable_01Mar2023.pdf

■ **자전거**
미야노우라 지역은 배에서 내리면 길 건너에 자전거 대여점이 두세 개 보이는데 그곳을 이용하면 되고 혼무라 지역에서는 항구 옆에 대여점이 있다. 대여점 외에 카페나 민박집에서도 자전거를 빌려주기도 한다.

세토내해의 섬들

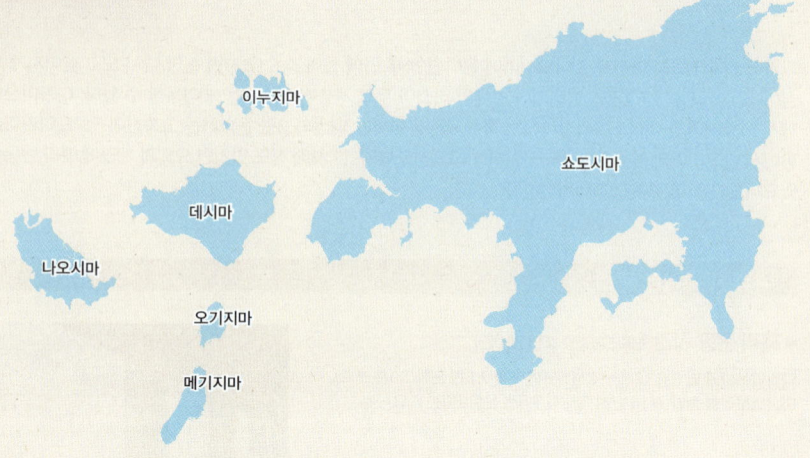

나오시마

혼무라
- 이시바시 石橋 (집 프로젝트)
- 혼무라 라운지 앤 아카이브 本村ラウンジ&アーカイブ
- 노쿄마에 버스 정류장
- 혼무라항
- 긴자 きんざ (집 프로젝트)
- 고카이쇼 碁会所 (집 프로젝트)
- 「하이샤 はいしゃ」(집 프로젝트)
- 가도야 角屋 (집 프로젝트)
- 고오진쟈 護王神社 (집 프로젝트)
- 안도 뮤지엄 ANDO MUSEUM
- 미나미테라 南寺 (집 프로젝트)

미야노우라
- 미야노우라항 宮ノ浦港
- 관광 안내소 / 승선권 매표소
- 나오시마 대중목욕탕 아이러브유 直島銭湯「I♥湯」
- 혼무라 방면
- 미야노우라 방면
- 미야노우라 버스 정류장
- 빨간 호박 赤かぼちゃ

고탄지
- 지중 미술관 티켓 센터
- 이우환 미술관 李禹煥美術館
- 지중 미술관 地中美術館
- 지중 카페 地中カフェ
- 베네세 하우스 뮤지엄 ベネッセハウスミュージアム
- 노란 호박 黄かぼちゃ
- 쓰쓰지소 버스 정류장

미야노우라항
宮ノ浦港 [미야노우라코-]

나오시마 여행의 출발점

다카마쓰항에서 나오시마로 오면 미야노우라항에 도착한다. 항구 내에는 매표소를 비롯해 간단한 먹거리를 파는 카페와 기념품점, 관광 안내소가 있다. 항구 근처에 현대 아트의 거장 구사마 야요이의 작품 <빨간 호박(赤かぼちゃ)>이 있으니 다녀와도 좋다. 물방울무늬가 인상적인 커다란 빨간색 호박 오브제로, 중간중간 구멍이 뚫려 있기 때문에 호박 내부에 들어가서 작품을 감상할 수도 있다. 초에이 버스를 이용하려면 항구 앞 초에이 버스 정류장에서 승차할 수 있다.

주소 香川県香川郡直島町宮ノ浦 **전화** 087-892-3104

나오시마 대중목욕탕 아이러브유
直島銭湯「I♥湯」[나오시마 센토-아이라부유]

목욕도 예술처럼

외관은 물론이고 내부, 욕조와 벽화, 화장실까지 예술성이 넘치는 독특한 공간이다. 아티스트 오오타케 신로의 작품으로, 어디에도 없는 기발한 발상과 개성이 넘치는 대중목욕탕이다. 실제로 나오시마 주민들이 이용하는 대중목욕탕으로 'I♥湯'라는 이름도 센스가 넘친다. 여행의 피로가 풀리도록 예술하듯 욕조 속에 잠겨 보자. 목욕탕 입구 카운터(番台, 반다이)에서 오오타케 신로가 디자인한 기념품을 구입할 수 있다. 오리지널 로고가 들어간 수건과 티셔츠도 있고 유머 넘치는 기념품이 될 목욕 바가지도 있으며 수건과 목욕 용품이 든 목욕 세트도 재미있다.

주소 香川県香川郡直島町 2252-2 **위치** 미야노우라항에서 도보 3분 **시간** 13:00~21:00(입장 마감 20:30) **휴무** 월요일, 그 외 점검 보수 기간 **요금** 660엔(일반), 210엔(15세 이하) **홈페이지** benesse-artsite.jp/art/naoshimasento.html **전화** 087-892-2626

혼무라 라운지 앤 아카이브
本村ラウンジ＆アーカイブ [혼무라 라운지 & 아카이부]

혼무라 여행 정보는 이곳에서

혼무라 라운지 앤 아카이브는 예전에 농협 슈퍼마켓으로 사용되던 곳으로, 건축가 니시자와 류에가 기본적인 구조는 그대로 두고 새롭게 디자인한 공간이다. 집 프로젝트 안내와 티켓 판매를 하는 시설이며, 베네세 아트 사이트 나오시마 프로젝트에 참여한 작가 관련 상품이나 서적 판매도 하고 있다.

주소 香川県香川郡直島町 850-2 **위치** 초에이 버스 노쿄마에(農協前) 정류장 하차 후 바로 **시간** 10:00~16:30 **휴무** 월요일 **요금** 무료 **전화** 087-840-8273

집 프로젝트
家プロジェクト [이에 푸로젝또]

동네에서 전개되는 예술

현재도 많은 주민이 생활하고 있는 혼무라 지역에서 예전부터 곳곳에 자리하고 있던 민가나 신사, 절 등을 보수해 아티스트가 공간 자체를 작품화했다. 가도야(角屋), 미나미테라(南寺), 긴자(きんざ), 고오진자(護王神社), 이시바시(石橋), 고카이쇼(碁会所), 하이샤(はいしゃ) 모두 7곳이 작품으로 공개되고 있다. 노쿄마에(農協前) 정류장부터 각 작품까지는 도보 5~10분 거리에 있다. 골목에 숨어 있는 작은 카페를 찾거나 길을 걷다가 만나는 섬 주민들과 인사를 나누며 작품을 감상할 수 있는 것도 소소한 매력이다.

주소 香川県香川郡直島町・本村地区 일대 **위치** 초에이 버스 노쿄마에(農協前) 정류장 하차 **시간** 10:00~16:30 **휴무** 월요일 **요금** 420엔(한 곳당), 1,050엔(공통 입장권, '긴자'를 제외한 6곳 관람 가능, '긴자'는 별도 520엔, 예약 필수), 무료(15세 이하) **홈페이지** benesse-artsite.jp/art/arthouse.html

안도 뮤지엄
ANDO MUSEUM

안도 다다오여야 하는 이유가 있다
지은 지 100년 정도 된 목조 가옥을 개축한 안도 다다오의 미술관이다. 안도 다다오의 활동과 나오시마의 역사를 보여 주는 사진, 스케치와 모형 등을 배치해 안도 다다오 건축의 매력을 충분히 느낄 수 있는 공간이다. 오래된 목재와 콘크리트와의 조합은 인상적이며 안도 다다오의 건축 요소가 응축된 공간을 즐길 수 있다. 뮤지엄 숍에서는 안도 다다오의 사인이나 드로잉이 들어간 기념품도 구입할 수 있다.

주소 香川県香川郡直島町 736-2 **위치** 초에이 버스 노쿄마에(農協前) 정류장 하차 후 도보 5분 **시간** 10:00~16:30(입장 마감 16:00) **휴관** 월요일 **요금** 520엔, 무료(15세 이하) **홈페이지** benesse-artsite.jp/art/ando-museum.html **전화** 087-892-3754

지중 미술관
地中美術館 [찌추비주쯔칸]

빛과 노출 콘크리트의 향연
세토내해의 아름다운 경관을 해치지 않도록 건물 대부분이 지하에 매설돼 있는 특이한 구조의 미술관이다. 지하에 있는 건물에 자연광이 비치고 작품은 시간과 계절에 따라 표정을 달리한다. 노출 콘크리트에 빛을 더해 다양한 변화를 준 안도 다다오의 건축을 보는 것도 즐겁고, 인상파의 거장 클로드 모네, 월터 드 마리아, 제임스 터렐의 작품도 만날 수 있다. 작품 앞에 섰을 때의 감동은 쉬 가시지 않는다.

주소 香川県香川郡直島町 3449-1 **위치** 베네세 아트 사이트 장내 무료 셔틀버스 찌추비주쯔칸(地中美術館) 정류장 하차 **시간** 10:00~18:00(3~9월, 입장 마감 17:00), 10:00~17:00(10~2월, 입장 마감 16:00) **휴관** 월요일 **요금** 2,100엔(일반), 무료(15세 이하) **홈페이지** benesse-artsite.jp/art/chichu.html **전화** 087-892-3755

지중 카페
地中カフェ [지추 카훼]

지중 미술관에서 유일하게 사진 촬영이 가능한 곳

세토내해의 아름다운 풍경을 바라보며 쉴 수 있는 카페다. 넓은 창으로 햇살이 가득 들어오고 바다는 햇살을 받아 반짝인다. 테라스 밖으로 나가 바람을 쐴 수도 있다. 올리브사이다와 함께 먹는 신선한 야채가 가득한 베이글 샌드위치도 맛있다.

주소 香川県香川郡直島町 3449-1 **위치** 지중 미술관 관내 **시간** 10:30~17:45(3~9월), 10:30~16:45(10~2월) **휴무** 지중 미술관 휴관일 **가격** 560엔~(커피), 560엔(올리브사이다) **홈페이지** benesse-artsite.jp/art/chichu.html **전화** 087-892-2558

이우환 미술관
李禹煥美術館 [이우환 비주쯔칸]

거장의 작품을 만나다

유럽을 중심으로 활동하고 있는 세계적인 작가 이우환의 작품을 모아 놓은 미술관이다. 반지하 구조의 건물은 안도 다다오가 설계했으며, 1970년대부터 현재에 이르기까지 이우환의 회화와 조각 작품이 전시돼 있다. '만남의 방', '침묵의 방', '그림자의 방', '명상의 방'으로 구성된 미술관을 돌아보면 명상을 하고 나온 듯 심신이 고요해진다. 미술관 밖에 있는 '조응의 광장', '관계항-신호'도 감상한다.

주소 香川県香川郡直島町字倉浦 1390 **위치** 베네세 아트 사이트 장내 무료 셔틀버스 이우환비주쯔칸(李禹煥美術館) 정류장 하차 **시간** 10:00~18:00(3~9월, 입장 마감 17:30), 10:00~17:00(10~2월, 입장 마감 16:30) **휴관** 월요일 **요금** 1,050엔 **홈페이지** benesse-artsite.jp/art/lee-ufan.html **전화** 087-892-3754

노란 호박
黄かぼちゃ [키이로카보차]

나오시마의 대표 이미지

나오시마 초에이 버스 승차 후 쓰쓰지소(つつじ荘) 정류장에서 내려 바다 쪽을 바라보면 조금 떨어진 곳에 구사마 야요이의 〈노란 호박(黄かぼちゃ)〉이 보인다. 구글에서 나오시마 이미지를 검색하면 첫 번째로 나오는 예술 작품일 정도로 나오시마에서 유명한 작품이다. 〈빨간 호박〉과 같이 1994년에 제작된 작품으로, 성수기 때는 사진을 찍으려는 관광객들로 긴 줄이 생긴다.

위치 쓰쓰지소 버스 정류장에서 도보 3분

구사마 야요이(くさまやよい)는 누구인가? ·TIP·

구사마 야요이는 1929년생으로 나가노현 출신의 작가다. 어릴 때부터 환각과 환청에 시달렸으며 그로부터 벗어나기 위해 강박증과 환영이라는 일관된 개념과 주제를 다양하게 표현해 왔다. 작가의 대부분의 작품은 물방울 무늬 같은 동일한 형태를 반복해 그림과 조각의 표면을 덮는 것이 하나의 특징이다. 국내에서도 여러 차례 전시회를 했으며 패션 디자인과 소설 집필 등 왕성하게 활동하고 있다.

베네세 하우스 뮤지엄
ベネッセハウスミュージアム [베넷세하우스 뮤지아무]

미술관과 호텔이 일체가 된 복합 시설

1992년에 개관한 베네세 하우스는 미술관과 호텔이 일체가 된 복합 시설로, '자연·건축·예술의 공생'을 테마로 안도 다다오가 설계했다. 관내의 전시 공간뿐만 아니라 옥외 자연 속에도 작품을 설치해 놓았기 때문에 관내와 시설 주변을 산책하면서 작품을 즐길 수 있다. 회화, 조각, 사진 등의 소장 작품 외에도 아티스트들이 그 장소만을 위해 제작한 작품을 보면서 천천히 산책해 보자. 지하 1층은 레스토랑이, 2층은 뮤지엄 카페와 뮤지엄 숍이 자리하고 있다. 또 베네세 하우스 뮤지엄과 지중 미술관 설계 당시의 드로잉과 관련 서적을 자유롭게 볼 수 있는 작은 도서관도 2층에 있으니 둘러보아도 좋다.

주소 香川県香川郡直島町琴弾地 **위치** ❶ 쓰쓰지소 버스 정류장에서 도보 15분 ❷ 쓰쓰지소 버스 정류장에서 베네세 아트 사이트 장내 무료 셔틀버스 탑승 후 베네세 하우스 뮤지아무(ベネッセハウスミュージアム) 정류장 하차 **시간** 08:00~21:00(입장 마감 20:00) **휴관** 연중무휴 **요금** 1,300엔 **홈페이지** benesse-artsite.jp/art/benessehouse-museum.html **전화** 087-892-3223

쇼도시마

小豆島

쇼도시마는 아와지시마에 이어 세토내해에서 두 번째로 큰 섬이다. 특히 본토와 교량으로 이어지지 않은 섬 중에서는 세토내해에서 제일 크고 일본의 섬 중에서는 19번째의 크기다. 소의 옆모습과 비슷한 모양을 하고 있으며 아름다운 풍경으로 다수의 영화나 드라마의 촬영지로 사랑받아 왔다. 햇빛과 토양, 강우량이 지중해와 비슷해 일본의 올리브 재배 발상지로 알려져 있으며 섬 곳곳에서 올리브나무를 볼 수 있다. 또 질 좋은 간장과 소면, 참기름 등으로도 유명하다. 하루에 두 번 열리는 신비로운 바닷길 엔젤 로드, 오랜 역사를 지닌 간장 창고, 바다가 내려다보이는 아름다운 올리브 언덕, 일본 3대 계곡미를 자랑하는 간카케이 계곡, 바닷가에 자리한 24개의 눈동자 영화 마을 등 즐길 거리도, 볼거리도 풍부하다.

- 쇼도시마 여행 정보 www.shodoshima.or.jp
- 쇼도시마 시마메구리 관광버스 shodoshima-kotu.com/service/shodoshima/shuttlebus.html
- 시코쿠 페리 www.shikokuferry.com

• 쇼도시마 교통편 •

쇼도시마를 연결하는 대중교통인 올리브 버스를 타면 올리브 공원부터 영화촌과 마루킨 간장 기념관, 하루에 두 번 열리는 바닷길 엔젤 로드 등 쇼도시마의 주요 관광지를 오갈 수 있다. 쇼도시마의 메인 현관은 도노쇼(土庄)항으로 다카마쓰항에서는 페리나 고속선이 출항하고 있다. 페리는 한 시간 정도 소요되고, 고속선은 35분 정도 소요된다.

쇼도시마 가는 길

■ 페리 운항 시간 (편도 700엔/ 소인 350엔)
다카마쓰항 출발 6시 25분~20시 20분까지 40~60분 간격으로 운항 (하루 15편)
도노쇼항 출발 6시 36분~20시 10분까지 40~60분 간격으로 운항 (하루 15편)

■ 고속선 운항 시간 (편도 1,190엔/ 왕복 2,270엔)
다카마쓰항 출발 7시 40분~21시 30분까지 40~60분 간격으로 운항 (하루 16편)
도노쇼항 출발 7시~20시 50분까지 40~60분 간격으로 운항 (하루 16편)

쇼도시마에서의 교통편

주요 관광지까지 올리브 버스로 갈 수 있지만 계절에 따라 버스 편수에 변동이 있으니 효율적으로 이동하려면 시간 배분을 잘해야 한다. 이 밖에도 하루 동안 쇼도시마의 주요 관광지를 둘러보는 관광버스(쇼도시마 시마메구리 관광버스)도 운행하고 있으니 편리하게 이용할 수 있다.

■ 쇼도시마 올리브 버스
쇼도시마의 주요 관광지를 운행하는 버스로, 쇼도시마 내 전 노선을 자유롭게 이용할 수 있는 프리패스 1일 승차권, 2일 승차권을 판매하고 있다. 1일 승차권 판매처는 도노쇼항, 쇼도시마 국제 호텔 등 10여 곳이 있으나 도노쇼항에서 미리 구입해 두도록 한다.
요금 150~300엔(1회당) / 1일 승차권: 1,000엔(일반), 500엔(소인) / 2일 승차권: 1,500엔(일반), 750엔(소인) 홈페이지 www.shodoshima-olive-bus.com 전화 0879-62-0171

■ 쇼도시마 관광버스 島めぐり観光バス [시마메구리 칸코-바스]
도노쇼항에서 출발해 쇼도시마의 주요 관광지를 돌고 다시 도노쇼항으로 돌아오는 쇼도시마 관광버스는 편하게 쇼도시마를 돌아볼 수 있다. 가이드가 함께 있기 때문에 관광지에 대한 설명도 들을 수 있다. 사전 예약제며 예약은 7일 전까지는 홈페이지에서 할 수 있고, 7일 이내라면 전화로 예약 신청을 해야 한다. 코스는 도노쇼항을 출발해 초시케이 자연 동물원 원숭이의 나라, 간케카이 정상, 88사 순례 사찰 중 20번 사찰 호토케가타키, 24개의 눈동자 영화촌, 올리브 공원을 거쳐 도노쇼항에 도착하는 코스다.
주소 香川県小豆郡土庄町甲 5873番地 10 위치 도노쇼항 관광 센터 앞 시간 09:45~15:25 요금 4,200엔(대인), 2,100엔(소인) 홈페이지 shodoshima-kotu.com/service/shodoshima 전화 0879-62-1203

■ 관광 택시 貸切タクシー [카시키리탁시]
요금 5,340엔(5인승 중형 택시, 1시간), 7,380엔(9인승 점보 택시, 1시간) *기본 3시간부터 예약 홈페이지 shodoshima-kotu.com/service/shodoshima/chartertaxi.html 전화 0879-62-1203

쇼도시마

쇼도시마 올리브 공원
小豆島オリーブ園 [쇼도시마 오리-브 코-엔]

지중해 분위기를 만끽하다

바다가 내려다보이는 나지막한 언덕에 약 2,000그루의 올리브 나무와 허브가 심어진 공원이다. 올리브 나무에 둘러싸여 세토내해의 풍경도 즐기고 하얀 풍차가 있는 언덕에서는 인생 사진도 놓치지 말자. 올리브 기념관 1층에는 자료관을 비롯해 올리브 관련 선물을 살 수 있는 기념품점과 카페가 있고, 2층에는 레스토랑이 있다. 특히 올리브 핸드크림은 여행자들의 인기 품목이며 1층 카페에서 판매하는 올리브 소프트아이스크림도 인기다.

주소 小豆郡小豆島町西村甲 2171 **위치** 도노쇼항에서 올리브 버스 타고 산 올리브(산·오리브) 정류장 하차(25분 소요) **시간** 08:30-17:00 **요금** 무료 **홈페이지** www.1st-olive.com **전화** 0879-82-4260

엔젤 로드
エンジェルロード (天使の散歩道) [엔제루 로-도]

하루에 두 번 열리는 사랑의 길

엔젤 로드는 하루 두 번 썰물 때만 나타나는 모랫길이다. 쇼도시마와 요시마를 잇는 길로, 소중한 사람과 손을 잡고 이 길을 건너면 소망이 이루어진다고 해서 연인들이 많이 찾는다. 썰물 때 전후로 약 2시간 동안 건너갈 수 있기 때문에 미리 시간을 알아보고 가는 것이 좋다. 소망을 가득 담아 걸어 놓은 조개껍데기 옆에 있는 길을 따라 '약속의 언덕 전망대'에도 올라가 보자. 엔젤 로드와 맑은 바다를 내려다보며 그와 그녀의 바람을 담아 사랑의 종을 울려도 좋다(바닷길이 열리는 시간 확인: www.town.tonosho.kagawa.jp/index.html).

주소 香川県小豆郡土庄町銀波浦 **위치** 도노쇼항에서 올리브 버스 타고 쇼도시마 고쿠사이 호테루마에(小豆島国際ホテル前) 정류장 하차(10분 소요) **시간** 바닷길이 열리는 시간 참조 **요금** 무료 **홈페이지** shodoshima.or.jp **전화** 0879-62-7004

간카케이
寒霞渓 [간카케이]

일본의 아름다운 3대 계곡

대자연의 풍요로움에 둘러싸인 세토내해 국립 공원의 중심지 쇼도시마의 간카케이는 일본 3대 아름다운 계곡의 하나며 쇼도시마를 대표하는 절경지다. 간카케이는 대략 1,300만 년 전 화산 활동으로 형성된 암석이 약 200만 년에 이르는 오랜 세월 동안 지각 변동과 침식을 거치면서 기암괴석의 절경을 만들어낸 계곡이다. 사계절마다 다른 매력을 발견할 수 있는 전망대가 있는 산정역까지는 세토내해를 내려다보며 로프웨이를 타고 5분 만에 올라갈 수 있다.

일본에서 유일하게 바다와 하늘, 계곡을 한꺼번에 즐길 수 있는 시간이니 스릴과 감동이 넘치는 5분간의 공중 산책을 즐겨 보자. 등산로도 세 경로가 있어 이용할 수 있고, 단풍이 아름다운 11월 말부터 12월 초까지는 관광객들로 붐빈다.

주소 香川県小豆郡小豆島町神懸通乙 168 **위치** ❶ 도노쇼항에서 구사카베(草壁)항으로 간 후(약 30분) 신현선(神懸線)으로 환승 후 종점 고우운(紅雲亭) 정류장 하차(약 1시간 소요) ❷ 쇼도시마 시마메구리 관광버스로 이동 **시간** 08:30~17:00(3월 21일~10월 20일), 08:00~17:00(10월 21일~11월 30일), 08:30~17:00(12월 1~20일), 08:30~16:30(12월 21일~3월 20일) *소요 시간 약 5분, 매 시간 12분 간격으로 운행 **요금** 로프웨이 편도: 1,100엔(중학생 이상), 550엔(초등학생) / 왕복: 1,970엔(중학생 이상), 990엔(초등학생) **홈페이지** www.kankakei.co.jp **전화** 0879-82-2171

24개의 눈동자 영화 마을
二十四の瞳映画村 [니주욘노 히토미 에이가무라]

어쩐지 시간이 느리게 흐르는 곳
일본 영화 역대 베스트 10에 들어가 있는 국민 영화 〈24개의 눈동자〉 촬영 세트장으로, 쇼와 시대 (1926~1989년)의 마을과 학교 풍경을 재현해 놓은 곳이다. 〈24개의 눈동자〉는 쇼도시마 출신의 여류 작가 쓰보이 사카에의 소설로 1954년과 1987년 두 차례에 걸쳐 영화화됐으며 일본 최대 흥행작 중 하나다. 개봉한 지 60년이 지난 지금도 일본의 교사 지망생들의 교과서 같은 영화며 2013년에는 TV 드라마로 방영되기도 했다. 작은 섬의 분교에 부임한 젊은 여교사와 12명의 학생이 전쟁이라는 시대의 비극 속에서도 꿋꿋하게 살아가는 이야기를 감동적으로 그린 드라마로, 아이들의 순수한 마음을 통해 반전의 메시지를 담은 걸작이라는 평가를 받고 있다. 24개의 눈동자는 12명 아이의 눈동자를 말한다.

주소 香川県小豆郡小豆島町田浦 **위치** ❶ 올리브 버스 에이가무라(映画村) 정류장 하차 후 도보 1분 ❷ 쇼도시마 시마메구리 관광버스로 이동 **시간** 09:00~17:00, 08:30~17:00(11월) **요금** 890엔(중학생 이상), 450엔(초등학생) **홈페이지** www.24hitomi.or.jp **전화** 0879-82-2455

초시케이 자연 동물원 원숭이의 나라
銚子渓 自然動物園お猿の国 [초시케이 시젠도-부쯔엔 오사루노쿠니]

야생 원숭이의 나라
간케카이에서 멀지 않은 초시케이 계곡에는 500마리가 넘는 야생 원숭이가 사는 '원숭이의 나라'가 있다. 이곳에서는 원숭이의 모습을 가까이에서 볼 수 있고 원숭이에게 먹이를 주는 체험을 하거나(먹이 100엔), 하루 두 차례 원숭이 쇼에서(10:10, 12:10) 재롱둥이 원숭이를 만날 수도 있다. 쇼도시마의 원숭이는 비교적 온순하다고는 하지만 야생 원숭이다. 원숭이를 만지거나 눈을 맞추지 말고 과자나 과일도 주지 말며 귀중품은 들고 다니지 말아야 한다. 만일을 대비하면서 야생 원숭이의 나라를 즐기자.

주소 香川県小豆郡土庄町肥土山字蛙子 3387-10 **위치** ❶ 도노 쇼향에서 차로 약 20분 ❷ 쇼도시마 시마메구리 관광버스로 이동 **시간** 08:20~17:00(입장 마감 16:30) **요금** 450엔(대인), 250엔(소인) **홈페이지** www.osaru-no-kuni.sakura.ne.jp **전화** 0879-62-0768

마루킨 간장 기념관
マルキン醬油記念館 [마루킨쇼유키넨칸]

간장 창고를 개조한 기념관

1907년에 창업한 유명 간장 공장 마루킨 간장의 100년이 넘은 간장 창고를 개조한 기념관이다. 국가 유형 문화재로 지정된 기념관 안에는 간장을 제조할 때 쓰던 도구를 비롯해 간장 제조의 역사와 제조 방법을 소개한다. 옆에 있는 물산관에서는 한정 간장 제품과 간장소프트아이스크림도 맛볼 수 있다.

주소 小豆郡小豆島町苗羽甲 1850번지 **위치** 올리브 버스 타고 마루킨마에(丸金前) 정류장 하차 **시간** 09:00~16:00 **휴관** 부정기 휴무(홈페이지 참조) **요금** 400엔(대인), 200엔(소인) **홈페이지** moritakk.com/know_enjoy/shoyukan **전화** 0879-82-0047

도후치 해협
土渕海峡 [도후치 카이쿄-]

기네스북에 오른 세계에서 가장 좁은 해협

세계에서 가장 좁은 해협으로 기네스북에 오른 도후치 해협은 쇼도시마와 쇼도시마 마에시마 사이에 있는 길이 약 2.5km의 해협이다. 가장 넓은 곳의 폭은 400m, 가장 좁은 곳의 폭은 9.93m로 세계에서 가장 좁은 해협이라 해서 1996년에 기네스북에 등재됐다. 원래는 이름이 없었지만 기네스북 등재를 하려면 이름이 필요해서 쇼도시마 쪽의 후치자키(渕崎) 지구와 마에시마 쪽의 도노쇼(土庄) 지구에서 따온 글자로 이름을 붙였다. 해협을 건너는 데 걸리는 시간은 단 3초. 해협 옆의 도노쇼초 동사무소에서는 그림엽서로 된 횡단 인증서도 발행하고 있다. 100엔짜리 엽서 한 장으로 해협을 넘은 여행자가 되어 보자.

주소 小豆郡土庄町甲 559-2 **위치** ❶ 도노쇼항에서 차로 약 5분 ❷ 도노쇼항에서 올리브 버스 타고(약 8분) 도노쇼혼마치(土庄本町) 정류장 하차 **요금** 무료(횡단 증명서 100엔)

데시마

豊島

데시마(豊島)는 이름처럼 풍요로운 섬이다. 주민들은 바다가 내려다보이는 계단식 논에서 농사를 짓고 그 옆에는 미술관이 있다. 데시마도 세토내해의 다른 섬들과 마찬가지로 예술 작품과 자연이 조화롭게 공존하는 섬이다. 데시마는 이에우라항(家浦港) 구역과 가라토항(唐櫃港) 구역으로 나누어서 여행 계획을 세우는 게 좋다. 나오시마보다 2배 가까이 넓고 언덕길이 많기 때문에 전부 걷기보다는 버스로 근처까지 이동한 후 걷거나, 처음부터 자전거를 이용하는 게 편리하다. 특히 데시마 미술관부터 심장음 아카이브까지는 걷기를 추천한다. 탁 트인 푸른 바다가 눈앞으로, 옆으로 계속 따라오기 때문에 지루할 틈이 없다. 어디나 활짝 열린 풍경이다. 이 섬에 오면 여행자의 마음도 이 섬의 이름처럼 풍요로워진다.

- 시코쿠기선 www.shikokukisen.com · 전화 087-892-3104
- 데시마 페리 www.t-ferry.com · 전화 087-851-4491
- 데시마 관광 협회 www.teshima-web.jp

• 데시마 교통편 •

다카마쓰항에서 데시마의 이에우라항까지는 고속선으로 35분 정도 소요된다(대인 1,350엔, 소인 680엔). 쇼도시마의 도노쇼항에서 이에우라항까지는 페리로 50분 정도 걸리며(대인 780엔, 소인 390엔), 나오시마의 미야우라항에서 이에우라항까지는 고속선으로 22분 정도 소요된다(대인 630엔, 소인 320엔). 이들 노선은 계절에 따라 운항 편수와 시간이 달라지니 홈페이지를 통해 시간을 확인하도록 한다. 터미널이나 자전거 대여소 등에 놓인 세토내해의 섬 안내도를 참고하면 도움이 된다. 페리나 고속선 시간, 버스 시간은 물론, 도보와 자전거일 때를 깔끔하게 정리해서 비교해 보기에 편하다. 데시마 내에서는 자전거를 이용하거나 이에우라항에서 출발하는 셔틀버스를 이용하면 된다(1회당 중학생 이상 200엔, 5세~초등학생 100엔).

심장음 아카이브
心臓音のアーカイブ [신조-온아카이부]

내 심장 소리에 귀를 기울이다

심장음 아카이브는 파도의 심장 소리가 들려올 정도로 조용한 바닷가에 전 세계 55,000명이 넘는 사람들의 심장 소리를 모아 놓은 작은 미술관이다. 심장 소리에 맞춰 전구가 점멸하는 하트룸, 바다와 마주한 책상에 앉아 심장 소리를 검색해서 들을 수 있는 리스닝룸, 자신의 심장 소리를 녹음해서 작품으로 남길 수 있는 레코딩룸으로 구성돼 있다. 해변을 따라 미술관까지 가는 길도 아름답다.

주소 香川県小豆郡土庄町豊島唐櫃 2801-1 **위치** 이에우라항에서 셔틀버스 타고(17분) 가라토항(唐櫃港) 하차 후 도보 15분 **시간** 10:00~17:00(입장 마감 16:30), 10:00~16:00(11~2월, 입장 마감 15:30분) **휴무** 화요일(3~11월), 화~목(12~2월) **요금** 520엔(15세 이하 무료) **홈페이지** benesse-artsite.jp/art/boltanski.html **전화** 0879-68-3555

내 심장 소리를 들어보자! *TIP

여행자 자신의 심장 소리를 채록해서 아카이브에 남기려면 등록세 1,570엔이 필요하다. 채록하는 데 걸리는 시간은 5분 정도며 영어나 일본어 화면 중 선택해서 녹음 작업을 진행하면 된다. 녹음된 자신의 심장 소리를 들어보고 1회에 한해 재녹음할 수 있다. 녹음이 끝나면 자신의 심장 소리가 담긴 CD와 등록번호를 받는다. 하트룸에 들어가면 어둠 속에서 자신의 심장 소리에 맞춰 전등이 점멸하는 것을 볼 수 있다. 커다랗게 귀를 울리는 심장 소리를 들으면 이 소리만큼 정직하게 살아가겠다는 다짐을 하게 된다.

심장음 아카이브로 가는 길 *TIP

가라토항을 지나 심장음 아카이브 쪽으로 골목길을 지날 때 왼쪽에 있는 작은 운동장에서 작품〈승자는 없다 멀티바스켓볼(No One wins-Multibasket)〉을 만날 수 있다. 골대가 여러 개 달린 농구대이기 때문에 쉽게 눈에 띈다. 농구공도 놓여 있으니 시합도 괜찮다. 그 왼쪽에는 상상을 초월하게 작은 소방서가 있는데, 그곳 불자동차가 너무 작아서 이 마을에 불이 나면 어쩌나 걱정이 될 정도다.

데시마 미술관
豊島美術館 [테시마 비주쯔칸]

풍요로운 자연과 어우러진 미술관

데시마 미술관은 건축가 니시자와 류에와 아티스트 나이토 레이의 공동 작업으로 만들어진 미술관이다. 세토내해가 내려다보이는 언덕 중턱에 물방울처럼 나지막하게 자리하고 있으며 주위에는 계단식 논이 펼쳐져 자연과 건축, 예술이 어우러진 아름다운 공간을 만들어 내고 있다. 그림은 단 한 점도 없으며 건물 자체가 작품이다. 신발을 벗고 내부로 들어가면 천장에서는 빛과 바람이 들어오고 바닥에서는 작은 물방울이 솟아나 서로 합쳐지고 굴러가거나 멈추기도 한다. 바람과 빛과 물이 무한히 움직이는 공간 속에서 물방울들은 바닥에 작은 샘을 만든다. 미술관 아트 숍 겸 카페는 데시마 미술관을 모형처럼 만들어 놓아서 또 새로운 기분으로 즐길 수 있다. 커피를 비롯해 간단한 식사를 할 수 있고 도넛, 말린 과일도 맛보며 쉴 수 있는 공간이다. 물론 사고 싶은 게 많은 공간이기도 하다. 현재는 온라인 예약제로 운영되고 있다.

주소 香川県小豆郡土庄町豊島唐櫃 607 **위치** 이에우라항에서 셔틀버스 타고 테시마비주쯔칸마에(豊島美術館前) 정류장 하차(14분 소요) **시간** 10:00~17:00(입장 마감 16:30), 10:00~16:00(11~2월, 입장 마감 15:30) **휴관** 화요일(3~11월), 화~목(12~2월) **요금** 1,570엔(15세 이하 무료) **홈페이지** benesse-artsite.jp/art/teshima-artmuseum.html **전화** 0879-68-3555

데시마요코칸
豊島横尾館 [테시마요코-칸]

강렬하게 마음을 끄는 미술관

아티스트 요코 다다노리와 건축가 나가야마 유코의 작품 '데시마요코칸'은 마을에 있는 오래된 민가를 개조해 만들었다. 들어서는 순간 빨려들 듯한 색감에 사로잡힌다. 기존 건물의 배치를 살려서 안채, 창고, 별채로 구성한 전시 공간에 요코 다다노리의 작품 11점을 전시하고 있다. 정원과 연못, 원통형 공간에는 설치 미술 작품이 있으며 건물에는 색유리를 사용해 빛과 색의 다양한 변화를 추구한다. 원통형 공간 속 수백 장의 폭포 그

림은 깊은 우물 속에서 물세례를 받는 듯 강렬하다. 화장실도 작품이니 꼭 들러 보자.

주소 香川県小豆郡土庄町豊島家浦 2359 **위치** 이에우라항(家浦港)에서 도보 5분 **시간** 10:00~17:00(입장 마감 16:30), 10:00~16:00(11~2월, 입장 마감 15:30) **휴관** 화요일(3~11월), 화~목(12~2월) **요금** 520엔(15세 이하 무료) **홈페이지** benesse-artsite.jp/art/teshima-yokoohouse.html **전화** 0879-68-3555

데시마의 창
てしまのまど [테시마노마도]

데시마의 특별한 그곳

미술 작가가 운영하는 데시마의 창은 카페면서 예술 공간을 겸하고 있다. 카페에 놓인 오래된 도구를 살펴보고 만화책도 볼 수 있다. 만두피가 쫄깃한 물만두 정식 같은 런치도 좋고 커피나 수프, 머핀 등 수제 빵도 인기다.

주소 香川県小豆郡土庄町豊島家浦 2458-2 **위치** 이에우라항(家浦港)에서 도보 5분 **시간** 10:00~17:30 **휴무** 부정기 휴무(홈페이지 참조) **요금** 400엔~(커피), 900엔(런치) **홈페이지** www.teshimanomado.com **전화** 080-4037-0410

대대로 생업을 이어오던 공간 ·TIP·

데시마 사람들은 옛날부터 어업과 농업을 겸하며 섬의 자원을 활용해서 살아왔다. 카페 공간도 작가의 조부모님의 집으로, 예전에 김 작업장으로 사용하던 공간이다. 그래서 데시마의 창에 남겨져 있는 도구들은 모두 작가의 조부모님이 쓰던 도구이다. 오래된 작업장을 개조한 공간에서 여행자는 손때 묻은 도구들을 살펴보며 작가가 직접 볶은 커피를 마실 수도 있고 런치도 맛볼 수 있다. 작가는 영화 상영회, 워크숍 등도 꾸준히 진행하며 섬의 문화를 전하는 공간으로 되살리는 활동도 하고 있다. 오래된 도구들이 사람들과 어울려 어떻게 빛을 발하는지 호기심 많은 여행자가 들러 볼 차례다.

이치고야
いちご家 [이치고야]

딸기의 모든 것

딸기 농가가 운영하는 가게다. 유기농으로 재배한 딸기로 만든 수제 잼과 롤케이크, 크레이프, 딸기빙수와 딸기소프트아이스크림이 유명하다. 딸기 잼 병에 그려진 귀여운 그림은 이치고야의 딸 아카리 짱이 5살 때 그린 그림이라고 한다.

주소 香川県小豆郡土庄町豊島家浦 2133-2 **위치** 이에우라항(家浦港)에서 도보 5분 **시간** 12:00~17:00(평일), 11:00~17:00(토, 일, 공휴일) **휴무** 화요일(부정기 휴무 있음) **가격** 480엔~(딸기소프트아이스크림), 530엔(딸기잼 100g) **홈페이지** teshima158.com/web **전화** 0879-68-2681

데시마 마르셰
豊島マルシェ [데시마 마르셰]

데시마의 산물을 만날 수 있는 곳
이에우라항 옆에 있는 데시마 마르셰는 데시마에서 생산되는 쌀과 김 외에 올리브 제품과 레몬, 소면 등 섬의 특산물을 판매한다. 여행 정보도 얻을 수 있으니 둘러보자.

주소 香川県小豆郡土庄町豊島家浦 3841-21 **위치** 이에우라항(家浦港) 바로 옆 **시간** 09:00~17:30(3~11월), 09:00~17:00(12~2월) **휴무** 화요일(긴 연휴는 데시마 미술관 휴관일에 맞춤) **전화** 0879-68-3135

시마 키친
島キッチン [시마키친]

즐겁고 맛있는 데시마의 부엌
시마 키친은 건축가 아베 료의 작품으로, 마을의 빈집을 개조해 탄생시킨 카페 겸 레스토랑으로 유명하다. 음식과 건축 예술이 공존하는 문화 공간이자 음식으로 사람들을 이어 주는 만남의 장이기도 하다. 섬 아주머니들이 도쿄 마루노우치 호텔의 유명 셰프의 조언을 얻어 섬에서 생산된 유기농 식재료로 만든 독창적인 메뉴는 많은 방문자의 사랑을 받고 있다. 오픈 테라스에서는 방문객이 많은 시기를 중심으로 워크숍과 이벤트가 진행된다. 대화하며 식사를 즐기고 교감할 수 있는 맛있고 즐거운 데시마의 부엌이다. '시마'는 '섬'이라는 의미다.

주소 香川県小豆郡土庄町豊島唐櫃 1061 **위치** 이에우라항(家浦港) 또는 가라토항(唐櫃港)에서 셔틀버스 타고 시미즈마에(清水前) 정류장이나 카라토오카슈카이조마에(唐櫃岡集会所前) 정류장 하차 후 도보 3분 **시간** 11:00~16:00(식사 주문 마감 14:00, 음료 주문 마감 15:30) **휴무** 화~금요일(월요일이 공휴일인 경우 화요일 영업) **가격** 432엔~(음료), 1,000엔~(도시락), 1,760엔(시마키친 세트) **홈페이지** www.shimakitchen.com **전화** 0879-68-3771

이누지마

犬島

이누지마는 섬 둘레가 4km에 불과한 작은 섬이다. 섬 주민은 50명 전후로 대부분 고령자이며 이동 수단은 걷는 것뿐이다. 섬을 대표하는 명소는 1910년대에 한때 번영을 누리다 방치되어 있던 구리 제련소를 활용해 재탄생시킨 제련소 미술관이다. 제련소 미술관과 함께 이누지마 집 프로젝트가 시작되어 빈집을 활용한 예술 작품들이 들어서면서 예술 섬으로 거듭났다. 이누지마에서는 지도가 있어도 좋고 없어도 좋다. 작은 길들이 미로를 이루고 있어서 길을 잃기 쉽지만 골목 곳곳에 자기 집처럼 편안하게 자리 잡은 고양이들을 보며 걷다가 모퉁이에 세워진 작은 푯말을 따라 느릿느릿 걸으면 그뿐이다. 대략 한 시간이면 섬을 한 바퀴 돌 수 있지만 마음이 고요해지고 새로운 영감으로 가득 채워지는 섬이다.

- 시코쿠기선 www.shikokukisen.com • 전화 087-892-3104
- 베네세 아트 사이트 https://benesse-artsite.jp/about/inujima.html

• 이누지마 교통편 •

이누지마는 오카야마현에 속한 섬으로 다카마쓰보다 오카야마와 더 가깝다. 오카야마의 호덴(宝伝)항에서 고속선으로 10분이면 도착한다(300엔). 나오시마에서 데시마를 거쳐 이누지마까지 운항하는 고속정도 있으며 나오시마에서 이누지마까지는 55분 소요되고(대인 1,880엔, 소인 940엔), 데시마에서 이누지마까지는 25분이 걸린다(대인 1,250엔, 소인 630엔). 다카마쓰에서 데시마까지 간 후 데시마에서 이누지마로 이동해도 되는데 이 경우 다카마쓰에서 데시마까지는 고속선으로 35분 소요된다(대인 1,350엔, 소인 680엔). 계절에 따라 운항 변동이 생기므로 반드시 홈페이지 확인 후 일정을 짜도록 한다. 각 항구에 도착하면 먼저 배편 시간표를 챙기자. 현재 운항하고 있는 시간표이니 가장 믿을 수 있다. 돌아가는 배편 시간을 확인한 후 출발 시간에 늦지 않도록 주의한다.

이누지마 제련소 미술관
犬島精錬所美術館 [이누지마 세이렌쇼비주쯔칸]

구리 제련소를 재생한 미술관

이누지마는 백여 년 전에는 구리 제련업으로 번영했던 지역이지만 그 후 구리 가격의 폭락으로 조업이 중단되고 제련소는 오랫동안 폐허로 남아 있었다. 이누지마 제련소 미술관은 그 제련소를 예술가와 건축가가 미술관으로 재탄생시킨 곳이다. 특히 기존의 건물을 살리면서 섬의 환경에 부담이 가지 않도록 자연 에너지를 이용해 건축한 것으로 유명하다. 미술관으로 가는 좁은 골목길도, 해변을 따라 걷는 길도, 시간이 멈춘 제련소의 벽돌담도 인상적이다.

주소 日本岡山県岡山市東区犬島 **위치** 이누지마항(犬島港)에서 도보 7분 **시간** 10:00~16:30(입장 마감 16:00) **휴관** 화요일(3~11월), 화~목(12~2월) **요금** 2,100엔(집 프로젝트와 공통권) **홈페이지** benesse-artsite.jp/art/seirensho.html **전화** 086-947-1112

이누지마 집 프로젝트
犬島 家プロジェクト [이누지마 이에 프로젝또]

느릿느릿 예술 섬 산책

이누지마에는 일상 속의 아름다운 풍경과 작품 너머로 펼쳐지는 자연을 느낄 수 있도록 6개의 집 프로젝트 작품이 섬 곳곳에 자리하고 있다. 제련소 미술관 공통권을 구입해도 좋지만 산책만 해도 좋은 섬이다. 돌을 다루던 장인이 제자들을 살게 한 집터에 그린 생명력 넘치는 동식물을 바라보는 것도 재미있고 주택가에 주민의 손길로 만들어 놓은 작은 거북이나 개미, 꽃게 등을 찾으며 골목길을 누비는 것도 즐겁다. 집 프로젝트를 지나서부터 이누지마 항으로 돌아오는 길의 풍경도 아름답다. 항구로 돌아오면 이누지마항 옆에 있는 검은색 건물 '이누지마 티켓 센터' 기념품점에서 소품을 고르거나 재미있는 아이템을 살펴본다. 기념품점과 붙어 있는 카페에서 간단한 식사를 하거나 바다를 바라보며 카페 할머니가 정성 들여 내려주신 차를 마시는 것도 좋다. 고속선 티켓도 이 건물 1층에서 구입할 수 있다.

주소 日本岡山県岡山市東区犬島 **위치** 이누지마 마을 안 곳곳(기존 주택과 섞여서 집 프로젝트 작품이 있음) **시간** 10:00~16:30(입장 마감 16:00) **휴무** 화요일(3~11월), 화-목(12~2월) **요금** 2,100엔(제련소 미술관과 공통권) **홈페이지** benesse-artsite.jp/art/inujima-arthouse.html **전화** 086-947-1112

메기지마 · 오기지마
女木島 · 男木島

메기지마와 오기지마는 다카마쓰에서 가까운 두 섬으로, 페리로 각각 20분이면 오갈 수 있는 거리에 있다. 메기지마는 '도깨비 섬(鬼ケ島, 오니가시마)'이라는 별명을 가지고 있으며 일본 동화 〈모모타로〉에서 모모타로가 물리친 도깨비들의 소굴이었다고 하는 오니가시마 대동굴로 유명하다. 또 봄이면 3,000그루가 넘는 벚나무가 일제히 꽃망울을 터뜨려 섬 전체가 분홍빛으로 물들어 환상 같은 풍경을 선사한다.
한편, 오기지마는 섬 경사면에 빼곡히 들어선 집들과 미로처럼 이어지는 언덕과 골목길이 인상적인 곳이다. 특히 '고양이들의 낙원'이라고 불리기도 하는 만큼 골목 곳곳에서 고양이와 눈맞춤을 하는 것도 이곳에서 누릴 수 있는 즐거움이다. 눈 닿는 곳마다 세토내해의 아름다운 풍경이 펼쳐지는 작은 섬에서 치유와 행복의 시간을 만끽하자.

- 오니가시마 관광 협회 전화 087-840-9365
- 오기지마 여행 정보 meon.co.jp/ogijima
- 메기지마 여행 정보 www.onigasima.jp
- 페리 시간 www.onigasima.jp.kaiseiakusesu

• 메기지마 · 오기지마 교통편 •

메기지마 가는 길

메기지마는 다카마쓰에서 가장 가까운 섬이다. 페리로 메기지마를 거쳐 오기지마까지 운항하는데 메기지마까지는 20분, 메기지마에서 오기지마까지는 다시 20분이 걸린다. 페리 요금은 다카마쓰에서 메기지마까지 대인은 370엔, 소인은 190엔이다. 메기지마항 주변은 걷고, 동굴에 갈 때는 버스를 이용하는 것이 좋다. 언덕길이 많기 때문에 자전거 이동도 생각보다 힘들다. 버스나 전동 자전거가 편하다. 겨울철에는 주말에만 동굴까지 가는 버스를 운행하기 때문에 섬을 여행할 때는 특히 대중교통을 꼼꼼하게 확인하자.

오기지마 가는 길

언덕길과 돌계단이 많기 때문에 제일 좋은 이동 수단은 걷는 것이다. 오기지마항 반대쪽에 있는 오기지마 등대에 가는 경우는 자전거를 대여하는 것이 좋다. 다카마쓰에서 메기지마를 거쳐 오기지마까지 운항하는데, 메기지마까지는 20분, 메기지마에서 오기지마까지는 다시 20분이 걸린다. 페리 요금은 메기지마에서 오기지마까지 대인은 240엔, 소인은 120엔, 다카마쓰에서 오기지마까지 대인은 510엔, 소인은 260엔이다.

메기지마

Megijima

메기지마 마을 산책

느릿느릿 메기지마 즐기기

메기지마 항구 주변에 있는 작품은 모두 걸어서 돌아볼 수 있는 거리니 페리 시간이 될 때까지 천천히 산책을 즐기며 작품을 감상해 보자. 정박해 있는 배가 떠오르는 〈20세기의 회상〉, 바람을 시각화한 작품으로 바람이 불면 제방 위에 있는 300여 마리의 갈매기가 방향을 바꾸는 〈갈매기의 주차장〉, 그 옆에 서 있는 〈모아이상〉도 찾아보고 섬과 섬사람들의 생명력을 상징하는 작품 〈메콘〉도 감상해 보자.

주소 香川県高松市女木町 **위치** 메기지마항 주변

오니가시마 대동굴

鬼ヶ島大洞窟 [오니가시마 다이도-구쯔]

모모타로가 물리친 도깨비 동굴을 탐험하자

메기지마항에 내리면 페리 도착 시각에 맞춰 오니가시마 대동굴로 가는 버스가 운행되니 시간 맞춰 버스를 탈 수 있다. 이 동굴은 1914년에 향토 사학가가 발견하고 나서 십여 년 후에 도깨비 동굴로 공개됐다. 동굴이 형성된 시기는 기원전 100년쯤이라 한다. 복잡하게 얽힌 미로 같은 동굴은 전체 길이가 400m에 이르고 내부에는 도깨비 모형이 곳곳에 놓여 있다. 거대 미로 같은 내부를 즐겁게 탐험해 보자.

주소 香川県高松市女木町 2633 **위치** 메기지마항에서 버스 타고 도구쯔마에(洞窟前) 정류장 하차(10분 소요) **시간** 08:30~17:00 **요금** 600엔(고등생 이상), 300엔(초등·중학생) **전화** 087-840-9055

Ogijima
오기지마

▌오기지마 마을 산책

느릿느릿 오기지마 즐기기

작은 마을이기 때문에 산책하듯 마을 풍경과 어우러져 있는 작품을 살펴본다. 먼저 섬의 사무소와 관광 안내소를 겸하는 〈오기지마의 혼〉을 살펴보자. 세계의 다양성을 표현하도록 지붕에 8개 언어로 구성된 글자가 복잡하게 배치돼 있어서 낮에는 그림자가 그려내는 변화를, 밤에는 하늘을 향해 빛을 반사하는 아름다운 광경을 볼 수 있다. 오기지마에서 추천하는 곳은 오기지마 골목 벽화 프로젝트 월앨리(wallalley)다. 월앨리(wallalley)는 월(wall, 벽)과 앨리(alley, 골목)를 조합한 말로, 섬에서 모은 못 쓰는 나무판을 채색해서 민가의 외벽에 설치한 벽화다. 좁은 골목길을 걸으며 화려한 벽화와 수수한 섬의 대비를 즐겨 보자. 또 평지가 없는 이 섬의 필수품인 유모차를 색칠하거나 수리해 작품으로 만든 〈온바 팩토리〉도 둘러보고 골목길에서 마주치는 할머니들이 사용하는 화려한 유모차도 눈여겨보자.

주소 香川県高松市男木町 **위치** 오기지마항 주변과 마을 안 곳곳(기존 주택들 사이에 프로젝트 작품이 있음)

▌세토우치 국제 예술제란?

일본 혼슈와 규슈, 시코쿠 사이에 있는 좁고 긴 바다와 이를 둘러싼 해안 지역을 세토내해라고 부른다. 이 지역에 있는 많은 섬 중, 나오시마를 비롯해 데시마, 메기지마, 오기지마, 이누지마 등 약 12개의 섬에서 2010년부터 3년에 한 번씩 국제 예술제 '세토우치 트리엔날레'가 열린다. 현대 미술의 국제 예술제로 단순히 작품을 전시하는 것이 아니라 섬의 전통 문화나 자연과 동화된 현대 미술 작품들을 통해 세토내해의 매력을 발산하고 있다. 작품뿐만 아니라 이벤트 같은 볼거리도 풍부해서 현대 미술과 일본의 시골 풍경이 어우러져 자아내는 독특한 분위기 속에서 마음껏 작품을 감상할 수 있다.

*****세토우치** 국제 예술제 홈페이지 setouchi-artfest.jp

• Plus Area • 치치부가하마(父母ヶ浜) •

치치부가하마 해변
父母ヶ浜 [치치부가하마]

일본의 우유니를 만나다

치치부가하마는 약 1km에 이르는 긴 해변을 자랑하는 조용한 바닷가다. 여름에나 해수욕객이 찾아올 뿐 이름 없는 바닷가 마을이었는데, 최근 SNS를 통해 저녁놀이 지는 아름다운 풍경이 알려지면서 관광객이 늘고 있다. 보통 해풍과 육지 바람이 교체될 때 일시적으로 무풍 상태가 되는데, 이때 치치부가하마의 수면 위로 하늘이 비치는 아름다운 풍경이 화제가 돼 '일본의 우유니 호수'로 불리게 되면서 사진 예술가와 젊은이들이 찾아오고 있다.

치치부가하마 해변에 가기 위해서는 JR다쿠마(詫間)역에서 니오선(仁尾線) 버스 타고 약 25분 후 치치부가하마 정류장에서 내리면 된다. 작은 어촌 마을이라 버스는 하루에 5대뿐이니 버스 시간에 잘 맞추어야 한다. JR간온지(観音寺)역에서도 하루 5편의 버스가 운행되므로 시간에 맞추어 이용해 본다(버스 요금 100엔). 특히 주말과 공휴일에 운행하는 관광주유버스인 하트셔틀버스(ハーツシャトルバス)를 이용하는 것도 추천한다. 치치부가하마(父母ヶ浜)와 풍경이 아름다운 다카야신사(高屋神社) 등을 주유하는 버스(하루 7편 운행)인데 1,500엔으로 하루 동안 자유롭게 이용할 수 있다. 하트셔틀버스 이용 전에는 예약이 필요하다(예약: www.b-block.com/mitoyo.chuo.kanko/mitoyo.3.9.shattle.htm).

주소 香川県三豊市仁尾町天王 **위치** 치치부가하마 정류장 하차 후 도보 3분 **홈페이지** www.mitoyo-kanko.com (미토요시 여행 정보) **전화** 0875-56-5880 (미토요시(三豊市) 관광 협회)

절경 사진을 찍을 수 있는 조건 (미요토시 홈페이지 제시물 참조) ·TIP·

- 간조와 일몰이 겹칠 때.
- 바람이 없고 수면이 일렁이지 않을 때.
- 일몰 전후 약 30분 동안의 마술 같은 시간(이 시간에 해변에 나타나는 커다란 바닷물 웅덩이를 이용한다. 몸을 낮추고 웅덩이에 비친 모습을 찍는다).

※ 이 세 가지 조건을 갖추었을 때가 베스트다.

일몰을 즐기기 위한 최적의 교통편은?

미토요시(三豊市) 관광 협회 홈페이지에서는 JR다쿠마(詫間)역에서 내려 버스를 이용하라고 제시하지만 다쿠마 역에서 버스를 탈 경우 일몰을 보고 역으로 돌아가려면 아무것도 없는 바닷가에서 3시간이 넘게 있어야 한다. 일행이 있다면 즐거운 시간이지만 혼자 여행하는 경우라면 지루한 시간이 될 수도 있다. 치치부가하마에서 얼마만큼 시간을 보내고 싶은지에 따라 다음의 선택지를 제시한다. 일몰을 보고 돌아오려면 두 선택지 모두 마지막 버스를 타야 하기 때문에 버스를 놓치는 일이 없도록 한다(4월~9월 말까지는 19:40 버스가 임시편으로 운행된다).

• 바닷가에서 일몰을 보고 넉넉히 시간을 보내고 싶다면

JR다쿠마역에서 미토요 소고뵤인(三豊総合病院)행 15시 1분 버스 타고 치치부가하마 정류장에서 하차한다. 바닷가에서 시간을 보낸 후 18시 42분에 다쿠마詫間역행 마지막 버스 타고 역으로 돌아와서 다음 목적지로 이동한다. 버스 소요 시간은 25분 정도고, 버스 요금은 100엔이다. 이 버스는 2023년 4월 기준이며 이후 버스 시간은 변동될 수 있으니 미리 확인하자.

• 굵고 짧게 바닷가 일몰만 보고 싶다면

JR간온지(観音寺)역에서 다쿠마(詫間)역행 16시 12분 버스 타고 치치부가하마 정류장에서 하차한다. 일몰을 감상한 다음 미토요 소고뵤인三(豊総合病院)행 17시 58분 버스 타고 JR간온지(観音寺)역까지 간 후 다음 목적지로 이동한다. 버스 소요 시간은 20분 정도고, 버스 요금은 100엔이다.

선스 더 산
Suns the San [산즈 자 산]

일몰과 커피가 어울리는 카페

찾는 사람이 드물어서 한적하고 고요한 풍경을 즐길 수 있었던 치치부가하마는 SNS 등으로 유명세를 타기 시작해 몇 년 사이에 풍경이 크게 달라졌다. 해변을 따라 줄지어 카페가 등장하고 주말이면 사람들이 몰리는 장소가 되었다. 치치부가하마 버스 정류장 부근에 있는 카페 '선스 더 산'은 해변에 줄지어 있는 카페들에서 조금 떨어져 있기 때문에 조용히 차를 마시며 일몰 풍경을 즐기기 좋은 곳이다. 개방적인 공간에다 커피를 비롯해 음료도 다양하고, 특히 다채로운 프랑스 전통 파이 갈레트가 인기 메뉴다.

주소 香川県三豊市仁尾町仁尾乙271-3 **위치** 치치부가하마 버스정류장 뒤편 건물 **시간** 11:00~18:00 **휴무** 화·수요일 **가격** 570엔(커피), 1,250엔~(갈레트) **전화** 0875-23-7316

• Plus Area • 젠쓰지(善通寺) •

총 본산 젠쓰지
総本山善通寺 [소혼잔젠쯔지]

홍법대사의 탄생지이자 계단 돌기를 체험할 수 있는 곳

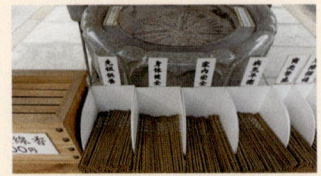

젠쓰지시에 있는 대사찰로, 시코쿠 88사 순례지 중 제75번 절이며 홍법대사의 탄생지로 유명한 곳이다. 807년에 홍법대사가 건립한 진언종 사찰의 총 본산으로, 광대한 경내는 동원(東院)과 서원(西院)으로 나누어져 있다. 본당과 5층 목탑 외에 많은 부속 건물로 구성돼 있으며 특히 보물관에는 국보를 포함한 약 2만 점의 유물을 수장하고 있다.

주소 善通寺市善通寺町 3-3-1 **위치** JR젠쓰지(善通寺)역에서 도보 20분 **시간** 07:00~17:00 **휴무** 무휴(단, 보물관 전시 교체, 시설 보수 점검 등으로 임시 휴관 있음) **요금** 경내 무료 / 계단(戒壇)돌기+보물관 공통 입장료: 500엔(고교생 이상), 300엔(초등·중학생) **홈페이지** www.zentsuji.com **전화** 0877-62-0111

구마오카 과자점
熊岡菓子店 [쿠마오카 가시텐]

젠쓰지의 명물인 돌멩이 과자를 맛보자

서원에서 동원으로 가는 사이 왼쪽 골목에 구마오카 과자점이라는 독특한 가게가 있다. 사람들이 줄을 서 있으니 쉽게 찾을 수 있다. 젠쓰지 서원(西院)의 인왕문(仁王門) 앞에 있는 하쓰카바시(二十日橋)에서 간판이 보인다. 이 가게는 돌멩이같이 단단한 가타빵(堅パン)이라는 과자를 판매한다. 가타빵은 일본 전국에 여럿 있지만 이가 상하지 않을까 걱정을 해야 할 정도로 단단한 건 젠쓰지의 구마오카 과자점뿐이다. 1896년에 창업했으며 현재 건물은 1913년에 지어진 것으로 당시 모습 그대로다. '이게 뭐지?' 하는 느낌에서 시작되지만 왠지 모를 소박한 맛에 끌린다.

주소 善通寺町 3-4-11 **위치** 젠쓰지 서원 인왕문에서 바로 **시간** 09:00~16:00 **휴무** 화요일 **가격** 200엔(가타빵 100g 당) **전화** 0877-62-2644

젠쓰지 계단(戒壇) 돌기
善通寺戒壇巡り [젠쓰지 카이단메구리]

홍법대사를 만나러 가는 암흑 속 계단 돌기
공통 입장료 500엔으로 계단(戒壇) 돌기를 체험하고 보물관의 유물을 관람할 수 있다. 계단은 승려가 계율을 받는 단을 말하는데, 젠쓰지에서는 미에도(御影堂) 건물 지하의 어둠 속을 걷는 체험을 할 수 있다. 어둠 속에서는 시간이 멈춘 듯 길게 느껴지지만 실제로 어둠 속을 걷는 시간은 5분 남짓이다. 계단 돌기가 끝나면 출구가 보물관으로 이어져 보물관을 관람할 수 있다.

주소 善通寺市善通寺町 3-3-1 **위치** 젠쓰지 경내 미에도(御影堂) **시간** 08:00~17:00 **휴무** 연중무휴(단, 보물관 전시 교체, 시설 보수 점검 등으로 임시 휴관 있음) **요금** 계단(戒壇)돌기+보물관 공통 입장료: 500엔(고교생 이상), 300엔(초등·중학생) **입장료** 500엔(고교생 이상), 300엔(초등·중학생) **전화** 0877-62-0111

계단 돌기에서 체험하게 되는 것

계단 돌기는 홍법대사가 탄생한 자리에 세워진 미에도(御影堂)의 지하를 한 바퀴 돌아 홍법대사가 탄생한 장소로 이어지는 참배로다. 계단 돌기를 하기 위해 지하로 내려가는 계단 벽에 이런 말이 쓰여 있다. "계단 돌기는 한 치 앞도 보이지 않는 완전한 어둠에 몸을 던지고 마음을 고요하게 나를 돌아보며 지금까지 쌓아온 죄업을 없애는 정신 수양의 도장이기도 하다. 왼손을 뻗어 왼쪽 벽을 짚고 진언종에서 외는 가장 짧은 경 '나무다이시헨조콘고(南無大師遍照金剛)'를 외며 앞으로 나아간다." 말 그대로 완전한 암흑이 무엇인지 경험하게 된다. 오른손을 흔히 쓰다가 왼손으로 벽을 더듬으며 왼쪽으로만 도는 것도 익숙하지 않고 무엇보다 눈을 떠도 감아도 똑같은 칠흑 같은 어둠 속에서는 100m 정도 된다는 길이 마치 영원처럼 길게 느껴진다. 왼손에 모든 감각을 집중하고 벽에 의지해 걷다 보면 희미하게 빛이 느껴지고 불상을 모신 작은 공간이 나오는데 그곳에서 홍법대사의 목소리(라고 하는 녹음된 소리)가 지하를 울리며 들려온다. 결국 전하려는 메시지는 우리가 행복해지길 바란다는 것이다.

나가타 인 카노카
長田in香の香 [나가타 인 카노카]

우동과 함께 먹는 오하기가 맛있는 우동집
1953년에 창업했으며 가마아게우동으로 유명한 가게다. 우동 메뉴는 가마아게우동 한 가지뿐이다. 멸치를 우린 국물이 기본이며 맛있는 다시(だし)로 유명하다. 특이한 건 사이드 메뉴가 튀김이 아니라 밥 종류뿐인데 특히 오하기(멥쌀과 찹쌀을 섞어 쪄서 동그랗게 빚어 팥소나 콩가루 등을 묻힌 떡)가 맛있으니 우동과 맛보기를 추천한다.

주소 香川県 善通寺市 金蔵寺町 本村 1180 **위치** JR곤조지(金蔵寺)역에서 도보 10분 **시간** 09:00~15:00(면이 팔리는 대로 영업 종료) **휴무** 수, 목요일(이 외에 임시 휴일 있음) **가격** 350엔~(가마아게우동), 200엔(오하기) **홈페이지** www.kanoka.jp **전화** 0877-63-5921

• Plus Area • 사카이데(坂出) •

가가와 현립 히가시야마 가이이 세토우치 미술관
香川県立東山魁夷せとうち美術館 [카가와켄리츠 히가시야마 카이이 세토우치비주쯔칸]

바다와 가장 가까운 미술관

조용한 바닷가에 자리 잡은 작은 미술관으로, 히가시야마 가이이의 풍경화와 판화 작품을 다수 소장하고 전시하는 공간이다. 쇼와 시대를 대표하는 화가 히가시야마 가이이는 조부의 고향이 이 지역인 인연으로 그의 사후 이곳에 그의 작품을 모은 미술관이 지어지게 됐다. 연 2회 열리는 특별전에서는 히가시야마 가이이의 작품을 비롯해 일본 화가들의 작품을 감상할 수 있다. 미술관 건축에 특히 뛰어난 유명 건축가 다니구치 요시오의 작품인 미술관 건물을 살펴보는 것도 큰 즐거움이다. 1층에는 바다가 가장 가까운 나기사(なぎさ) 카페도 있으니 들러 보자.

주소 香川県坂出市沙弥島字南通 224-13 **위치** ❶ JR사카이데(坂出)역 버스 정류장 1번 승차장에서 사카이데 시영 버스 세이초다케우라(瀬居町竹浦)행 버스 타고 미술관 앞 하차(약 20분 소요, 버스 요금 370엔) ❷ JR사카이데(坂出)역 버스 정류장 1번 승차장에서 합승 택시 이용(요금 1인당 520엔) **시간** 09:00~17:00 **휴관** 월요일, 연말연시(12월 27일~1월 1일) **요금** 310엔(대학생 및 일반), 무료(고교생 이하) *특별전 요금은 별도 **홈페이지** www.pref.kagawa.lg.jp/higasiyamakaii/higashiyama **전화** 0877-44-1333

야마시타 우동점
山下うどん店 [야마시타우동텐]

97세 할머니가 말아주시는 인생이 들어 있는 우동

1959년에 창업한 셀프 우동집이다. 가장 인기 메뉴는 가가와현에서 잡히는 신선한 잔새우로 만든 튀김 에비카키아게를 가케우동에 토핑으로 올려 먹는 것이다. 에비카키아게는 인기가 있어 금방 동이 난다. 자신의 방식대로 우동을 먹은 후 돈은 스스로 계산해서 낸다. 느릿느릿 논길을 지나 우동을 먹고 오면 금방 배가 고파질지도 모른다.

주소 坂出市加茂町 147-1 **위치** JR사누키후추(讚岐府中)역에서 도보 15분 **시간** 08:30~15:00(면이 팔리는 대로 영업 종료) **휴무** 일·월요일 **가격** 250엔~(가케우동), 250엔(에비카키아게) **홈페이지** yamashitaudon.shop **전화** 0877-48-1304

하루키의 여행법

무라카미 하루키가 쓴 《하루키의 여행법》에 1990년 10월에 일러스트레이터 안자이 미즈마루와 이 우동집에 와서 우동을 먹고 쓴 에세이가 있다. 하루키는 책에서 "우동은 한 사리에 1백 엔이고 지쿠와 튀김은 70엔이다. 제면소에서 갓 만들어서 그런지 우동은 과연 천하일미였다. 옛날식 부뚜막에 걸린 커다란 가마솥에서는 물이 펄펄 끓고 있다."라고 썼다. 33년이 흐른 후 우동은 한 사리에 250엔, 치쿠와 튀김은 100엔이다. 그때처럼 부뚜막에 걸린 커다란 솥에서는 여전히 장작불로 우동 면을 삶고 있다. 벽에 빼곡하게 붙은 수많은 사인들 틈에 하루키의 사인이 보인다. 33년 전에 한 사인이지만 특유의 서체 때문에 바로 눈에 들어온다. 사누키후추역에서 느릿느릿 1.2킬로를 걸어와 맛보는 우동, 천하일미든 아니든 감사한 마음으로 먹게 되는 가게다.

• Plus Area • 마루가메(丸龜) •

마루가메성
丸龜城 [마루가메 조]

아름다운 석벽이 남아 있는 성

1602년에 완성된 성으로 400년의 역사를 자랑하며 마루가메 시민들의 휴식처로 사랑받고 있다. 일본에 현존하는 12개 목조 천수 중에 가장 작으며 가장 높은 석벽을 자랑한다. 특히 석벽이 그려내는 부채처럼 아름다운 곡선은 마루가메성의 자랑거리다. 66m의 나지막한 산 위에 성이 있기 때문에 쓰키미야구라 유적에서도 마루가메 시내와 사누키의 후지산이라 불리는 이노산(飯野山)을 감상할 수 있다. 상당히 가파른 계단을 올라 천수각에 오르면 세토오하시가 내려다보이는 절경을 감상할 수 있다. 성 아래에는 기획 전시실과 상설 전시실, 갤러리 등으로 구성된 마루야마 시립 자료관이 있으며 무료로 입장할 수 있다. 또 성 아래에 있는 우치와(일본 부채) 공방에서는 우치와 제작 시연과 판매도 하고 있다. 우치와뿐만 아니라 책갈피 같은 소품과 특산물도 판매하니 들러 봐도 좋다.

주소 香川県丸亀市一番丁 **위치** JR마루가메(丸龜)역에서 도보 10분 **시간** 09:00~16:30(입장 마감 16:00) **요금** 200엔(천수각, 대인), 100엔(천수각, 초등 · 중학생) **홈페이지** www.marugame-castle.jp **전화** 0877-24-8816

마루가메 여행하기

예로부터 마루가메는 일본 우치와(일본 부채) 생산량의 90% 이상을 담당할 만큼 부채 생산으로 유명한 곳이며 가가와현의 명물인 호네쓰키도리(뼈가 붙어 있는 닭의 발 상지로도 알려져 있다. 또 시내에 위치한 마루가메성은 아름다운 석벽의 곡선으로 유명하다. 마루가메성과 우치와 뮤지엄 등 모두 도보로 이동할 수 있는 거리기 때문에 다카마쓰에 머물면서 하루 안에 충분히 돌아볼 수 있다. JR다카마쓰역에서 JR마루가메역까지 JR특급으로 20분 정도, 보통 열차로 35분 정도 소요된다. 특히 사카이데와 가깝기 때문에 사카이데에 있는 가이이 세토우치 미술관과 묶어서 하루 일정을 잡아도 좋다.

마루가메 여행 정보 www.love-marugame.jp

마루가메시 이노쿠마 겐이치로 현대 미술관
丸亀市猪熊弦一郎現代美術館 [마루가메시 이노쿠마 겐이치로 겐다이 비주츠칸]

마루가메시를 특별하게 하는 미술관
마루가메역을 나와 오른쪽에 눈길을 끄는 건물이 보인다면 마루가메시 이노쿠마 겐이치로 현대 미술관이다(약칭 미모카, MIMOCA). 다카마쓰 출신으로 어린 시절을 가가와현에서 보낸 유명 화가 이노쿠마 겐이치로의 작품을 약 2만 점 소장하고 있다. 건물 정면에는 건물을 가득 채운 재미있는 벽화와 생동감이 느껴지는 오브제가 전시돼 있다. 건물 3층에는 카페, 레스토랑 미모카(MIMOCA)가 있어 차를 마시거나 기획전에 맞춘 한정 메뉴를 맛볼 수 있고 2층에도 휴식 공간이 있다. 미술관 건물은 사카이데에 있는 히가시야마 가이이 세토우치 미술관을 설계한 다니구치 요시오의 작품이며 전시된 그림에도 건물에도 놀라게 된다. 시골 지역 마루가메에 상상력을 자극하고 생각을 확장시키는 이런 미술관이 있다는 데 부러움도 느낀다.

주소 香川県丸亀市浜町 80-1 **위치** JR마루가메(丸亀)역 남쪽 출구에서 도보 1분 **시간** 10:00~18:00(입장 마감 17:30) **휴관** 연말연시(12월 25~31일) 및 전시 교체 등에 따른 임시 휴관있음(임시 휴관은 홈페이지 확인) **요금** 상설전: 300엔(일반), 대학생(200엔), 무료(고교생 이하) *특별전은 전시마다 다름 **홈페이지** www.mimoca.org/ja **전화** 0877-24-7755

이노쿠마 겐이치로(猪熊 弦一, 1902~1993년)는 누구인가?
1902년 다카마쓰에서 태어나 어린 시절을 마루가메에서 보냈다. 사실적인 구상화부터 각과 원을 조합하거나 사람 얼굴과 동물을 더한 선명한 추상화 등 다채로운 화풍으로 유명하다. 그림을 그리는 데는 용기가 필요하다는 말을 자주 했으며 끊임없이 새로운 것에 대한 도전을 멈추지 않았다. 화가로서의 그의 업적은 많은 사람에게 영향을 주고 있다.

도쿠시마현
Tokushima

긴 세월이 주는 경이로움이 가득한 곳

도쿠시마현은 시코쿠 동부에 위치하며 북쪽으로는 세토내해, 남동부는 태평양에 면해 있다. 오나루토 대교를 통해 혼슈의 효고현 아와지시마와 이어지며 현청 소재지는 도쿠시마시다. 현에는 쓰루기산劍山(1,955m)을 주봉으로 하는 쓰루기 산지가 동서로 뻗어 있다. 에히메현에 있는 이시즈치산石鎚山에 이어 시코쿠에서 두 번째로 높은 쓰루기산은 도쿠시마현의 상징이다. 일대는 쓰루기 국정 공원으로 지정돼 있으며 일본에서 비경으로 손꼽히는 이야 계곡 등 때 묻지 않은 자연을 즐길 수 있다. 또 나루토의 거대 소용돌이와 세계의 명화를 도판으로 재현한 오츠카 국제 미술관 등 볼거리가 넘치며 400년의 역사를 자랑하는 아와오도리를 비롯해 전통 인형극과 염색 등 전승되는 문화도 다채롭다. 국내 생산량의 대부분을 차지하는 감귤류 스다치와 고구마 나루

토킨토키, 일본 전통 설탕 와산본 등의 특산물도 맛볼 수 있다. 이야 계곡의 비경과 거친 바다의 소용돌이, 긴 세월을 이어 온 축제, 깊은 맛이 나는 도쿠시마 라멘까지 오감을 자극하는 도쿠시마를 즐겨 보자.

• 도쿠시마현 여행 정보 www.awanavi.jp

도쿠시마

德島

도쿠시마현의 현청 소재지 도쿠시마는 '마음이 춤추는 물의 도시 도쿠시마'를 도시 이미지로 내세우는 만큼, 신마치강과 스케토강이 흐르는 도심은 조용하고 쾌적하다. 주요 관광지는 대부분 도보권에 있어서 20분 정도면 이동할 수 있지만 조용한 도쿠시마가 뜨거운 열기로 들썩이는 때가 있으니, 바로 400년을 이어 온 아와오도리 축제다. 축제는 130여만 명의 관광객이 방문할 정도로 큰 규모를 자랑한다. 또, 서민들의 대중오락으로 발전해 온 아와 인형극을 감상하는 것도 특별한 기억으로 남으며 해 질 녘이면 비잔(眉山)에 올라 계절마다 조금씩 달라지는 소도시의 풍경을 바라보는 것도 여유롭다. 가슴을 뜨겁게 하는 아와오도리, 느릿느릿 걸어서 맛보는 진한 도쿠시마 라멘까지, 소박하고 서민적인 문화가 도쿠시마 곳곳에서 숨 쉬고 있다.

- 도쿠시마시 공식 관광 사이트 funfun-tokushima.jp (한국어 지원됨)
- 도쿠시마시 관광 안내 www.city.tokushima.tokushima.jp/kankou
- 도쿠시마 관광 안내소 JR도쿠시마역 앞에 있으며 관광과 숙박 안내, 팸플릿 등을 제공한다. (전화 088-622-8556)

• 도쿠시마 교통편 •

JR도쿠시마역 앞 버스 터미널에서 고속버스나 노선버스가 출발하므로, 도쿠시마역에서 여행을 시작하면 편리하다. 시코쿠 네 개 현 중 시내 구간을 운행하는 노면 전차나 전기 철도가 없는 곳은 도쿠시마뿐이지만 도쿠시마에서는 시내의 관광지를 대부분 도보로 돌아볼 수 있다. 효탄지마 크루즈 승선장, 도쿠시마성 박물관도 도보 10분 이내로 갈 수 있고 비잔 로프웨이를 타거나 아와오도리 공연을 볼 수 있는 아와오도리 회관까지도 20분 정도면 이동할 수 있다. 나루토 공원이나 이야 계곡 방면으로 가려면 노선버스를 이용한다.

1일 승차권 1日オール乗車券 [이치니찌오루조샤켄]

2023년 1월부터, 210엔 균일 구간 내에서 이용하던 1일 승차권 대신에 전 구간을 이용할 수 있는 1일 승차권이 재탄생했다(대인 1,000엔, 소인 500엔). 도쿠시마 버스와 도쿠시마 시영버스에 한하여 하루 동안 무제한으로 이용할 수 있으며(고속버스는 제외), 도쿠시마역 앞 안내소, 고속버스 안내 센터, 나루토 영업소 등에서 구입할 수 있다.

홈페이지 tokubus.co.jp

렌탈 자전거 徳島駅前地下駐輪場レンタサイクル [도쿠시마에키마에치카추린조 렌타루사이크루]

도쿠시마역 앞 지하 자전거 주차장 내에 있는 렌탈 자전거점이다. 시내에 몇 군데 대여점이 있으나 도쿠시마역에서 가장 가까워서 편리하게 이용할 수 있다.

주소 島市寺島本町東3-4-3 **위치** JR도쿠시마역에서 바로 **시간** 06:00~22:00 **요금** 270엔(5시간 미만), 470엔(5시간 이상), 보증금 3,000엔 **홈페이지** www.awanavi.jp/spot/20675.html **전화** 088-652-6661

JR도쿠시마역
徳島駅 [도쿠시마에키]

도쿠시마 여행의 출발점

JR도쿠시마역은 도쿠시마현 여행의 출발점이다. 그다지 넓지 않은 역구내에는 JR 안내와 지정석을 예매할 수 있는 미도리노마도구치와 승객용 공간, 편의점이 있다. 개찰구를 나오면 오른쪽은 JR호텔 클레멘트와 연결돼 있고 왼쪽으로는 쇼핑센터 클레멘트 플라자와 이어진다. 열차를 탈 때는 1층 개찰구를 통과한 후 1층에서 승차한다. 버스 터미널은 JR도쿠시마역 앞에 있고 고속버스, 도쿠시마 버스와 시영 버스 승차장이 있다. 근처에는 관광 안내소도 있다.

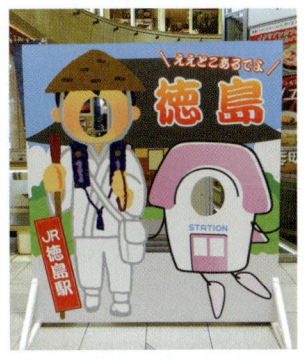

주소 徳島県徳島市寺島本町西 1丁目 **시간** 05:30~20:00 (미도리노마도구치 업무 시간) **전화** 088-622-7935

아와오도리 회관
阿波おどり会館 [아와오도리카이칸]

400년을 이어 온 아와오도리를 만나는 곳

1년 내내 아와오도리를 즐길 수 있는 시설로 1999년에 개관했다. 1층은 안내 코너와 매표소, 도쿠시마의 특산품을 구입할 수 있는 '아루데요 도쿠시마' 매장이 있고, 2층은 아와오도리 공연을 즐길 수 있는 아와오도리 홀, 3층은 아와오도리 400년 역사를 한눈에 볼 수 있는 아와오도리 뮤지엄이 있다. 도쿠시마 시내를 조망할 수 있는 비잔 정상까지 왕복하는 로프웨이역은 5층에 있다.

주소 徳島県徳島市新町橋 2丁目 20番地 **위치** JR도쿠시마(徳島)역에서 도보 15분 **휴무** 2, 6, 10월 둘째 주 수요일, 12월 28일~1월 1일 **홈페이지** awaodori-kaikan.jp **전화** 088-611-1611

아와오도리 뮤지엄 阿波おどりミュージアム [아와오도리 뮤지엄]

아와오도리 뮤지엄에서는 아와오도리의 역사와 매력을 소개한다. 아와오도리 의상과 악기, 자료를 전시해 아와오도리의 변천 과정을 알 수 있으며 모형으로 아와오도리 행렬을 재현해 놓은 것도 재미있다. 또 도쿠시마 어뮤즈먼트 로봇 연구회에서 제작한 아와오도리 춤 로봇 '오도롯트'도 전시돼 있고 입체 영상을 즐길 수 있는 '아와오도리 3D극장'도 있으니 놓치지 말자.

위치 아와오도리 회관 3층 **시간** 09:00~17:00 **요금** 300엔(고교생 이상), 무료(중학생 이하) **전화** 088-611-1611

아와오도리 공연 阿波おどりの公演 [아와오도리노코-엔]

낮에는 아와오도리의 전속 렌(連)인 '아와의 바람'이 공연한다. 고풍스러운 춤부터 현대적 감각의 춤까지 시대와 함께 변화해 온 춤을 즐길 수 있다. 야간 공연은 도쿠시마의 유명 렌 33개가 매일 한 렌씩 번갈아 출연한다. 렌마다 춤추는 방식이나 반주 음악이 조금씩 다른 점도 즐겨 볼 점이다. 낮 공연, 야간 공연 모두 공연이 끝날 때쯤 '아와오도리 체험 시간'을 마련해 관객들이 다 함께 무대에서 아와오도리를 배우며 즐길 수 있다. 제일 열심히 춘 관객에게는 상장과 작은 기념품도 선사한다. 공연장을 나오면 맞은편 창가에는 유명 렌 33개를 상징하는 제등인 다카하리초친(高張提灯)을 전시하고 있다.

위치 아와오도리 회관 2층 **시간** 낮 공연: 11:00, 14:00, 15:00, 16:00(각 40분)/ 야간 공연: 20:00~20:50 **요금** 낮 공연: 800엔(고교생 이상), 400엔(초등·중학생), 무료(초등학생 미만)/ 야간 공연: 1,000엔(고교생 이상), 500엔(초등·중학생), 무료(초등학생 미만) **전화** 088-611-1611

아와오도리를 위한 통합 이용권

아와오도리 뮤지엄과 아와오도리 낮 공연, 비잔 로프웨이 왕복 이용권 등 두 종류 이상 이용할 경우, 통합 이용권을 활용하면 좀 더 저렴하게 이용할 수 있다. 3종 통합 이용권은 1,830엔(고교생 이상), 아와오도리 뮤지엄과 비잔 로프웨이 왕복 이용권을 2종으로 한 통합 이용권은 1,130엔, 아와오도리 뮤지엄과 아와오도리 낮 공연을 묶은 통합 이용권은 1,000엔이다. 단, 밤 공연은 통합 이용권에 포함되지 않는다. 초등학생과 중학생은 3종 통합 이용권만 이용할 수 있으며 중학생 3종 통합 이용권은 1,280엔, 초등학생 3종 통합 이용권은 810엔으로 이용할 수 있다.

아와오도리에 빠지다 1

세계적으로 유명한 도쿠시마의 축제, 아와오도리(阿波おどり)

도쿠시마의 아와오도리는 시코쿠를 대표하는 축제로, 일본 최대 규모를 자랑한다. 피리와 샤미센(三味線), 북과 징 등으로 연주되는 요시코노부시(에도 시대에 유행한 노래)에 맞춰 렌(連)이라고 불리는 그룹 단위로 뛰어난 춤을 선보인다. 축제 기간인 8월 12일부터 15일까지 4일 동안 모여드는 인파는 약 130만 명으로, 도쿠시마 중심가 일대가 춤의 소용돌이에 빠진다. 오봉(일본의 추석)에 추는 춤 '봉오도리'에서 기원했다는 설을 비롯해 여러 기원설을 가지고 있으며 400년을 이어 온 지금, 일본은 물론 세계적으로도 유명하다. 고치의 요사코이 축제가 자유로움이라면 아와오도리는 춤추는 형식이 있다. 춤은 상체를 낮추고 손발을 엇바꾸어 가며 힘차게 앞으로 내밀며 나아가는 동작을 반복하는데, 최근에는 젊은이들 사이에서 자유롭게 추는 경우도 있다. 일반적으로 남성은 부채나 수건을 소품으로 쓰는 경우가 많으며 역동적인 춤을 추고, 여성은 손과 발의 움직임이 작은 우아한 춤을 춘다.

주소 徳島県徳島市新町橋 2丁目 20番地 徳島市観光協会 **위치** 도쿠시마 시내 지정 장소(JR도쿠시마역에서 도보 20분 이내) **기간** 8월 12~15일 **요금** 유료 연무장 티켓 1,200~2,200엔, 선발 아와오도리 티켓 2,000~3,800엔 **홈페이지** www.awaodorimirai.com **전화** 088-622-4010

축제 진행 과정

- **8월 11일(선발 아와오도리 대회 전야제)**
  아스티도쿠시마에서 약 80분간 개최되는 공연이다(12:00, 15:30, 19:00)

- **8월 12~15일(선발 아와오도리 대회 낮 공연)**
  도쿠시마 시립 문화 센터 아와긴 홀에서 도쿠시마의 유명 렌이 매일 3개 렌씩 출연해 약 70분간 뛰어난 아와오도리를 보여 준다(11:00, 13:30, 16:00). 아와오도리 야간 공연(18:00~22:00)은 지정된 유료 연무장에서 개최된다.

렌(連)이란?

아와오도리를 추는 그룹을 말하며 동호회나 기업, 대학, 단체 등을 단위로 구성된다. 렌의 규모는 30~500명 정도로 다양하며 이 중에서 기량이 뛰어난 렌은 '유명 렌'이라 부른다. 도쿠시마에는 '아와오도리 진흥 협회'에 소속된 16개의 렌과 '도쿠시마현 아와오도리 협회'에 소속된 17개의 렌, 총 33개의 유명 렌이 있다.

아와오도리에 빠지다 2

"오랜만이야, 잘 지냈어?"

아와오도리 춤을 추면서 '얏토사', '아, 얏토, 얏토' 하고 추임새를 넣는데 '오랜만이야, 잘 지냈어?'라는 의미라고 한다. 아와오도리에서 이 '아 얏토사! 아 얏토 얏토'는 기세 좋게 구호처럼 외칠 때 사용된다. 하지만 품고 있는 의미가 따뜻하다. 쉼 없이 상대의 안부를 물으며 추는 춤이라니. 우리가 아와오도리에서 열심히 몸을 움직일 이유는 또 있다. '춤추는 바보에 구경하는 바보, 같은 바보라면 안 추는 게 손해(踊る阿呆にみる阿呆, 同じ阿呆なら踊らにゃ損々, 오도루 아호니 미루 아호, 오나지 아호나라 오다라냐 손손).' 4일 동안 끊임없이 상대의 안부를 물으며 춤추는 바보가 되어 보자.

아와오도리 상장

"당신은 아와오도리 회관에서 개성 넘치는 춤을 보여 주고 열심히 추셨기 때문에 이 상을 드립니다. 도쿠시마 관광 협회증" 공연이 끝날 즈음 관객들도 무대 위에 올라가 커다란 원을 만들고 돌면서 다 함께 춤을 춘다. 팔다리를 내젓는 수준이지만 다 같이 원을 도는 동안 이상한 일체감이 솟아난다. 열심히 춘 사람을 선정해 작은 시상도 한다.

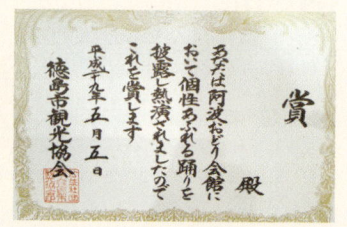

축제를 즐기려면 숙소 예약부터

아와오도리는 축제 시작 1년 전에 이미 대부분의 호텔은 예약이 끝날 정도로 대 인기다. 숙소 예약이 어려울 경우 인근의 나루토나 심한 경우 70분 거리의 다카마쓰에서 숙박하는 일이 생길지 모른다. 아와오도리 기간에 여행할 일정이라면 숙소부터 예약하는 것이 무엇보다 중요하다.

비잔 로프웨이 眉山ロープウェイ [비잔로뿌웨-]

비잔은 어느 방향에서 봐도 눈썹처럼 보인다고 해서 눈썹 산, 비잔 (眉山)으로 불린다. 도쿠시마 시내를 조망할 수 있는 비잔 정상까지는 로프웨이로 6분 정도 소요된다. 산 정상에서는 도쿠시마 평야가 펼치는 파노라마를 볼 수 있고, 도쿠시마의 동맥 요시노강과 멀리 오나루토 대교도 한눈에 볼 수 있다. 날씨가 좋을 때는 아와지시마도 조망할 수 있다. 밤에는 또 다른 느낌의 도쿠시마 야경을 즐길 수 있다.

위치 아와오도리 회관 5층 로프웨이역 **시간** 09:00~21:00, 09:00~17:30 (11~3월) *15분 간격 운행 **휴무** 연중무휴(시설 점검 시 임시 휴일 있음) **요금** 620엔(왕복 1,030엔, 중학생 이상), 300엔(왕복 510엔, 초등학생) *초등학생 이하는 어른 한 명당 한 명 무료 **홈페이지** awaodori-kaikan.jp **전화** 088-652-3617

데라마치(寺町) 산책 즐기기

아와오도리 회관을 돌아보고 시간이 남거나 조용한 거리를 산책하고 싶다면 데라마치를 걸어 보자. 데라마치는 아와오도리 회관의 북쪽 일대에 위치해 있으며 20개가 넘는 사찰이 모여 있는 조용한 지역이다. 골목 안에는 비잔 산 기슭에서 솟아나는 명수 긴료스이(錦竜水)를 받으러 골목 안 샘터로 물통을 들고 찾아오는 시민들도 볼 수 있다. 이 물로 만든 다키노야키모찌(다키노 떡)는 도쿠시마 지역에서 많이 판매되는 데라마치의 명물이다. 봄에는 갖가지 꽃이 피어 산책길이 더 즐거워진다. 아와오도리 회관을 나와 데라마치와 반대 방향으로 가면 에도 시대의 정원이 있는 즈이간지(瑞巌寺)도 만날 수 있다.

도쿠시마성 박물관
徳島城博物館 [도쿠시마조하쿠부쯔칸]

성터를 걸으며 옛 성을 그려 보다

도쿠시마성 박물관은 도쿠시마번과, 번주 하치스카 가문에 대한 자료를 수집하고 보존한 곳이다. 도쿠시마의 역사와 문화에 관한 이해를 높이고 새로운 시민 문화 창조를 목표로 1992년에 개관했다. 성은 없어졌지만 돌담과 오모테고텐 정원이 남아 당시의 모습을 추측하게 한다. 상설 전시실에서는 도쿠시마번과 하치스카 가문에 관한 내용을 번정의 변천, 다이묘의 생활과 문화, 성의 구조, 성 주변 마을의 생활, 아와 수군의 활약 등 5개의 테마로 구성해서 전시하고 있다. 계절에 따라 벚꽃놀이와 장미 정원의 화려한 꽃을 즐길 수 있어서 시민들의 발길이 끊이지 않는다.

주소 徳島市徳島町城内 1番地의 8 **위치** JR도쿠시마(徳島)역에서 도보 10분 **시간** 09:30~17:00(입장 마감 16:30) **휴관** 월요일(공휴일인 경우 그다음 날 휴관), 12월 28일~1월 4일 *특별전 개최 준비 등 부정기 휴일 있음 **요금** 300엔(일반), 200엔(고교·대학생), 무료(중학생 이하) **홈페이지** www.city.tokushima.tokushima.jp/johaku **전화** 088-656-2525

구 도쿠시마성 오모테고텐 정원
旧徳島城表御殿庭園 [큐도쿠시마조 오모테고텐테이엔]

도심 속 고요한 옛 정원

도쿠시마 중앙 공원에 있는 도쿠시마성 박물관 옆에 있는 구 도쿠시마성 오모테고텐 정원은 1,600년경에 만들어진 회유식 정원이다. 모모야마 양식이 잘 남아 있어서 1941년에 국가 명승으로 지정됐다. 돌과 모래로 물을 표현한 정원과 인공적으로 산과 연못을 만든 정원으로 구성됐으며 다도의 명인 우에다 소코(上田宗箇)가 조성했다고 알려져 있다.

주소 徳島市徳島町城内 1番의 8 **위치** JR도쿠시마(徳島)역에서 도보 10분 **시간** 09:30~17:00(입장 마감 16:30) **휴원** 월요일(공휴일인 경우 그다음 날 휴원), 12월 28일~1월 4일 **요금** 50엔(대인), 30엔(소인) **전화** 088-621-5178

효탄지마 크루즈
ひょうたん島クルーズ [효탄지마 크루-즈]

언제 타도 기대 이상
도쿠시마 중심부의 신마치강과 스케토강으로 둘러싸인 모래톱을 '효탄지마(표주박섬)'라고 부른다. 마치 표주박 모양 같다 하여 붙은 애칭이다. 효탄지마 크루즈는 효탄지마의 주위 약 6km를 일주하는 모터보트다. 도쿠시마역에서 도보 10분 거리의 료고쿠바시(両国橋) 근처에 있는 선착장에서 출항해 물 위를 달리며 도쿠시마 시내를 조망할 수 있다. 도중에 약 20개의 다리를 지나는데 만조 시에 아슬아슬하게 다리 아래를 지나는 것도 스릴 만점이다.

주소 徳島市 新町川周辺 **위치** JR도쿠시마(徳島)역에서 도보 10분 **시간** 11:00~15:40(40분마다 출항), 11:00~19:40(7, 8월), 09:00~22:00(아와오도리 축제 기간 중) **휴무** 연중무휴(단, 악천후는 운휴) **요금** 무료 / 보험료: 400엔(대인), 200엔(소인) **홈페이지** www2.tcn.ne.jp/~nposhinmachigawa **전화** 088-621-5232

효탄지마 크루즈 체험하기

효탄지마 크루즈를 타고 나면 가격 대비 만족감이 커서 "나 크루즈 여행 다녀왔어."라고 자랑하고 싶어질지 모른다. 가족과 연인도 좋고 혼자라도 꼭 타 보자. 400엔으로 30분간 마음껏 즐기는 후회 없는 크루즈 여행이다. 크루즈(사실 보트지만 도쿠시마의 작명 센스를 존중한다) 운전자가 쉴 새 없이 다리나 주변 경관을 설명해 주기 때문에 잠시도 눈과 귀가 쉴 틈이 없다. 만조 시에는 세 군데 다리를 통과할 때 좌석에서 내려와 바닥에서 고개를 숙여야 한다. 앉았다 구부렸다 하며 30분간 온몸으로 크루즈를 경험할 수 있으며 특히 일몰 즈음에는 아름다운 경치로 만족감 상승이다. 생각보다 바람이 강하니 모자를 썼다면 주의하자.

아와주로베 야시키
阿波十郎兵衛屋敷 [아와주로베 야시키]

아와 인형극의 매력이 넘치는 무대

아와 인형극(닌교조루리)의 거점 시설로 인형극 〈게이세이 아와노나루토(傾城阿波の鳴門)〉의 실제 주인공 반도 주로베가 살던 옛 저택이다. 전시실에서는 나무 인형과 무대에서 사용하는 도구 등으로 아와 인형극에 대한 이해를 도우며 인형의 표정이 변하거나 각 부분이 작동되는 원리를 알 수 있도록 다양한 인형을 효과적으로 보여 주고 있다. 인형극 상영관에서는 매일 국가 중요 무형 민속 문화재인 아와 인형극을 상연하며 상연 후에는 인형 조종사들과 기념 촬영도 할 수 있다.

주소 德島市川内町宮島本浦 184 **위치** JR도쿠시마(德島)역 앞 도쿠시마 시영 버스 터미널 7번 승차장에서 가와우치 순환버스(川内循環バス) 승차, 주로베야시키(十郎兵衛屋敷) 정류장 하차 **시간** 09:30~17:00, 09:30~18:00(7월 1일~8월 31일)/ 상연 시간(약 35분): 11:00(1~2월), 11:00, 14:00(3~12월), 10:00, 11:00, 14:00, 16:00(8월 12~15일) **휴무** 12월 31일~1월 3일 **요금** 410(일반), 300엔(고교생, 대학생), 200엔(초등·중학생) **홈페이지** joruri.info/jurobe **전화** 088-665-2202

아와 인형극 阿波 人形浄瑠璃 [아와 닌교조루리]

·TIP·

인형극(人形浄瑠璃, 닌교조루리)은 노(能), 가부키(歌舞伎)와 더불어 일본 3대 전통극의 하나다. 근세 초에 성립된 서민을 위한 인형극으로, 샤미센 음악에 맞춰 이야기를 읊는 조루리에 인형극이 시각적 요소를 더해 일체화된 전통 예능이다. 검은 옷과 두건으로 몸을 가린 세 명의 인형 조종사가 한 팀이 되어 인형의 표정과 움직임을 조종하며 내레이터에 해당되는 다유(太夫)와 샤미센 반주와 함께 완성해 간다. 특히 아와 인형극은 농민들의 대중 오락으로 인기를 얻으며 발전했기 때문에 대담하고 화려한 움직임을 보여 주며 단순하고 소박한 곡조가 사용된다. 인형극에 등장하는 인형도 대형 목각 인형을 사용하는 것이 특징이다 ('아와'는 도쿠시마현을 가리키는 옛 지명).

아와 목각 인형 회관
阿波木偶人形会館 [아와데코닌교카이칸]

아와 인형극 인형에 관심이 생겼다면 여기로

아와주로베 야시키에서 아와 인형극을 보고 인형극에 대한 관심이 생겼다면 도보 2분 거리에 있는 아와 목각 인형 회관에 들러 보자. 인형극 인형의 종합 전시관으로, 100여 개의 목각 인형과 자료가 전시돼 있다. 인형 머리의 제작 과정을 설명하고 얼굴 표정이 변화하는 구조에 대한 설명도 해주며 영상으로 인형극을 상영해 주기도 하니 인형에 관심이 많은 사람이라면 유익한 시간을 보낼 수 있다.

주소 德島県德島市川内町宮島本浦 226-1 **위치** JR 도쿠시마역 앞 도쿠시마 시영 버스 터미널 7번 승차장에서 가와우치 순환버스(川内循環バス) 승차, 주로베 야시키(十郎兵衛屋敷) 정류장 하차 후 도보 2분 **시간** 09:00~17:00 **휴관** 일요일, 첫째, 셋째 주 월요일(1~3월), 매주 월요일(4~12월) **요금** 500엔(대인), 400엔(학생), 300엔(초등학생) **홈페이지** awadeko.com **전화** 088-665-5600

도쿠시마역 바루
德島駅バル [도쿠시마에키 바루]

도쿠시마역에서 간편하게 즐기는 다양한 먹거리

도쿠시마역 클레멘트 플라자 지하 1층에는 다양한 음식점 8개 점포가 늘어서 있는 도쿠시마역 바루가 있다. 초밥을 비롯해 인도 요리, 중화요리, 이자카야 등 갖가지 음식을 맛볼 수 있고 역을 오갈 때 편리하게 이용할 수 있어서 퇴근 시간 때면 직장인들로 활기를 띠는 곳이다.

'바루'는 식당이나 바를 겸한 음식점을 말하는데, 저녁에 문을 여는 이자카야와 달리 모닝 커피를 마시거나 런치도 이용할 수 있으므로 카페와 같은 요소도 있는 곳이다.

주소 德島県德島市寺島本町西1-61 **위치** JR도쿠시마역 클레멘트 플라자 지하 1층 **시간** 11:00~23:00 **휴무** 도쿠시마역 클레멘트 플라자 휴무일과 동일 **전화** 088-676-2084

추추추러스 카페(도쿠시마 역전점)
チュチュチュロスカフェ徳島駅前店 [추추추로스 카훼 도쿠시마에키마에텐]

맛있는 추러스 카페

JR도쿠시마역 앞에 있는 추러스 전문점이다. 도쿠시마산 쌀가루에 도쿠시마의 전통적인 고급 설탕 와산본을 사용해 단맛이 깔끔하다. 오이리를 올린 붓카케 추러스가 인기며 추러스 단품도 맛볼 수 있다. 카운터석이 있지만 상당히 좁은 편이어서 포장이 편하다. 커피 등 음료도 판매한다.

주소 徳島県徳島市寺島本町西 1丁目 55-1F **위치** JR도쿠시마(徳島)역에서 도보 2분 **시간** 11:00~20:00 **휴무** 부정기적 휴무 있음 **가격** 190엔~(시나몬 추러스) **전화** 088-657-7665

도쿠시마 커피와 스위트 즐기기 ·TIP·

커피나 달콤한 스위트를 먹으며 잠시 쉬고 싶다면 도쿠시마역에 있는 스타벅스가 가까워서 가장 이용하기 편하다. 하지만 여행 중이니 한국에 없는 곳에 가보자. 먼저, 오한야키(오방떡) 집 아타리야 옆에 마터스 커피(mother's COFFEE, マザーズ 徳島駅前店, 마자-즈 도쿠시마에키마에텐)가 있다. 가게의 인기 메뉴인 달콤한 단팥죽(젠자이)을 먹고 여행 기운을 되찾자. 또 도쿠시마역에서 도보 6분 거리의 다카시마 커피점(たかしまコーヒー店, 다카시마 코-히-텐)도 30년 넘게 커피와 샌드위치로 사랑받는 곳이다. 다카시마 커피점에 가면 샌드위치도 함께 맛볼 것을 추천한다. 세월의 흔적이 가득한 접시에 담겨 나오는 샌드위치는 소박하고 든든한 한 끼다.

아타리야
あたりや [아타리야]

도쿠시마 대표 간식

도쿠시마의 인기 오한야키(오방떡) 가게 아타리야의 오한야키을 맛보자. JR도쿠시마역에서 아와오도리 회관으로 가다 보면 오른쪽에 긴 줄이 늘어서 있어 바로 찾을 수 있다. 1951년에 문을 연 가게 앞에는 추억의 맛을 지나치지 못하는 동네 할머니, 할아버지부터 어린아이까지 다양한 세대가 길게 줄을 서 있다. 적당하게 달기 때문에 질리지 않으며, 첨가제를 전혀 사용하지 않은 팥을 계속 사용해 온 것이 70년 이상 사랑받아 온 비결이다. 한 개만 사는 사람도 있지만 대부분이 작은 상자에 10~30개 정도 포장해 간다. 오한야키 한 종류만 판매하며 포장만 가능하다.

주소 徳島県 徳島市 元町 1-24 アミコビル 1F **위치** JR도쿠시마(徳島)역에서 도보 3분 **시간** 10:30~18:00 **휴무** 화요일 **가격** 90엔(오한야키 1개) **전화** 088-652-9761

교자노오쇼
餃子の王将 [교-자노 오-쇼-]

다양하고 저렴한 중화 음식을 즐기자

교자노오쇼(만두의 왕장)는 교토에 본점을 둔 중화 음식 프랜차이즈점이다. 교자와 일품요리, 면류, 주류와 음료 등 음식 종류도 다양하고 저렴해서 퇴근 시간이면 직장인들로 북적이다. 1층 카운터석은 매일 거의 만석이고 2층은 비교적 넉넉한 편이다. 6개들이 교자가 250엔, 일품요리가 500~600엔 대로 부담 없는 가격이지만 조금 짜게 느끼는 사람도 있을지 모른다.

주소 徳島県 徳島市 一番町 3-23-1 **위치** JR도쿠시마(徳島)역에서 도보 3분 **시간** 11:00~22:00 **휴무** 화요일 **가격** 250엔(교자 6개들이) **홈페이지** www.ohsho.co.jp **전화** 088-626-2480

도스테
鳥巣亭 [도스테]

신마치 강가의 심야 식당

도스테는 도쿠시마 시내를 유유히 흐르는 신마치 강가에 위치한 아담한 이자카야다. 퇴근길에 들른 직장인들의 웃음소리가 끊이지 않는다. 주방에서 음식을 만드는 주인장도 손님들의 이야기에 고개를 끄덕이거나 웃으며 조화를 이룬다. 드라마 <심야 식당>의 확장판 같은 분위기다. 도스테의 대표 메뉴는 맥주와 잘 어울리는 아와오도리 모모야키다. 아와오도리(阿波尾鶏)는 도쿠시마에서 사육한 고급 닭 품종으로, 닭다리 살을 발라서 구워 부드럽고 쫄깃한 식감이 만족스럽다. 도스테 앞에 있는 다리가 료고쿠바시(両国橋)며 효탄지마 크루즈 승선장은 바로 근처에 있다. 크루즈를 타고 야경을 즐긴 후 가볍게 들르기에도 좋다.

주소 徳島県 徳島市 両国本町 2-18 **위치** JR도쿠시마(徳島)역에서 도보 8분 **시간** 11:30~13:30, 17:00~21:40 **휴무** 일요일 **가격** 1,080엔(아와오도리 모모야키) **전화** 088-652-1773

잇코
骨付き阿波尾鶏 一鴻 秋田町本店 [호네쯔키아와오도리 잇코 아키타마치 혼텐]

아와오도리를 즐길 수 있는 곳

전국의 브랜드 닭 중에서 언제나 최상위 순위를 유지하는 아와오도리(阿波尾鶏)를 즐길 수 있는 이자카야로 인기 메뉴는 '호네쓰키 아와오도리 히나, 오야(뼈 있는 닭다리, 영계, 노계)'다. 17종류의 비법 재료로 맛을 내고 숙성시킨 후 구워 내서 겉은 바삭하고 속은 부드럽다. 포장도 가능하며 코스 요리, 음료 메뉴도 다양하다.

주소 徳島県徳島市仲之町 1-46 アクティアネックスビル 2F **위치** JR도쿠시마(徳島)역에서 도보 10분 **시간** 17:00~24:00 **휴무** 부정기적 휴무 있음 **가격** 1,280엔(호네쓰키아와오도리) **홈페이지** www.i-kko.com **전화** 088-623-2311

도쿠시마 라멘 로드

우동 문화가 강한 시코쿠에서 주카소바로 불리며 도쿠시마 사람들에게 오랫동안 사랑받았던 라멘은 90년대 후반부터 서서히 전국으로 알려지게 됐다. 지금은 시내에 라멘집이 100여 개가 있을 정도로 라멘 사랑이 대단하다. 도쿠시마 라멘은 기본적으로 돼지 뼈 국물에, 달고 짭짤하며 농후한 맛이 특징이다. 라멘 위에 올리는 토핑으로는 계란과 돼지고기가 많다. 진한 국물 때문에 호불호가 갈리는 음식이지만 아직 맛본 적이 없다면 한 번 먹어보자. 도쿠시마 라멘이 입에 맞는다면 백화점 지하나 특산품점에 가면 유명 가게에서 만든 라멘과 인스턴트라멘, 컵라멘 등 다양한 도쿠시마 라멘이 있으니 구입하면 된다.

주카소바 이노타니
中華そば いのたに [추카소바 이노타니]

도쿠시마 라멘의 원조

1966년에 창업한 이노타니는 1999년에 '신요코하마 라멘 박물관' 출점을 계기로 도쿠시마 라멘을 전국에 알리면서 흔히 도쿠시마 라멘의 원조라 불린다. 돼지 뼈에 해산물과 야채를 넣어 푹 끓여 낸 진한 국물은 뒷맛이 시원하며 직접 뽑은 면과 국물의 조화도 좋다. 안에 놓인 식권 자판기에서 종류와 양, 토핑을 정해 식권을 구입한 후 직원에게 건네주면 된다. 가게 벽면을 가득 채운 유명인의 사인을 보면 이노타니의 위상이 느껴진다.

주소 徳島市西大工町 4丁目 25 **위치** JR도쿠시마(徳島)역에서 도보 15분 **시간** 10:30~17:00(다 팔리면 영업 종료) **휴무** 월요일(공휴일인 경우 다음 날 휴점) **가격** 600엔(주카소바 주모리) **전화** 088-653-1482

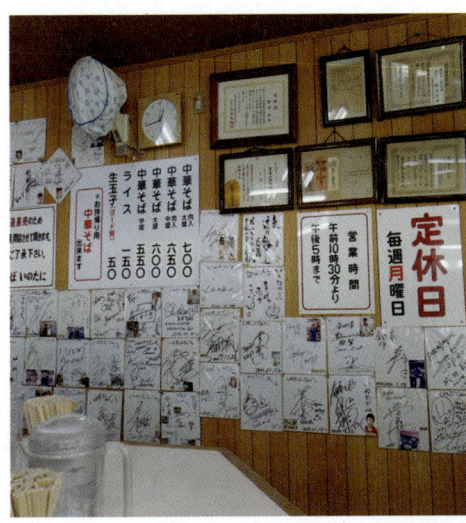 

신요코하마 라멘 박물관

신요코하마에 있는 라멘에 대한 모든 것이 전시된 박물관이다. 1950년대 일본 거리를 재현한 분위기 있는 공간에서 전국 유명 라멘집 아홉 점포의 다양한 맛을 즐길 수 있다. 각 지역을 대표하는 라멘집들이 모여 있는 만큼 늘 방문객들이 끊이지 않는 곳이다.

라멘을 주문할 때 면발을 선택할 수 있으니 주문할 때 말해 보자.
- 야와 (やわ) 오래 삶아 부드러운 면발
- 카타 (かた) 꼬들한 면발
- 후츠우 (ふつう) 보통 면발
- 바리카타 (バリかた) 많이 꼬들한 면발

긴자 잇푸쿠(본점)
銀座一福 本店 [긴자 잇뿌쿠 혼텐]

아는 사람만 아는 라멘집

1951년 창업 이래 메인 메뉴로 주카소바를 계속 이어 왔으며 여행자나 다른 현 사람들에게는 잘 알려 지지 않았지만 도쿠시마 애호가라면 누구나 아는 가게다. 돼지 뼈와 야채를 넣고 푹 끓인 국물에 돼지고기, 버섯, 파, 숙주를 올린 주카소바는 이노타니의 주카소바와 비교하며 먹어도 즐겁다. 현재 3대째 가업을 잇고 있으며 차슈라멘도 맛있지만 추천 메뉴는 주카소바다.

주소 德島県 德島市 銀座 10 1F **위치** JR도쿠시마(德島)역에서 도보 10분 **시간** 11:00~21:30(주문 마감 21:00) **휴무** 월요일(공휴일일 경우 영업) **가격** 600엔(주카소바) **홈페이지** www.ginzaippuku.com **전화** 088-652-2340

라이라이
来来 [라이라이]

도쿠시마식 맛있는 라멘

아담한 규모의 라이라이는 예전 그대로의 도쿠시마식 주카소바를 맛볼 수 있어서 오랫동안 도쿠시마 시민들의 사랑을 받고 있다. 짠맛이 다소 강한 것이 특징이며 라멘 위에 올리는 담백한 차슈와 잘 어울린다. 새벽 2시까지 영업을 하기 때문에 늦은 시간에도 손님이 끊이지 않는다. 도쿠시마의 밤거리를 걷다가 진한 도쿠시마 라멘의 매력을 즐겨 보자.

주소 德島県德島市八百屋町1-8 **위치** 도쿠시마역에서 도보 5분 **시간** 11:00~15:00, 18:00~새벽 02:00 **휴무** 일요일 **가격** 600엔(주카소바) **전화** 088-652-4975

도다이 라멘
ラーメン東大 大道本店 [라-멘토-다이오-미치혼텐]

라멘계의 도쿄대학을 목표로

도다이 라멘의 특징은 야채를 전혀 사용하지 않고 돼지 뼈 본연의 맛과 풍미를 최대한 끌어낸 진한 국물이다. 면과 진한 국물이 어우러져 탄력 있는 식감을 즐길 수 있다. 테이블에 있는 계란은 무료니 계란을 터트려 고기, 면과 함께 먹는 걸 추천한다.

주소 德島県 德島市大道 1-36 **위치** JR도쿠시마(德島)역에서 도보 15분 **시간** 11:00~새벽 04:00(다 팔리면 영업 종료) **휴무** 연중무휴 **가격** 650엔(도다이 라멘) **홈페이지** ramen-todai.com **전화** 088-655-3775

라멘죽을 아시나요? *TIP

면을 다 먹은 후 휴대용 전자레인지에 밥과 계란, 치즈를 넣고 한꺼번에 끓여 일종의 라멘죽을 만들어 먹는 사람도 있다. 밥, 치즈 각각 100엔, 계란 무료. 도쿠시마 라멘이 입에 맞으면 도전해 보자. 동대(東大)라는 이름은 '라멘계의 도쿄대학'이라는 의미다. '라멘계의 서울대'라고 하면 바로 느낌이 온다.

멘오(도쿠시마 본점)
麵王 德島駅前本店 [멘오-도쿠시마에끼마에 혼텐]

인기 있는 도쿠시마 라멘집

멘오는 도쿠시마 라멘 체인점으로, 국내외에 20개 가까운 지점이 있다. 그중 JR도쿠시마역과 가까운 본점은 늦게까지 가게 앞에 줄이 있을 정도로 인기다. 진한 돼지 뼈 육수에 돼지고기를 올린 기본에 다양한 토핑과 양념으로 취향에 맞게 먹어 보자. 면발의 정도도 선택할 수 있다. 도쿠시마에서 먹을 기회를 놓쳤다면 JR다카마쓰역 부근에도 멘오 지점이 있다.

주소 德島県德島市寺島本町東 3-6 旭ビル 1F **위치** JR도쿠시마(德島)역에서 도보 3분 **시간** 10:00~24:00 **휴무** 연중무휴 **가격** 650엔(도쿠시마 라멘) **홈페이지** www.7-men.com **전화** 088-623-4116

나루토

鳴門

도쿠시마현의 동북부에 위치한 나루토시는 나루토 해협을 사이에 두고 혼슈의 아와지섬과 마주하고 있다. 1985년에 개통된 오나루토 대교를 통해 시코쿠와 간사이 지역을 연결하는 교통의 요충지이기도 하다. 나루토시에서 가장 유명한 곳이라면 단연 세계 3대 조류로 손꼽히는 나루토 해협의 급류와 거대한 소용돌이다. 전망대에서 거대 소용돌이를 내려다보며 장엄한 장면을 지켜봐도 좋고, 관조선을 타고 소용돌이 가까이 다가가는 것도 박진감으로 넘친다. 또, 거친 파도 속에서 자란 탄력 있는 도미 요리도 놓치면 아쉽다. 근처에는 각국의 유명 명화를 도기판에 재현한 세계 최초의 도판 명화 미술관 '오츠카 국제 미술관'이 자리하고 있다.

• 나루토 여행 정보 www.naruto-kankou.jp

• 나루토 교통편 •

나루토 여행이 시작되는 나루토 공원까지는 JR나루토역에서 나루토 공원행 버스를 타거나(소요 시간 25분 정도), JR도쿠시마역에서 출발하는 나루토 공원행 버스를 이용하면 된다(소요 시간 80분 정도).

우즈노미치
渦の道 [우즈노미치]

거친 소용돌이 위를 걷다

나루토 해협의 소용돌이는 세토내해와 기스이도(紀伊水道)의 조수 간만의 차이에 의해 거센 조류가 발생하면서 생기는 자연 현상으로, 세계 3대 조류로 유명하다. 우즈노미치는 오나루토 대교의 차도(車道) 아래 공간을 이용해 만든 길이 450m의 해상 산책로다. 특히 전망실에서 내려다보는 소용돌이는 압권으로, 대형 유리 바닥을 통해 불과 45m 아래에서 요동치는 소용돌이를 내려다볼 수 있다. 사계절 중 봄과 가을 사리 때 발생하는 소용돌이는 지름 20m에 이르러 세계 최대 규모를 자랑한다. 소용돌이는 썰물 때는 태평양 쪽에, 밀물 때는 세토내해 쪽에서 발생한다. 우즈노미치에 가기 전 가장 큰 소용돌이를 볼 수 있는 시간을 미리 확인해 두자. 아래 사이트에서 제시한 시간을 전후해서 1~2시간까지 소용돌이를 볼 수 있다. 나루토 조견표 www.uzunomichi.jp/tide-calendar

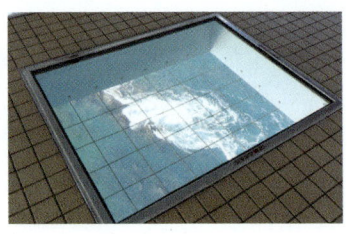

주소 德島県鳴門市鳴門町(鳴門公園内) **위치** 노선버스 나루토코엔(鳴門公園) 정류장 하차 후 도보 5분 **시간** 09:00~18:00(입장 마감 17:30), 09:00~17:00(10~2월, 입장 마감 16:30) **휴무** 3, 6, 9, 12월 둘째 주 월요일(악천후일 때 폐관하는 경우 있음) **요금** 510엔(일반), 410엔(중고생), 250엔(초등학생) **홈페이지** www.uzunomichi.jp **전화** 088-683-6262

소용돌이를 즐기는 다양한 방법

가장 일반적인 방법은 우즈노미치에서 45m 아래 바다를 내려다보는 것이다. 좀 더 적극적으로 소용돌이를 즐기고 싶다면 세 종류의 '관조선'을 선택해 타는 방법이 있다. 멀리서 조망하는 기분으로 보려면 전망대 '에스카히루 나루토'에 오르면 된다. 과학적인 시각으로 나루토 소용돌이를 바라보고 싶다면 '오나루토교 가교 기념관 에디'를 이용하면 된다. 이 중 두 군데씩 묶어서 판매하는 공통 입장권이 있으니 두 군데를 간다면 공통 입장권을 구입해 보자.

• **공통 입장권**

❶ 우즈노미치+오나루토 대교 가교 기념관 에디= 900엔
❷ 우즈노미치+에스카히루 나루토= 710엔
❸ 우즈노미치+우즈시오 기선= 1,850엔
❹ 우즈노미치+우즈시오 관조선(완다나루토)= 2,030엔

오나루토 대교 가교 기념관 에디
大鳴門橋架橋記念館エディ [오나루토쿄-카쿄-키넨칸에디]

과학적 시각으로 소용돌이를 분석하자

나루토코엔 버스 정류장에서 하차 후 우즈노미치로 가는 길 오른쪽에 위치한 기념관이다. '소용돌이'와 '다리'라는 테마로 아이부터 어른까지 즐길 수 있는 공간이다. 소용돌이가 생기는 원리나 오나루토 대교의 구조에 대해 소개하고 있으며 물속에서 요동치는 소용돌이와 봄에 발생하는 거대 조류를 체감할 수 있는 극장, 자전거로 오나루토 대교를 건너는 시뮬레이션, 트릭 아트, 미니 수족관 등 체험형 전시물과 볼거리가 가득하다. 옥상 전망대에서는 오나루토 대교 등 주변을 전망할 수 있다.

주소 徳島県鳴門市鳴門町土佐泊浦 鳴門公園内 **위치** 노선버스 나루토코엔(鳴門公園) 정류장 하차 후 도보 4분 **시간** 09:00~17:00, 08:00~18:00(오봉 등 연휴) **휴무** 연중무휴 **요금** 620엔(일반), 410엔(중고생), 260엔(초등학생) **홈페이지** www.uzunomichi.jp **전화** 088-687-1330

우즈노야
うづ乃家 [우즈노야]

거친 소용돌이 속에서 자란 싱싱한 도미를 맛보자

나루토 공원 안에 있는 우즈노야는 특산물 판매와 식당을 겸하고 있다. 1층은 나루토의 특산품이나 명물을 판매하는 판매점이며 모래땅에서 자란 고구마 나루토 킨도키(鳴門金時)와 오나루토 대교 아래서 자란 쫄깃한 미역이 인기다. 2층 레스토랑에서는 나루토의 거친 소용돌이 속에서 자란 싱싱한 도미를 주재료로 덮밥, 가이세키 요리, 도시락 등을 판매하는데 도미덮밥(다이돈부리)이 가장 인기 메뉴다. 나루토 해협에서 잡아 올린 도미는 탄력이 살아 있어서 식감이 좋으며 두툼한 살점에서는 단맛이 돈다. 도미 뼈를 우려낸 국물로 끓인 미역국도 시원하고 맛이 깊다.

주소 徳島県鳴門市鳴門町鳴門公園千畳敷 **위치** 노선버스 나루토코엔(鳴門公園) 정류장 하차 후 도보 10분 **시간** 08:00~18:00(1층 매점), 09:00~17:00(2층 레스토랑) **휴무** 연중무휴 **가격** 1,950엔(도미덮밥) **홈페이지** uzunoya.com **전화** 088-687-0150

에스카히루 나루토
エスカヒル鳴門 [에스카히루 나루토]

나루토 공원의 절경 포인트

나루토 해협의 소용돌이와 오나루토 대교를 한눈에 조망하며 절경을 즐길 수 있는 전망대다. 길이 68m를 자랑하는 관광용 에스컬레이터로 올라가면 나루토 공원이 한눈에 내려다보이는 절경이 펼쳐진다. 1층은 특산물점, 4, 5층은 레스토랑이 있으며 4층 레스토랑 '주카이(樹海)'에서는 나루토 소용돌이 정식을 즐길 수 있다.

주소 德島県鳴門市鳴門公園 **위치** 노선버스 나루토코엔(鳴門公園) 정류장 하차 후 도보 10분 **시간** 08:30~17:00(계절 따라 변동 있음) **휴무** 연중무휴 **요금** 400엔(고교생 이상), 100엔(초등·중학생) **홈페이지** www.narutokanko.co.jp/eskahill **전화** 088-687-0222

관조선에서 즐기는 나루토 해협

나루토 해협의 소용돌이를 가장 가까이에서 즐기려면 바다 위로 나가 보자. 자신에게 맞는 방법으로 거친 바다 위에서 소용돌이를 즐겨 보자. 소용돌이는 계절과 시간에 따라 볼 수 있는 시간대가 달라진다. 시기에 따라 소용돌이가 없는 경우도 있으며 볼 수 있는 시간도 때에 따라 변하기 때문에 승선 전에 조견표를 참고해 전후 1~2시간 사이에 이용할 것을 추천한다.

우즈시오 관조선 제공 조견표 http://www.uzusio.com/siomi

• 대형 관조선 완다나루토 わんだーなると

정원이 399명인 대형 관조선으로, 예약할 필요 없이 출항 10분 전까지 승선장으로 가면 된다. 소형선에 비해 흔들림이 적기 때문에 안정적이며 엔진 2,000마력의 힘으로 안전하게 소용돌이 가까이까지 접근할 수 있다. 9시부터 40분 간격으로 하루 12편 운항하며 탑승 시간은 30분이다.

주소 徳島県鳴門市鳴門町土佐泊浦字大毛 264-1 **위치** 노선버스 나루토칸코코(鳴門観光港) 정류장 하차 후 도보 1분 **시간** 08:00~17:00 **요금** 1,800엔(일반), 900엔(초등학생) *1등 객실은 기본요금에 일반 1,000엔, 초등학생 500엔 추가 **홈페이지** www.uzusio.com **전화** 088-687-0101(우즈시오 관조선)

• 고속 관조선 우즈시오 기선 うずしお汽船

가메우라항에서 출항하는 소형 고속 관조선 우즈시오 호(우즈시오 기선)는 나루토 해협까지 3분 만에 도착하는 고속정이다. 정원은 86명이고 30분 간격으로 운항하며 소요 시간은 20분이다. 굉음을 울리며 용솟음치는 소용돌이를 가까이에서 박진감 있게 지켜 볼 수 있다.

주소 徳島県鳴門市鳴門町土佐泊浦字福池 65-63(大塚国際美術館裏亀浦漁港) **위치** 노선버스 가메우라구치(亀浦口) 정류장 하차 **시간** 08:00~16:30(30분 간격으로 운항) **요금** 1,600엔(일반), 800엔(초등학생), 유아 무료(어른 한 명당 유아 한 명 무료) **홈페이지** www.uzushio-kisen.com **전화** 088-687-0613(우즈시오 키센)

• 소형 수중 관조선 아쿠아 에디 アクアエディ

아쿠아 에디는 수면 1m 아래 있는 수중 전망실과 갑판에서 소용돌이를 볼 수 있는 관조선이다. 가장 큰 장점은 고속선의 스피드를 즐기면서 배 갑판과 바닷속, 양쪽에서 소용돌이를 볼 수 있다는 것이다. 수중 전망실은 기다란 좌석이 2열로 배치돼 있고 투명한 유리를 통해 바닷속에서 소용돌이를 감상할 수 있다. 9시 15분부터 약 30분 간격으로 하루 15편 운항하며 탑승 시간은 25분이다. 정원이 46명인 소형선이니 사전 예약이 필요하다(홈페이지에서 예약 가능).

주소 徳島県鳴門市鳴門町土佐泊浦字大毛 264-1 **위치** 노선버스 나루토칸코코(鳴門観光港) 정류장 하차 후 도보 1분 **시간** 08:00~17:00 **요금** 2,400엔(일반), 1,200엔(초등학생) **홈페이지** www.uzusio.com **전화** 088-687-0101(우즈시오 관조선)

나루토 관광항에서 돌아가는 버스

관조선을 탄 후 도쿠시마역이나 나루토역으로 이동하는 경우, 나루토관광항(鳴門観光港, 나루토칸코-코-) 정류장에서 출발하는 도쿠시마역행 마지막 버스는 16시 59분이고 나루토역행 마지막 버스는 17시 24분이다. 이 버스를 놓치면 도보 15분 거리에 있는 오츠카 국제 미술관까지 걸어가서 버스를 탈 수는 있지만 도쿠시마역까지 가려면 중간에 환승을 해야 하는 등 불편이 있으므로 시간을 잘 확인하도록 한다. (주말에는 마지막 버스가 18시 9분이다. 버스 운행 시간은 변경되는 경우가 있으므로 여행 전 미리 확인해 두자.)

료젠지
靈山寺 [료젠지]

88사 순례의 시작 1번 절

료젠지는 8세기경 일왕의 명을 받고 승려 교기가 창건한 절로 알려져 있다. 경내는 본당과 대사당, 부속 건물 등이 들어서 있다. 시코쿠 88개 사찰 순례의 출발지인 1번 절이기 때문에 순례를 시작하려는 오헨로들로 북적인다. 종합 안내소에서는 기념 묵서와 도장을 받기 위한 노트인 납경장, 주소와 이름을 적어 대사당과 본당에 바치는 오사메후다, 경전과 지팡이, 백의(흰옷) 등 다양한 헨로용품을 판매하기 때문에 첫 출발의 의미를 담고 이곳에서 용품을 준비하려는 헨로들이 많다. JR반도역을 나오면 길에 초록색 페인트로 선을 그어 놓았다. 그 선을 따라 10분쯤 걸어가면 1번 절 료젠지에 다다른다.

주소 德島県鳴門市大麻町板東塚鼻 126　**위치** JR반도(板東)역에서 도보 10분　**휴무** 연중무휴　**요금** 무료　**홈페이지** www.88shikokuhenro.jp/tokushima/01ryozenji　**전화** 088-689-1111

오츠카 국제 미술관
大塚国際美術館 [오츠카코쿠사이비주쯔칸]

세계 최초의 도판 명화 미술관

오츠카 국제 미술관은 오츠카 제약그룹이 1998년에 창립 75주년을 기념해 도쿠시마현 나루토시에 설립한 미술관이다. 이곳은 일본 최대의 상설 전시 공간을 보유한 도판 명화 미술관이다. 도판 명화란 대형 도기판에 특수 기술을 사용해서 원 작품을 전사해 만든 것으로, 표면의 요철까지 표현되며 빛 등에 의해 2,000년 이상 색이 바래지 않는다고 한다. 이 미술관에는 고대 벽화부터 현대 회화까지, 전 세계 25개국 190여 개 미술관이 소장한 명화 1,000여 점을 원본과 같은 크기로 도판에 재현해 놓았다. 시스티나 성당의 천장화부터 모나리자, 고흐의 해바라기, 피카소의 게르니카 등, 유명 작품은 거의 모두 모여 있다. 지하 3층부터 지상 2층까지 약 4km에 걸쳐 1,000여 점의 작품이 전시돼 있다. 특수 기술로 도기판에 재현한 만큼 세월이 지나도 품질이 변할 우려가 없고 사진 촬영도 자유롭다.

주소 徳島県鳴門市鳴門町土佐泊浦字福池 65-1　**위치** 노선버스 오츠카코쿠사이비주쯔칸마에(大塚国際美術館前) 정류장 하차 후 도보 1분　**시간** 09:30~17:00(입장 마감 16:00)　**휴관** 월요일(공휴일이면 다음 날 휴관)　**요금** 3,300엔(일반), 2,200(대학생), 550엔(초등·중등·고교생)　**홈페이지** o-museum.or.jp　**전화** 088-687-3737

오츠카 국제미술관 층별 안내

전시실
- 지하 3층 (고대~중세) 폼페이의 벽화, 모자이크화, 성당 벽화 등
- 지하 2층 (르네상스~ 바로크) 레오나르도 다빈치, 보티첼리, 라파엘로, 렘브란트 등
- 지하 1층 (바로크~근대) 고야, 밀레, 르누아르, 고흐, 세잔느, 뭉크 등
- 1층 (현대, 테마 작품 전시) 피카소 등과 테마 작품 전시
- 2층 (현대, 테마 작품 전시) 샤갈, 모딜리아니 등과 테마 작품 전시

카페, 레스토랑
- 지하 3층 카페 빈센트(cafe Vincent)는 미술관 개관 20주년을 기념해 2018년 3월에 문을 연 런치 위주의 카페다. 빈센트 반 고흐를 테마로 한 카페로 런치 메뉴와 음료를 즐길 수 있다(영업시간 10:00~16:45).
- 지하 2층 카페 드 지베르니(Cafe de Giverny)는 모네의 옥외 전시작 모네의 <대수련>을 감상할 수 있는 곳으로, 실내나 테라스에서 케이크, 샌드위치, 카레 같은 간단한 식사를 할 수 있다(영업시간 10:30~16:00).
- 별관 1층 레스토랑 가든(Restaurant GARDEN)은 미술관 이벤트 테마에 맞춘 런치나 나루토의 식재료를 사용해 만든 메뉴를 맛볼 수 있다(영업 시간 11:30~14:30).
※ 이 밖에 지하 3층에는 뮤지엄 숍이 있어서 미술과 관련된 소품 등 다양한 기념품을 판매하고 있다.

넓은 미술관에서 효율적인 시간을 보내고 싶다면

오츠카 국제 미술관은 건물 대부분이 지하에 있기 때문에 보기와 달리 굉장히 넓다. 편한 신발을 신으면 훨씬 도움이 된다. 미술관에서 효율적인 시간을 보내려면 첫째, 한국어 음성 가이드를 대여하는 방법이 있다. 지하 3층 뮤지엄 숍에서 대여해 주며 대여료는 500엔이다. 둘째, 자원봉사자 가이드에게 작품 해설을 들으며 주요 작품을 돌아보는 '가이드 안내'를 이용할 수 있다. 소요 시간은 핵심 작품을 보는 1시간 코스와 르네상스, 바로크, 근대 등 시기에 따라 구분된 2시간짜리 코스가 있다. 가이드 안내는 하루 7회 실시하며 참가비는 무료다. 지하 3층 시스티나홀에서 모여 정시에 출발한다.

가이드 안내 시간 09:40, 10:00, 10:30, 11:00, 13:00, 13:15(화~금요일), 13:30

이야 계곡

祖谷渓

도쿠시마현 서부의 미요시시(三好市)에 위치한 이야 계곡은 일본 100대 명산 쓰루기산에서 시작된 이야 강의 물줄기가 흘러 내려가면서 깊은 계곡을 형성한 곳이다. 도쿠시마현 서부, 시코쿠의 거의 중앙에 위치하며 '쓰루기산 국정 공원'에 속해 있는 이야 계곡은 일본 3대 비경으로 손꼽히는 산간 지역이다. 스릴 넘치는 흔들다리 가즈라바시를 비롯해 오보케 고보케 협곡 등 천혜의 절경이 펼쳐진다. 이야소바의 투박한 맛을 즐겨도 좋고 호젓한 계곡 온천탕에 몸을 담가도 좋다. 오지 중의 오지, 오랜 인고의 시간이 만들어 낸 깊은 숲과 깊은 골짜기, 비경이라는 명성에 걸맞는 풍경 속에서 청정한 대자연과 마주할 시간이다.

• 이야 계곡 여행 정보 miyoshi-tourism.jp

• 이야 계곡 교통편 •

이야 계곡 여행은 JR오보케(大歩危)역에서 시작하는 것이 좋다(아와이케다 버스터미널(阿波池田バスターミナル)을 출발해 JR아와이케다(阿波池田)역, JR오보케(大歩危)역을 경유하는 편도 있음). 산간 지역인 만큼 대중교통으로 이야 계곡 전부를 여행하기는 어려운 편이다. JR오보케역을 경유하는 시코쿠교통 노선버스를 이용해 오보케 계곡 유람선 승선장, 가즈라바시 등 일부 유명 관광지까지 이동할 수 있다. 노선버스를 이용할 때는 일일 운행 편수가 많지 않으므로 꼼꼼하게 시간 계획을 짜 두는 것이 좋다.

시코쿠 교통 이야선 버스 시각표 yonkoh.co.jp/wp/rosen/timetable/05oboke_iya.pdf

이야 계곡을 편리하게 돌아보는 방법 •TIP•

이야 계곡은 비경이라는 말에 걸맞게 교통이 상당히 불편한 곳이다. 오보케 계곡 유람선, 가즈라바시, 미치노에키 오보케 요괴의 집은 대중교통을 이용해서 갈 수 있지만 그 외에는 대중교통으로는 가기 힘들다. 또 커브길이 많아서 운전을 할 경우 주의가 필요하다. 그럴 때 편리하게 이용할 수 있는 것이 정기 관광버스다.

주소 徳島県三好市井川町西井川 311-2 四国交通(株) **위치(승차장)** 아와이케다(阿波池田)역 **시간** 10:45~16:50(약 6시간 소요) **요금** 9,200엔(일반), 8,900엔(소아) **홈페이지** yonkoh.co.jp/teikan **전화** 0883-72-1231

• 운행 기간

매년 4월부터 11월까지(4월, 6~9월은 토·일·공휴일만 운행, 5, 10, 11월은 매일 운행) 대중교통으로 이동하기 힘든 명소를 가이드와 함께하는 정기 관광버스를 이용해 돌아보는 코스다. 이야 계곡의 주요 명소를 편하게 돌아볼 수 있으며 10시 45분에 아와이케다역을 출발해 관광지를 돌아보고 16시 50분에 아와이케다 버스 터미널에 도착하는 일정이다. 주요 관광지는 아래와 같다.

• 운행 노선

JR아와이케다역(JR阿波池田駅) – 아와이케다 버스터미널(阿波池田BT) – 헤이케 저택(平家屋敷) – 점심(향토 요리) (郷土料理の昼食) – 가즈라바시(かずら橋) – 오줌 누는 소년 동상(小便小僧) – 미치노에키 오보케(道の駅大歩危) – 오보케 계곡 유람선(大歩峡船下り) – JR아와이케다(JR阿波池田)역 – 아와이케다 버스 터미널(阿波池田BT)
* 가즈라바시, 헤이케 저택, 미치노에키 오보케, 오보케 계곡 유람선의 관광지 및 식사 대금은 관광 요금에 포함된다.

• 예약

예약이 필요하며 전화 예약의 경우 3개월 전부터 가능하다(당일에 빈자리가 있으면 예약 없이도 탑승 가능). 취소할 경우 전날 17시까지는 1인당 100엔의 취소 수수료가 발생하고 그 이후는 100% 취소 수수료가 발생한다. 악천후일 때 운휴하는 경우가 있으며 성수기로 혼잡할 때는 관광 순서를 변경하는 경우도 있다.

• 여행 시기 주의점

이야 계곡을 여행하려면 4~11월 사이가 가장 적합하다. 겨울철에는 버스 편수도 줄고 정기 관광버스도 운행하지 않기 때문에 택시 등 다른 방법을 고민해 보아야 한다. 가급적 겨울 여행은 추천하지 않는다.

JR오보케역
大歩危駅 [오-보케에끼]

요괴 역장 고나키지지가 지키는 역
무인역으로 운영되는 JR오보케역은 다른 편의 시설은 거의 없지만 짐 크기에 관계없이 이용료가 500엔인 코인 로커가 있다. 나무로 만든 요괴 역장 고나키지지(児啼爺, 고나키 할아범)가 역을 지키고 있으며 역 홈에는 이야 계곡의 명물 가즈라바시 모형이 서 있다. 역 앞에 노선버스 정류장이 있다.

주소 德島県三好市西祖谷山村字徳善 **전화** 0570-00-4592(JR시코쿠 전화 안내 센터)

오보케 고보케

오보케 고보케(大歩危小歩危)는 도쿠시마현 서부, 요시노강 상류 지역에 있는 계곡이다. 거친 요시노강이 시코쿠 산지의 바위를 깎아 만들어진 대 계곡이다. 2억 년에 걸쳐 요시노강의 급류가 빚어낸 8km에 달하는 이 계곡은 아찔하고 아름다운 경관을 자랑한다. 지금같이 교통이 발달하지 않았을 때 산 중턱에 70~80m 정도 높이의 옛길이 나 있었는데 험하고 위험한 곳이 많아서 '큰 걸음으로 걸으면 위험하니까 오보케' '작은 걸음으로 걸어도 위험하니까 고보케'라고 한 데서 '오보케 고보케'라는 이름이 붙었다고 한다. 깎아지른 절벽과 그 아래에서 흐르는 급류 때문에 큰 걸음으로 걷든 작은 걸음으로 걷든 위험한 건 당연하다. 오보케 계곡은 국가 지정 천연기념물과 국가 지정 명승으로 지정돼 있다.

오보케 계곡 유람선
大歩危遊覧船 [오-보케유-란센]

오보케 협곡의 절경을 즐기자

오보케 계곡의 아름다운 경치를 가까이에서 즐길 수 있는 유람선이다. 2억 년에 걸쳐 형성된 협곡 오보케 계곡을 배 타고 지나면서 양옆의 풍경을 즐길 수도 있고 투명한 비취색 강에서 헤엄치는 물고기를 볼 수도 있다. 기차를 타고 위에서 내려다보는 것과 달리 계곡 아래에서 올려다보는 경치도 색다르다. 운행 시간 30분 동안 유람선 기사가 좌우의 풍경이나 역사적 배경, 유래 등을 설명해 준다. 승선 거리는 왕복 4km 정도로 오보케 계곡을 거슬러 올라가다가 얕은 여울이나 격류가 많은 고보케 계곡 부근에서 배를 돌려 승선장으로 돌아온다. 돌아올 때는 또 다른 경치가 펼쳐지니 즐겁게 계곡 뱃놀이를 즐겨 보자.

주소 三好市山城町西宇 1520 **위치** ❶ 노선버스 오보케쿄(歩危峡) 정류장 하차 ❷ JR오보케(大歩危)역에서 도보 25분 **시간** 09:00~16:00(평일, 마지막 출발 15:30), 09:00~17:00(토·일·공휴일, 마지막 출발 16:30) **휴무** 연중무휴(단, 악천후일 때 예고 없이 결항 있음) **요금** 1,500엔(일반), 750엔(3세~초등학생) **홈페이지** www.mannaka.co.jp **전화** 0883-84-1211

만나카
大歩危峡まんなか [오보케쿄 만나카]

전망 좋은 오보케 계곡 레스토랑

오보케 관광 유람선 승강장 건물에 있는 일본식 식당이다. 이야 계곡의 명물 이야소바를 비롯해 은어 정식, 카레라이스 등이 있으며 계곡을 흐르는 요시노강을 내려다보면서 식사를 즐길 수 있다. 특히, 이야소바는 낮과 밤의 기온 차가 커서 메밀 재배에 적합한 이야 지역의 향토 음식으로 유명하다. 이야소바는 면의 길이가 짧고 잘 끊어지며 다소 까끌한 식감이 특징이지만 소바 본래의 맛과 향이 살아 있다. 오보케 계곡 유람선을 이용한 후 이야 계곡을 내려다보며 이야소바를 맛보자.

주소 徳島県三好市山城町西宇 1520 **위치** ❶ 노선버스 오보케쿄(歩危峡) 정류장 하차 ❷ JR오보케(大歩危)역에서 도보 25분 **시간** 09:00~18:00, 09:00~17:00(겨울) **가격** 400엔(이야소바) **전화** 0883-84-1211

가즈라바시
祖谷のかずら橋 [이야노 카즈라바시]

일본의 3대 기교

가즈라바시는 이야강에 걸린 길이 45m, 폭 2m, 수면에서의 높이 15m의 흔들다리로, 넝쿨을 늘어뜨리며 자라나는 다래나무로 엮었다. 일본 3대 기교(奇橋, 기이한 다리)의 하나로 국가 지정 중요 유형 민속 문화재에 지정돼 있으며 무게는 약 5t에 이르고 3년마다 새로운 다리로 교체한다. 가즈라바시는 예전 사람들에게는 유일한 교통 시설로, 이야 계곡 곳곳에 걸려 있었다고 하는데 지금 남아 있는 것은 니시이야야마 지역의 '이야의 가즈라바시'와 히가시이야 지역의 '오쿠이야 니주 가즈라바시'뿐이다. 발아래 크게 구멍이 나 있는 흔들다리를 건너는 건 생각보다 긴장된다. 다래나무 덩굴을 움켜잡고 후들거리며 다리를 건넌 경험도 즐거운 추억이 될 것이다.

주소 三好市西祖谷山村善徳 162-2 **위치** 노선버스 카즈라바시(かずら橋) 정류장, 또는 카즈라바시유메부타이(かずら橋夢舞台) 정류장 하차 후 도보 5분 **시간** 08:00~18:00(계절별로 약간의 변동 있음) **휴무** 연중무휴 **요금** 550엔(중학생 이상), 350엔(초등학생) **전화** 0120-404-344

가즈라바시의 유래

이야 지역을 순례한 홍법대사가 어려움을 호소하는 마을 사람들을 위해서 만들었다는 설과 12세기 지쇼주에이의 난(治承-寿永の乱) 때 이 지역으로 숨어 든 사람들이 추격자를 피하기 위해서 쉽게 끊을 수 있도록 다래나무로 만들었다는 설 등 여러 설이 남아 있다. 어느 쪽이든 기이한 다리임에는 틀림없다. 한 걸음 내디딜 때마다 삐걱거리며 흔들리는 다리는 긴장감 만점! 사실 다래나무에 케이블 선을 함께 감았기 때문에 끊어질 염려는 없지만 듬성듬성한 틈 사이로 발아래 계곡이 내려다보여서 다리를 건너고 나서도 한참동안이나 다리가 후들거린다.

가즈라바시 주변 볼거리

가즈라바시 맞은편에는 폭포 비와노타키가 있다. 가즈라바시를 건너와서 도보 2분 거리의 비와노타키에서 낙차 50m로 시원하게 쏟아지는 물줄기를 감상해 보자. 다시 가즈라바시 쪽으로 오다 보면 오른쪽에 이코이 식당도 있다. 이야소바가 인기 메뉴며 오보케 협곡에서 잡은 은어구이를 판매한다. 은어구이는 이 지역 명물이니 맛보는 것도 좋다.

오줌 누는 소년 동상
小便小僧 [쇼-벤코조-]

아찔한 담력 테스트

차를 타고 이야 계곡을 지나다 보면 험준한 계곡과 눈앞이 아찔할 정도의 낭떠러지가 이어지는 벼랑 저 끝에 오줌 누는 소년의 동상이 세워져 있다. 200m에 달하는 까마득한 낭떠러지 끝에 왜 오줌 누는 소년의 동상이 있을까? 옛날에 이 동네 아이들은 담력을 테스트하기 위해 이 바위에 올라 오줌 누기 시합을 벌였다고 한다. 내려다보기만 해도 아찔한 높이에서 지지 않으려고 다리를 후들거리며 올라갔을 아이들을 생각하면 상상만으로
도 아찔하다. 이야 온천 료칸에서 도보 3분이고, 아와이케다 버스 터미널에서 출발하는 시코쿠교통 노선버스를 이용해 '오줌 누는 소년 동상'까지 갈 수는 있으나 버스가 하루에 세 편뿐이라 아무것도 없는 산속에서 다음 버스가 오기까지 몇 시간을 기다려야 하므로 대중교통을 추천하기는 어렵다.

주소 徳島県三好市池田町松尾~三好市西祖谷山村　**위치** 이야 온천 료칸에서 도보 3분

미치노에키 오보케 요괴의 집
道の駅大歩危 ラピス大歩危(妖怪屋敷) [미치노에키오-보케.라피스오-보케(요카이야시키)]

이 지역 요괴들을 소개하는 요괴의 집

오보케역에서 도보 20분 정도 떨어진 곳에 있는 관광 정보관과 돌 박물관의 복합 시설이다. 돌 박물관에는 세계의 희귀한 암석과 보석류를 전시하고 있으며 박물관 이외에도 관광 정보 코너와 카페, 기념품 매장과 족탕(토, 일, 공휴일만 운영) 등도 갖추고 있다. 2010년에는 '요괴의 집'이 개관했는데, 만화 <요괴 인간 타요마(ゲゲゲの鬼太, 게게게노 키타로)>에 등장하는 고나키지지(児啼爺)의 고향이 이 근처인 데서 연유해 이 지역에 전해 내려오는 요괴를 소개하는 목적으로 개관됐다. 오보케역 앞에서 무인역 오보케역을 지키는 나무 조각상 역장이 바로 고나키지지다. 관내에는 지역 주민이 수작업으로 제작한 다양한 요괴 인형이 전시돼 있다.

주소 三好市山城町上名 1553-1　**위치** 노선버스 미치노에키오보케(道の駅大歩危) 정류장 하차 ❷ JR오보케(大歩危)역에서 도보 20분　**시간** 09:00~17:00　**휴관** 12~2월은 매주 화요일 휴관(공휴일인 경우 다음 날 휴관)　**요금** 시설 입장 무료, 700엔(요괴 저택과 돌 박물관 일반 입장료)　**전화** 0883-84-1489

에히메현
Ehime

역사와 문학의 향기가 곳곳에 어린 고장

'아름다운 여인'이라는 의미를 가진 에히메현은 이름처럼 아름다운 풍경과 풍요로운 자연을 즐길 수 있는 곳이다. 현의 남쪽에는 시코쿠 산지가 있어서 험준한 산간 지대를 이루며 중앙부에는 서일본에서 가장 높은 이시즈치산(石鎚山, 1,982m)이 자리하고 있다. 세토내해에 면한 현의 북부 지역은 높은 산이 거의 없이 해안을 따라 작은 평야들이 펼쳐져 있다.

에히메현에는 옛 향기가 감도는 도고 온천과 시간 여행을 떠난 듯 고즈넉한 우치코, 이요의 작은 교토로 불리는 오즈, 천수각이 온전히 보존된 마쓰야마성과 우와지마성 등 오래된 볼거리가 많다. 특히 전국 수확량의 절반을 차지하는 신선한 도미와 달콤한 감귤 제품을 맛보는 것도 여행의 즐거움이다. 또, 품질 좋은 이마바리 수건부터 근래에 사이클링 코스로 각광받는 그림 같은 시마나

미 해도(しまなみ海道)까지 곳곳에서 새로운 매력으로 여행자를 사로잡는다.
천하의 명탕, 아름다운 성곽, 오래된 거리 등 볼거리가 가득한 에히메현에서 느리게 옛 시간 속을 걸어 보자.

• 에히메현 여행 정보 www.iyokannet.jp

마쓰야마
松山

에히메현의 중부에 위치한 마쓰야마는 에히메현의 현청 소재지이자 시코쿠의 도시 중 유일하게 인구 50만 명을 넘는 도시다. 예로부터 마쓰야마성을 중심으로 도시가 형성되어 혼슈와 시코쿠를 잇는 무역항으로 발전해 왔다. 마쓰야마에는 마쓰야마성을 비롯해 전통적인 분위기를 느낄 수 있는 명소가 다수 자리하고 있는데 그 중심에는 일본에서 가장 오래된 온천이자 애니메이션 〈센과 치히로의 행방불명〉의 모델이 된 도고 온천이 있다. 또 시내 곳곳에서 신선한 도미 요리와 마쓰야마만의 새콤달콤한 군것질거리를 맛볼 수 있다. 일본 특유의 분위기가 진하게 배어 있는 마쓰야마에서는 눈으로, 입으로, 온몸으로 특별한 여행을 즐길 수 있다.

- 마쓰야마시 여행 정보 www.city.matsuyama.ehime.jp/kanko

• 마쓰야마 교통편 •

마쓰야마에서는 버스와 노면 전차가 주요 교통수단이다. 마쓰야마 시내를 중심으로 관광할 때는 노면 전차를 이용하면 편리하다. 도고 온천과 마쓰야마성 등 주요 관광지를 잇는 노면 전차는 균일 요금으로 180엔이며 이용 횟수에 따라 1일 승차권(800엔)을 구입하는 것이 유리하다. 우치코나 오즈 등 근교로 나갈 때는 JR열차를 이용해야 한다.

노면 전차

요금(시내 균일) 180엔(일반), 90엔(초등학생) **시간** 06:04~22:30(10분 간격 운행, 금요일은 운행 시간이 연장되기도 함) **홈페이지** www.iyotetsu.co.jp

	노면 전차 5개 노선		
1	마쓰야마시에키 → JR마쓰야마에키마에 → 마쓰야마시에키		
2	마쓰야마시에키 ⇄ 오카이도 ⇄ 마쓰야마시에키		
3	마쓰야마시에키 ⇄ 오카이도 ⇄ 도고온센		
5	JR마쓰야마에키마에 ⇄ 오카이도 ⇄ 도고온센		
6	마쓰야마시에키 ⇄ 혼마치로쿠초메		

■ **마쓰야마 시내를 이동할 때**
노면 전차가 편리하다. 노면 전차는 뒷문으로 타서 내릴 때 운임을 내고 앞문으로 내린다. 동전이 없을 경우는 운임함 옆에 있는 동전 교환기에서 교환 후 내면 된다.

■ **JR마쓰야마역에서 바로 도고 온천으로 이동할 때**
JR마쓰야마역 맞은편에 있는 노면 전차 승차장에서 5번 노면 전차를 타고 환승 없이 도고온센역까지 가면 된다. 만약 다른 노선을 탔다면 오카이도역에서 환승하면 된다.

봇짱 열차

봇짱 열차는 1888년부터 67년 동안 마쓰야마를 달리던 소형 증기 기관차를 복원한 차량이다. 복고풍으로 꾸민 내부가 멋스러워서 어른과 아이 모두에게 인기 있다. 차량 이름은 나쓰메 소세키의 소설《봇짱》에 이 차량에 대한 내용이 나오는 데서 유래했다. 도고온센역에서는 정차 중인 봇짱 열차와 기념 촬영도 할 수 있다. 정차 시간은 대략 20분이며 주말에는 사진을 찍으려는 사람들로 북적인다. 마쓰야마시역에서 도고온센역, 도고온센역에서 고마치(古町)역까지 운행한다. 도고온센역, 오카이도역, 마쓰야마시역, JR마쓰야마역, 고마치역에서 승차할 수 있다. 토, 일, 공휴일만 운행하며 도고온센역에서 마쓰야마시역 구간은 하루 3회씩(도고온센역 출발 09:19, 13:19, 14:59 / 마쓰야마시역 출발 10:04, 14:04, 15:44), 도고온센역에서 고마치역 구간은 하루 한 번(도고온센역 출발 10:48 / 고마치역 출발 11:47) 운행한다. 요일이나 시간에 변동이 생길 수 있으므로 승차 시 홈페이지를 통해 시간을 확인하도록 한다. 승차권 소지 시 마쓰야마시에 있는 이요테쓰 다카시마야 대관람차 구루린을 1회 무료로 이용할 수 있다.

요금 1,300엔(일반), 650엔(초등학생)　시간 09:19~16:04　홈페이지 www.iyotetsu.co.jp/botchan/annai　전화 089-948-3223

교통 패스

■ 시내 전차 원데이·투데이·스리데이 티켓 市内電車1Day·2Day·3Dayチケット

하루 동안 시내 전차 전 구간을 자유 승차할 수 있는 원데이 티켓은 800엔(어린이 400엔)이고, 연속해서 2일간 사용할 수 있는 투데이 티켓은 1,100엔(어린이 550엔), 스리데이 티켓은 1,400엔(어린이 700엔)이다. 패스 소지자는 원데이~스리데이 티켓 사용 기간 중 이요테쓰 다카시마야 대관람차를 1회 무료로 이용할 수 있다.

■ 올이요테쓰 원데이·투데이·스리데이·포데이 패스 ALL IYOTETSU 1Day·2Day·3Day·4Day Pass

교외 전차, 시내 전차, 시내버스 전 노선을 지정 이용 기간 동안 사용할 수 있는 패스다. 원데이 패스는 1,900엔(어린이 950엔), 연속해서 2일간 사용할 수 있는 투데이 패스는 3,000엔(어린이 1,500엔), 스리데이 패스는 3,900엔(어린이 1,950엔), 포데이 패스는 4,800엔(어린이 2,400엔)이다. 패스 소지자는 사용 기간 중 이요테쓰 다카시마야 대관람차를 1회 무료로 이용할 수 있다.

■ 마쓰야마성 라쿠토쿠 세트권 松山城らくトクセット券

봇짱 열차 1회 탑승권과 마쓰야마성 천수각 관람권, 제2성 유적 정원 입장권, 마쓰야마성 로프웨이 또는 리프트 1회 왕복권이 포함된 세트권으로, 마쓰야마성과 봇짱 열차를 모두 이용할 경우 구입하면 좋다. 구입일(봇짱 열차 승차일)로부터 이틀 동안 사용할 수 있고 요금은 2,200엔(어린이 1,020엔)이다. 봇짱 열차 탑승 시 승무원에게 구입할 수 있으며(도고온센역에서 승차할 경우는 도고온센역 티켓 카운터에서도 구입할 수 있다), 유효 기간 내에 이요테쓰 다카시마야 대관람차를 1회 무료로 이용할 수 있다.

홈페이지 www.iyotetsu.co.jp

승차권 구입처

봇짱 열차 승차권, 시내 전차 원데이·투데이·스리데이 티켓, 올이요테쓰 원데이·투데이·스리데이·포데이 패스의 승차권은 도고온센역에 있는 티켓 카운터, 마쓰야마시역에 있는 이요테쓰 티켓 센터, JR마쓰야마역 구내에 있는 관광 안내소, 오카이도에 있는 이요테쓰 트래블 오카이도 영업소 등 여러 곳에서 구입할 수 있다. 이 중에서 봇짱 열차 승차권은 도고온센역의 티켓 카운터에서 오전 8시 30분부터 당일 각 편의 정리권을 배부하고 있으니 정리권을 받아 승차하면 된다. 승차권을 미리 구입하지 못했을 때는 승차 시 승무원에게 구입할 수 있으나 만원일 경우 승차하지 못하는 경우도 있다(기타 자세한 구입처는 홈페이지 참조).

마쓰야마 노면 전차 노선도

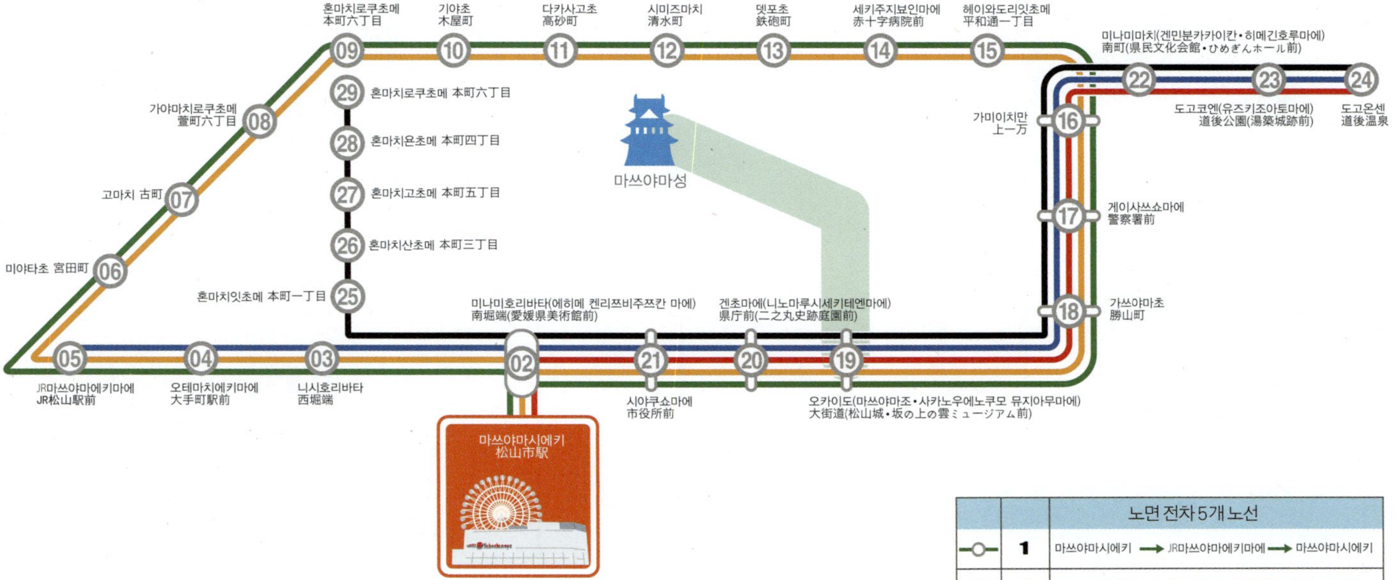

		노면 전차 5개 노선
	1	마쓰야마시에키 → JR마쓰야마에키마에 → 마쓰야마시에키
	2	마쓰야마시에키 ⇄ 오카이도 ⇄ 마쓰야마시에키
	3	마쓰야마시에키 ⇄ 오카이도 ⇄ 도고온센
	5	JR마쓰야마에키마에 ⇄ 오카이도 ⇄ 도고온센
	6	마쓰야마시에키 ⇄ 혼마치로쿠초메

JR마쓰야마역
JR松山駅 [제이아루 마쓰야마에키]

봇짱의 거리에 어울리는 복고적인 역

JR마쓰야마역 주변에는 크게 볼거리가 없으며 핵심 관광 명소는 마쓰야마성 주변, 오카이도, 도고온천, 마쓰야마시역 주변에 집중돼 있다. JR마쓰야마역은 나쓰메 소세키의 소설《봇짱(한국판:도련님)》의 거리에 어울리는 복고 분위기가 나도록 설계됐으며 역 오른쪽에는 작은 쿠키집과 식당, 편의점과 관광 안내소가 있고 왼쪽에는 기념품점과 식당이 있다. 역 건물 2층에는 다이소가 자리하고 있다. 맞은편에는 고속버스 승차장과 노면 전차 승차장이 있고 봇짱 열차도 노면 전차 이요테쓰 승차장에서 탈 수 있다.

주소 愛媛県松山市南江戸 1丁目　**시간** 04:50~23:20　**휴무** 연중무휴　**전화** 089-943-5101

마쓰야마성
松山城 [마쓰야마조]

산 정상에 자리한 아름다운 성

1602년에 마쓰야마의 번주 가토 요시아키가 축성을 시작해 1627년에 완성한 시코쿠 최대의 성곽이다. 2017년에는 '일본의 아름다운 성 20' 중에서 3위로 선정되기도 했다. 높이 132m의 가쓰산 정상에 세워진 천수각은 일본에 현존하는 12개의 천수각 중 하나로 국가 중요 문화재로 지정돼 있다. 천수각에서는 마쓰야마 평야와 멀리 세토내해가 내려다보이며 천수각 앞의 드넓은 본성 광장은 벚꽃의 명소로도 유명하다. 1월 하순부터는 매화꽃도 즐길 수 있다. 또 성 안에는 스무 군데가 넘는 중요 문화재 건축물이 남아 있어서 볼거리도 풍부하다. 걸어서 올라갈 수도 있으나 경사가 급해 로프웨이나 리프트를 이용하는 것이 좋다. 로프웨이나 리프트 하차 후 성까지는 도보 10분 정도 걸린다.

주소 愛媛県松山市丸之内　**위치** 노면 전차 오카이도(大街道)역에서 마쓰야마성 로프웨이까지 도보 5분　**시간** 05:00~21:00(본성 광장), 09:00~17:00(천수각) *계절따라 변동 있음　**휴무** 연중무휴　**요금** 무료(본성 광장) / 천수각 관람료: 520엔(대인), 160엔(초등학생)　**홈페이지** www.matsuyamajo.jp　**전화** 089-921-4673

마쓰야마성 로프웨이
松山城ロープウェイ [마쓰야마조 로쁘웨이]

기분 좋은 공중 산책을 즐기자

마쓰야마성까지는 걸어서 갈 수도 있으나 본성 광장까지 걸어가려면 30분 정도 소요된다. 꽤 경사진 길이 기 때문에 로프웨이나 리프트를 이용하는 것이 좋다. 로프웨이와 리프트는 노면 전차 오카이도역에서 도보 5분 거리에 있는 마쓰야마성 로프웨이 승강장에서 탈 수 있다. 자동 발매기에서 티켓을 구입해야 하는데 직원이 옆에서 도와주니 필요에 따라 편도나 왕복 티켓을 구입하면 된다. 로프웨이와 리프트는 이용 요금이 같으니 왕복 티켓을 구입했다면 두 가지를 모두 이용해 보는 것도 좋다. 리프트는 일인용으로 한 명씩 앉아서 올라가는 것이라 짜릿하고 기분 좋게 공중 산책을 즐길 수 있다. 상황에 따라 조금 흔들리기도 하니 높은 곳을 싫어한다면 로프웨이 왕복 편을 이용하면 된다. 로프웨이는 10분 간격으로 운행되며 소요 시간 약 3분, 리프트는 수시로 운행되며 소요 시간 약 6분이다.

주소 愛媛県松山市大街道 3丁目 2-46 **위치** 노면 전차 오카이도(大街道)역에서 도보 5분 **시간** 08:30~17:30(계절에 따라 변동 있음) **휴무** 연중무휴 **요금** 대인 270엔(편도), 520엔(왕복) / 초등학생 140엔(편도), 260엔(왕복) **홈페이지** www.matsuyamajo.jp/ropeway **전화** 089-921-4873

로프웨이와 리프트 활용법

TIP

마쓰야마성을 보고 마쓰야마성 제2성 유적 정원을 돌아볼 계획이면 올라가는 로프웨이만 편도로 구입하는 것도 좋다. 마쓰야마성을 돌아본 후 로프웨이 타는 곳까지 내려오면, 그 지점에서 오른쪽으로 산책로 두 갈래가 나 있다. 그중 오른쪽 산책로로 내려가면 쉽게 마쓰야마성 제2성 유적 정원으로 갈 수 있다. 대략 15분 정도 걸리니 숲 사이로 난 산책로를 따라 삼림욕 하는 기분으로 걷는 것도 좋다. 왕복 티켓을 구입한 경우 내려오는 편을 타지 않더라도 환불해 주지 않으니 제2성 유적 정원에 들를 계획이라면 처음부터 편도로 구입한다.

마쓰야마성 제2성 유적 정원
松山城二之丸史跡庭園 [마쓰야마조 니노마루시세키테-엔]

마쓰야마의 사랑의 성지

제2성은 마쓰야마성 천수각을 포함한 본성을 수비하기 위한 시설로 사용돼 왔으나 1872년에 화재로 소실돼 역사 속으로 사라졌다. 그 후 마쓰야마성 니노마루 유적 부지를 정비해 1992년 5월에 니노마루 유적 정원으로 개원했다. 정원 내부는 발굴 조사를 근거로 감귤 나무와 꽃과 화초, 물과 돌멩이, 잔디 등으로 구분하여 당시의 건물 구조를 재현해 놓아 계절마다 다른 분위기를 감상할 수 있다. 특히 이 정원은 러일전

쟁 당시 러시아 포로 남성과 일본인 간호사의 사랑 이야기가 담긴 금화가 발견된 것으로도 유명해 사랑의 성지로 선정되기도 했다. 예비 신랑 신부의 웨딩 촬영지로도 인기가 있으며 로맨틱한 프러포즈에 어울리는 장소로 시민들의 사랑을 받고 있다.

주소 愛媛県松山市丸之内 5번지 **위치** 노면 전차 겐초마에(県庁前)역에서 도보 5분 **시간** 09:00~17:00(계절에 따라 변동 있음) **휴원** 연중무휴 **요금** 200엔(대인), 100엔(소인) **홈페이지** www.matsuyamajo.jp/ninomaru **전화** 089-921-2000

반스이소
萬翠荘 [반스이소]

사교장으로 사용되던 프랑스풍 건물

마쓰야마 옛 번주의 후손 히사마쓰 사다코토의 별장으로, 1922년에 지어졌으며 2011년에 국가 중요 문화재로 지정됐다. 프랑스풍으로 지어진 아름다운 건물은 당시 최고의 사교장으로 각계 명사들이 모이던 곳이다. 2층에 전시된 당시로는 세련된 장식품과 스테인드글라스와 각종 집기류를 보는 것도 흥미롭다. 1층으로 내려오는 계단 양옆에는 작은 기념품점이 있다. 손수건, 컵 등 소품을 판매하므로 둘러보아

도 좋다. 반스이소로 가는 길 오른쪽에는 일본의 역사 소설가 시바 료타로(司馬遼太郎)의 작품《언덕 위의 구름》의 주인공인 아키야마 형제와 마사오카 시키의 생애를 통해 시대 배경 등을 소개하는 〈언덕 위의 구름 뮤지엄〉이 있으니 둘러보아도 좋다. 안도 다다오가 설계한 건물로도 유명하다.

주소 愛媛県松山市一番町 3-3-7 **위치** 노면 전차 오카이도(大街道)역에서 도보 5분 **시간** 09:00~18:00 **휴관** 월요일(공휴일인 경우 개관) **요금** 무료 **홈페이지** www.bansuisou.org **전화** 089-921-3711

아카
松山鯛めし 秋嘉 本店 [마쓰야마 타이메시 아카 혼텐]

마쓰야마 도미밥이 간판 메뉴

구운 도미를 넣고 다시마 육수로 밥을 지은 마쓰야마 향토 요리 도미밥(타이메시)이 간판 메뉴인 아카 본점은 오래전부터 마쓰야마 도미 요리로 손꼽히는 가게다. 점심시간이면 가게 앞에 도미밥과 계절 야채를 사용한 튀김, 신선한 도미회가 포함된 런치를 즐기려는 행렬이 생긴다. 1, 2층이 있으나 공간이 넓은 편이 아니기 때문에 식사 시간보다 약간 일찍 가는 편이 여유롭게 식사하기에 좋다. 살이 오른 도미를 듬뿍 넣은 솥밥과 쫄깃한 도미회 등 만족스러운 한 끼를 즐길 수 있다.

주소 愛媛県松山市大街道3-5-1 **위치** 노면 전차 오카이도(大街道)역에서 도보 3분 **시간** 11:00~15:00, 18:00~22:00 **휴무** 수요일 **가격** 마쓰야마 타이메시젠(도미밥) 2,350엔 **전화** 089-909-7652

에히메 현립 미술관
愛媛県美術館 [에히메 켄리쯔비주쯔칸]

넓은 공원에 자리한 현립 미술관

에히메 현립 미술관은 방문객들이 미술 작품을 감상하고, 작품을 만들고 그 과정을 통해 스스로 배우기를 즐거워 하게 되는 참가 창조형 미술관을 목표로 1998년에 개관했다. 기획전도 알차고 간혹 지역 학생들의 특별전도 있어서 둘러보면 즐겁다. 신관 1층에 있는 뮤지엄 숍에서는 미술관 소장 작품집과 엽서, 예술 관련 상품 등을 판매하고 있고, 서관 1층에 있는 커피숍 더 파크 엠스 커피(the park M's coffee)에서는 마쓰야마성을 바라보며 마쓰야마 브랜드 커피를 맛볼 수 있다. 미술관을 별로 좋아하지 않는다면 미술관 앞 넓은 공원을 산책하는 것도 좋다.

주소 愛媛県松山市堀之内 **위치** 노면 전차 미나미호리바타(南堀端)역에서 도보 1분 **시간** 09:40~18:00(입장 마감 17:30) **휴관** 월요일(공휴일인 경우 다음 날 휴관), 12월 29일~1월 3일 **요금** 330엔(대인), 220엔(고교생, 대학생), 무료(중학생 이하, 65세 이상) **홈페이지** www.ehime-art.jp **전화** 089-932-0010

돈키호테
ドンキホーテ 松山大街道店 [돈키호테 마쓰야마 오카이도텐]

인프라형 점포

2023년 현재 시코쿠에는 모두 네 개의 돈키호테 매장이 있는데 그중에서 마쓰야마 오카이도점이 가장 접근성이 좋다고 할 수 있다. 특히 마쓰야마 오카이도점은 지역 주민의 생활에 도움을 주는 '인프라형 점포'를 지향하는 만큼 생활용품에 중점을 둔 제품이 많다. 지하 1층에는 식품과 생활 잡화, 인테리어용품 등이 충실하고, 1층에는 화장품, 가전제품 등을 중심으로 판매한다. 무엇보다 대도시에 비해 방문자가 적어서 쇼핑을 즐기기에도 좋은 편이다.

주소 愛媛県松山市三番町2-3-7 **위치** 노면 전차 오카이도(大街道)역에서 도보 5분 **시간** 09:00~새벽 02:00 **휴무** 연중무휴 **홈페이지** www.donki.com **전화** 0570-007-411

오카이도 상점가
大街道商店街 [오-카이도 쇼텐가이]

마쓰야마를 대표하는 상점가

마쓰야마 시가지에 있는 상점가로 마쓰야마시에 있는 긴텐가이(銀天街)와 함께 마쓰야마를 대표하는 상점가다. 무인양품과 돈키호테를 비롯해 에히메현에서 생산된 귤을 사용한 다양한 음료, 찻집, 맥도날드, 저렴한 규동집 등 음식점도 다수 모여 있다. 오카이도 상점가의 시작점에 미쓰코시 백화점이 자리하고 있으며 긴텐가이 상점가의 시작점에는 다카시마야 백화점이 있고 두 상가가 서로 이어진다고 생각하면 된다. 개성 있는 가게를 돌아보며 걷다 보면 어느새 긴텐가이 상점가와 이어진다. 특히 매주 화요일과 금요일에는 오전 9시부터 2시 반까지 상점가 안에 작은 시장이 열린다. 인근 지역 농산물을 싼값에 구입할 수 있으며 화요일에 열리는 시장이 약간 더 규모가 크다.

주소 愛媛県松山市大街道 2丁目 2-3 **위치** 노면 전차 오카이도(大街道)역에서 바로 **시간** 점포마다 다름 **휴무** 점포마다 다름 **홈페이지** www.okaido.jp **전화** 089-931-7473 (오카이도 상점가 진흥 조합)

미쓰코시(마쓰야마점)
三越 松山店 [미츠코시 마쓰야마텐]

오카이도 상점가 입구에 있는 백화점

미쓰코시 마쓰야마점은 대로변에 있기 때문에 접근성이 좋다. 노면 전차 오카이도역에서 내리면 바로 보인다. 지하 1층부터 지상 8층까지며, 1층은 잡화, 2, 3층은 여성복, 4층은 남성복과 골프용품, 5층은 아동복과 인테리어, 8층은 식당가로 이루어져 있고, 지하 1층은 제과점과 신선 식품을 비롯해 선물하기에 좋은 쿠키류나 화과자를 판매하는 매장이 많으니 시간이 남을 때 둘러보기 좋다.

주소 愛媛県松山市一番町 3-1-1 **위치** 노면 전차 오카이도(大街道)역에서 바로 **시간** 10:00~19:00 **휴무** 1월 1일 **홈페이지** mitsukoshi.mistore.jp/store/matsuyama **전화** 089-945-3111

애송정
愛松亭 [소세키 코-히-텐 아이쇼테이]

나쓰메 소세키의 하숙집 자리에 자리한 커피점

일본이 자랑하는 대작가 나쓰메 소세키가 마쓰야마 중학교에 영어 교사로 부임해 와서 하숙하던 자리에 만든 카페다. 당시를 떠올리게 하는 차분한 복고 느낌이 좋다. 2인석 테이블 3개와 4인석이 2개 있고 카운터석이 있는 아담한 가게지만 창이 넓게 트여 있어서 답답한 느낌은 들지 않는다. 숲속 분위기가 나는 야외 테이블도 있어서 날씨가 좋을 때 밖에서 새소리를 들으며 마시는 것도 추천한다. 나무 사이로 프랑스풍 건물 반스이소가 보여서 분위기를 더한다. 카레우동, 피자 같은 가벼운 식사부터 커피 젤리, 팬케이크 같은 스위트류, 말차, 커피 등의 음료도 다양하다. 커피를 좋아한다면 마돈나 커피를 주문하면 만족스럽다.

주소 愛媛県松山市一番町 3-3-7 **위치** 노면 전차 오카이도(大街道)역에서 도보 5분(반스이소 옆) **시간** 10:30~17:30(주문 마감 17:00) **휴무** 월·목요일 **가격** 650엔(마돈나 커피) **홈페이지** www.bansuisou.org/aishotei **전화** 089-993-7500

소소
草草 SOH SOH [소-소-]

여행지에서 맛보는 건강한 한 끼

유기농으로 재배한 야채와 현미 등을 사용한 건강식 메뉴로 유명한 밥집이다. 런치 메뉴로는 반찬이 매일 바뀌는 현미 정식이 인기며, 밥도 흰쌀밥부터 다양한 잡곡밥 중에서 선택할 수 있다. 음식 재료를 상세하게 공개하기 때문에 먹고 나면 건강해진 느낌이 드는 곳이다. 런치 때는 가게 앞에 긴 줄이 생기니 12시 전에 조금 일찍 가기를 추천한다. 밤에는 주점으로 분위기가 바뀐다.

주소 愛媛県松山市大街道 3-2-10 **위치** 노면 전차 오카이도(大街道)역에서 도보 2분(마쓰야마성 로프웨이 승차장 가는 길 왼쪽) **시간** 11:00~22:00 **휴무** 연중무휴 **가격** 1,490엔(현미 정식) **홈페이지** greenlabel-group.com **전화** 089-998-7373

텐 팩토리
10ファクトリー松山本店 [텐확쿠토리 마쓰야마혼텐]

에히메산 귤로 만든 다양한 제품을 맛볼 수 있는 곳

전국 귤 생산량 1, 2위를 자랑하는 에히메현에서 생산된 귤을 가공한 제품을 판매하는 곳이다. 에히메현의 계약 농가에서 매입한 귤로 만든 주스나 젤리, 수제 잼, 젤라토 등을 판매한다. 가게 안에 마련된 세련된 카페에서 먹을 수도 있고 포장도 가능하다. 도고 온천에도 매장이 있으며 도고 하이카라도리에 들어서면 바로 왼쪽에 매장이 있다.

주소 愛媛県松山市大街道 3-2-25 **위치** 노면 전차 오카이도(大街道)역에서 도보 3분 **시간** 09:30~18:00 **휴무** 연중무휴 **가격** 600엔(귤 맥주), 480엔~(주스) **홈페이지** 10-mikan.com **전화** 089-968-2031

스시마루
すし丸 [스시마루]

60년 노포의 정성 어린 상차림을 맛볼 수 있는 집

창업한 지 60년이 넘은 소문난 식당이다. 가까운 바다에서 수확한 해산물을 메인으로 한 가이세키 요리나 향토 요리가 유명하다. 특히 마쓰야마스시(松山鮓)는 마쓰야마 사람들이 축하할 일이 있을 때 먹거나, 집에 온 손님에게 대접하는 음식으로 붕장어와 신선한 회, 새우의 조화를 보는 것만으로도 즐거울 정도다. 11시부터 2시까지 런치 메뉴로 마쓰야마스시 세트를 먹는다면 부담 없이 60년 노포의 정성 어린 상차림을 맛볼 수 있다. 세트로 나오는 소면 한 그릇도 후식처럼 즐기자.

주소 愛媛県松山市二番町 2丁目 3-2 **위치** 노면 전차 오카이도(大街道)역에서 도보 5분 **시간** 11:00~14:00, 16:30~22:00 **휴무** 연중무휴 **가격** 1,540엔(마쓰야마스시 세트, 런치 한정 11:00~14:00), 2,105엔(마쓰야마오젠) **홈페이지** www.sushimaru.co.jp **전화** 089-941-0447

소바키치(오카이도점)
そば吉 大街道店 [소바키치 오-카이도텐]

부담 없는 소바 한 그릇

에히메현에만 9개의 점포를 두고 있는 소바 전문점이다. 오카이도 상점가 안에 자리하고 있으니 쇼핑이나 산책을 하다가 출출함을 달래기에 좋다. 가격도 적당하고 꼬들꼬들한 면의 식감이 좋다.

주소 愛媛県松山市大街道 2丁目 3-2 **위치** 노면 전차 오카이도(大街道)역에서 도보 3분 **시간** 11:00~21:00(주문 마감 20:30) **휴무** 화요일 **가격** 700엔~(이나카소바) **홈페이지** sobakichi.jp **전화** 089-931-1143

고시키(본점)
五志喜 本店 [쿄-도료-리 고지키혼텐]

마쓰야마 도미를 맛보자
창업한 지 약 380년이 된 소면 제조사의 제휴점이다. 다섯 색의 소면과 세토내해에서 수확한 신선한 도미가 어우러진 도미 소면은 이 집의 간판 메뉴다. 다양한 에히메현의 향토 요리를 맛볼 수 있으며 가게에서 오색 소면 판매도 겸하기 때문에 편하게 구입할 수 있다.

주소 愛媛県松山市三番町 3-5-4 **위치** 노면 전차 오카이도(大街道)역에서 도보 8분 **시간** 11:00~14:00(런치 주문 마감 13:30), 17:00~21:00 **휴무** 부정기적 **가격** 1,650엔(도미밥 런치), 2,300엔(도미 소면) **홈페이지** goshiki-soumen.co.jp **전화** 089-933-3838

히기리야키(본점)
ひぎりやき本店・ひぎり茶屋 [히기리야키 혼텐 히기리쨔야]

마쓰야마의 100년 간식
겉은 부드러우면서도 바삭하고, 속은 팥과 크림이 들어 있는 오방떡 히기리야키는 마쓰야마 시민들의 유명 간식거리로, 1912년 창업 이래 100년이 넘게 오래도록 사랑받고 있다. 한 개에 120엔이라 부담 없이 즐길 수 있으며 가게 안에는 찻집도 겸하기 때문에 안에서 차를 주문해 같이 먹을 수도 있다. 계절 한정으로 판매하는 딸기 등을 사용한 한정판 히기리야키도 큰 인기다.

주소 愛媛県松山市湊町5-4-1 **위치** 마쓰야마시(松山市)역에서 도보 1분 **시간** 10:00~18:00(팔리는 대로 영업 종료) **휴무** 연중무휴 **가격** 120엔(히기리야키) **전화** 089-933-0915

도고온센역
道後温泉駅 [도-고온센에키]

도고 온천 여행의 시작
마쓰야마의 대표 관광지 도고 온천 여행의 출발지며 봇짱 열차의 종착역이기도 하다. 역에서는 봇짱 열차가 다시 출발하기 전에 방향을 전환하는 광경을 볼 수도 있다. 역 건물은 1911년에 시공됐다가 1986년에 신축 복원했으며 몇 년 전에는 스타벅스가 역의 1, 2층에 입점해 역 분위기에 다소 변화가 생겼다.

주소 愛媛県松山市道後町 1丁目 **위치** 노면 전차 도고오센(道後温泉)역

호조엔
放生園 [호-조-엔]

무료 족탕에 앉아 소설 속 주인공들을 만날 수 있는 곳
도고온센역 앞에 있는 광장을 말하며 역을 나오면 정면에 있는 도고 하이카라도리 상점가 오른쪽으로 호조엔이 보인다. 누구나 즐길 수 있는 족탕과 도고 온천 본관 개관 100주년을 기념해 만든 봇짱 시계가 볼거리다. 매 시각 정시에 봇짱, 마돈나 등 소설《봇짱》의 등장인물들이 시계 속에서 나타나기 때문에 그 시간이 되면 사진을 찍으려는 사람들로 광장이 잠깐 붐빈다. 목욕물을 끓이는 솥인 유가마(ゆがま)에서 흘러넘치는 원천을 즐길 수 있는 무료 족탕도 인기며 밤이 되면 복고풍의 가스등이 켜져서 온천의 정취가 넘친다.

주소 愛媛県松山市道後湯之町 6-7 **위치** 노면 전차 도고오센(道後温泉)역에서 바로 **시간** 06:00~23:00 **휴무** 연중무휴 **요금** 무료 **전화** 089-948-6556

도고 온천 본관
道後温泉本館 [도-고온센 혼칸]

3,000년 역사의 명탕에 몸을 담그자

일본에서 가장 오래된 온천으로 불리는 명탕이다. 1894년에 지어진 이래 매일 수많은 사람들이 이용하는 현역 온천이자 대중 온천이다. 또 일본이 자랑하는 작가 나쓰메 소세키가 즐겨 찾던 온천으로도 유명하다. 도고 온천 온천수의 역사는 3,000년이 넘었으며 긴 세월이 지났지만 빼어난 아름다움을 자랑하는 본관은 온천 시설로는 일본에서 최초로 국가 중요 문화재로 지정됐다. 애니메이션 〈센과 치히로의 행방불명〉에서 신들이 모여서 온천을 즐기던 장면과 치히로가 바삐 움직이던 온천이 기억난다면 애니메이션의 기억에 풍덩 빠져 더 반갑게 온천을 즐겨 보자. 온천욕을 마친 후 온천 거리인 도고 하이카라도리를 걷는 것도 즐거움의 하나다. 2018년 가을부터 본관이 수리에 들어가 2024년 연말까지 예정된 공사 기간 동안 도고 온천 본관은 부분적으로 영업하고 있으며 현재 이용할 수 있는 시설은 남녀 온천욕장 각각 한 군데씩이다.

주소 愛媛県松山市道後湯之町 5番 6号 **위치** 노면 전차 도고온센(道後温泉)역에서 도보 5분 **시간** 가미노유 06:00~23:00(접수 마감 22:30) **휴무** 연중무휴 **요금** 420엔(1시간 이내 이용) **홈페이지** www.dogo.or.jp **전화** 089-921-5141

유신덴 又新殿 [유신덴]

1899년에 건축된 유신덴은 일본에서 유일한 왕실 전용 욕실이다. 16세기 후반의 모모야마 양식을 본떠 만들었으며 호화롭고 우아하다. 목재나 석재 등을 최고급 재료로 해 일왕 이외의 왕족이 사용하던 거실과 일왕이 휴식하던 옥좌까지 모두 금박으로 되어 있다. 유신덴을 둘러보려면 예약이 필요하며 가이드의 설명을 들으면서 약 15분간 견학할 수 있다.

위치 도고 온천 본관 내 **시간** 09:00~17:00 **휴무** 연중무휴 **요금** 270엔(대인), 130엔(소인) **홈페이지** www.dogo.or.jp **전화** 089-921-5141

봇짱의 방 坊っちゃんの間 [봇짱노마]

나쓰메 소세키가 마쓰야마 중학교의 영어 교사였던 시절, 자주 도고 온천을 찾은 것을 인연으로 본관 3층에 있는 방 하나에 나쓰메 소세키의 사진과 흉상 등을 전시하고 그의 소설 제목을 따서 '봇짱의 방'이라고 이름 붙였다. 온천 내방객은 무료로 둘러볼 수 있다.

위치 도고 온천 본관 3층 **시간** 06:00~21:30 **휴무** 연중무휴 **요금** 온천 이용자는 무료 **홈페이지** www.dogo.or.jp **전화** 089-921-5161

`Notice` 2023년 7월 현재 공사 중이라서 관람할 수 없으며 2024년 말에 공사 완료 예정이다.

나쓰메 소세키(1867~1916)는 누구인가?

일본의 국민 작가며 평론가, 영문학자이다. 일본 최초의 국비 유학생 자격으로 3년간 영국 유학을 다녀왔고 마쓰야마 출신의 작가 마사오카 시키와의 우정도 각별했다. 특히 마쓰야마 중학교 교사였던 인연으로 마쓰야마 시민들에게 크게 사랑받고 있다. 후대의 작가들에게 많은 영향을 주었으며 흔히 일본 근대 소설의 아버지라 불린다. 그의 소설 《봇짱》이 마쓰야마를 배경으로 했기 때문에 마쓰야마에는 봇짱 이름을 붙인 전차, 경단, 뮤지엄 등이 있다.

도고 온천 쓰바키노유
道後温泉 椿の湯 [도-고온센 츠바키노유]

도고 온천 본관의 자매 온천

도고 온천 본관 근처에 또 다른 온천 쓰바키노유가 자리하고 있다. 7세기에 쇼토쿠 태자가 이 지역을 방문했을 때 동백꽃이 아름답게 피어 있는 걸 보고 마치 극락에 있는 것 같다고 한 말에 기원을 두고 붙인 이름이라고 한다. 본관의 자매 온천으로 본관과 같은 원천탕이다. 도고 온천 본관과 별관처럼 개인실 같은 차이를 두지 않고 누구나 같은 탕을 이용하며 온천욕 시간은 1시간 이내로 제한한다. 쓰바키는 동백이라는 뜻이다.

주소 愛媛県松山市道後湯之町 19-22 **위치** 도고 온천 본관에서 도보 3분(도고온천 별관 바로 옆) **시간** 06:30~23:00(접수 마감 22:30) **휴무** 연중무휴 **요금** 400엔(대인), 150엔(소인) **홈페이지** dogo.jp/onsen/tsubaki **전화** 089-935-6586

도고 온천 별관 아스카노유
道後温泉別館 飛鳥乃湯泉 [도고온센 벳칸 아스카노유]

도고온천 별관의 새로움을 즐기자

도고 온천 별관 아스카노유는 6세기에서 8세기에 걸친 아스카 시대의 건축 양식을 도입해 만든 공중목욕탕이다. 2017년 12월에 오픈한 이래, 새로운 온천 문화를 창조해 나가는 거점으로 기대와 화제를 모으고 있다. 1층은 대욕탕과 노천탕이 있고, 2층은 대공간 휴게실과 개인실, 특별 욕실 등이 있으며 요금을 달리해 분류하고 있다. 온천만 즐기는 소박한 플랜부터 개인실을 이용하는 플랜까지 구분돼 있는 것은 본관과 마찬가지다. 매표소에 플랜과 가격이 세세하게 적힌 안내판이 걸려 있다. 특히 아스카노유에는 도고 온천본관에 있는 일본 유일의 왕실 전용 욕실인 유신덴을 재현한 특별 욕실이 있다. 일왕이 입욕할 때 입었다는, 오늘날 유카타의 원형이 된 유초를 입고 당시의 입욕 방식을 체험할 수 있다. 또 5개의 개인실에는 매듭 공예, 염색 공예, 이마바리 수건, 칠기, 조각 등 각각의 테마로 꾸며진 에히메현의 전통 공예를 감상할 수 있고 대공간 휴게실과 복도에서도 예술성이 높은 전등이나 장식품, 그림을 감상할 수 있다.

주소 愛媛県松山市道後湯之町 19番 22号 **위치** ❶ 노면 전차 도고온센(道後温泉)역에서 도보 5분 ❷ 도고 온천본관에서 도보 3분 **시간** 06:00~23:00(1층 대욕탕), 06:00~22:00(그 외 시설) **휴무** 연중무휴 **요금** 610~1,690엔 **홈페이지** dogo.jp/onsen/asuka **전화** 089-921-5141

'온천의 신'을 찾아라

별관은 규모가 크기 때문에 개인실도 본관보다 넓고 2층 대공간 휴게실도 시원하게 트여 있다. 휴게실 벽면에 도고 온천 거리와 그 주변을 그린 대형 그림이 걸려 있다. 다양한 사람들이 재미있게 표현돼 있는데, 한때 유행했던《윌리를 찾아라》를 즐기는 기분으로 나쓰메 소세키와 마사오카 시키가 함께 있는 그림을 찾아보아도 재미있고, '온천의 신'을 찾는 데도 도전해 보자. 힌트는, 나쓰메 소세키와 시키는 도고 하이카라도리 상점가에서 있고 '온천의 신'은 인력거를 타고 이동 중이다. 덧붙여, 1층 대욕탕에서는 매 시간 정각에 벽면에 배가 지나가는 모습이 재현된다. 2, 3분 정도의 짧은 시간이지만 온천탕에 몸을 담그고, 희미하게 빛을 발하며 지나가는 서너 척의 배도 감상해 보자.

도고 온천 제대로 즐기기 1

·TIP·

도고 온천에서 온천을 즐기는 방법은 모두 네 가지가 있다. 온천욕만 즐기는 가장 소박한 플랜부터 개인실을 이용하는 플랜까지 필요에 따라 알차게 즐겨 보자. 도고 온천가에서 숙박한다면 온천욕 후에 온천 여관에서 제공하는 유카타를 입고 상점이 오밀조밀 붙어 있는 오래된 온천 거리를 걷는 것도 좋다. 에히메현 감귤로 만든 음료와 젤리, 봇짱 경단, 타르트, 에히메현의 인기 식품 자코텐까지 갖가지 군것질거리가 가득하다. 온천 거리 어디나 온천객과 관광객으로 붐비지만 그 속에 묻혀 느리게 옛 시간 속을 걸어보자.

• 도고 온천 별관 아스카노유(도고 온천 본관은 2024년 연말 이후 플랜 제공 예정)

		1층 대욕탕	2층 대공간 휴게실	2층 개인실	2층 특별 욕실
요금	대인	610엔	1,280엔	1,690엔	1,690엔 +한 팀당 2,040엔
	소인	300엔	630엔	830엔	830엔 +한 팀당 2,040엔
영업 시간		6~23시	6~22시	6~22시	6~22시
접수 마감		22시 30분	21시	21시	20시 40분
플랜 내용		1시간 30분 이내	1시간 30분 이내, 2층 대공간 휴게실	1시간 30분 이내, 2층 개인실 휴게실	1시간 30분 이내, 2층 특별 욕실 휴게실
특전		없음	차와 간식, 대여 유카타	차와 간식, 수건, 대여 유카타	차와 간식, 수건, 대여 유카타

• 일본 온천 즐기기

❶ 일본의 온천욕은 몸을 씻는 것뿐만 아니라 휴식을 취하는 것까지 포함한다. 우선, 탕에 들어가기 전에 먼저 몸을 깨끗이 씻는다.
❷ 수건은 탕에 담그지 않는다.
❸ 탕에 들어가 휴식을 취한다. 물의 온도가 높으니 자신의 컨디션을 살펴서 너무 오래 탕 안에 있지 않도록 한다.
❹ 피로가 풀리면 탕에서 나온다.
❺ 자신이 사용한 샴푸나 비누, 의자 등을 정리한 후 나온다.
❻ 탈의실에서 옷을 입거나 휴게실 코스가 있는 티켓을 구입했다면 유카타로 갈아입고 휴게실로 가서 차를 마시며 휴식을 취한다.

도고 온천 제대로 즐기기 2

• 도고 온천 이용 방법

❶ 먼저 매표구 위에 걸려 있는 안내판을 보며 자신이 이용할 온천 플랜을 정한다.
❷ 이용 플랜을 선택한 후 티켓을 구입한다.
❸ 신발장에 신발을 넣고 열쇠는 본인이 보관한다(보증금 100엔은 나올 때 돌려받음).
❹ 내부의 온천 입구에서 매표소에서 구입한 티켓을 보여주면 플랜에 따라 이용하는 법이나 탈의실과 휴게실을 안내해 준다.
❺ 1층 온천을 선택한 경우는 1층 탈의실로 이동한 후 대욕탕에서 온천을 즐긴다.
❻ 2층 개인실을 선택한 경우는 2층 전용실에서 유카타로 갈아입고 1층 대욕탕으로 내려간다. 도고온천 본관과 같은 원천을 사용하는 대욕탕과 노천탕에서 온천욕을 즐긴다. 다시 2층으로 올라와서 2층 특별욕실을 이용한 후, 휴게실에서 차와 함께 내어오는 간식을 즐긴다.

유카타 차림으로 온천 거리 산책하기

❶ 유카타는 원칙적으로는 목욕 후에 입는 실내복이지만 온천 지역에서는 입고 거리에 나가도 괜찮다. 도고 온천 주변의 온천 여관에 묵을 경우 유카타를 제공하므로 유카타 차림으로 온천 거리에 나가 보자.
❷ 자신에게 맞는 치수를 선택한다. 옷자락이 복숭아뼈 정도까지 내려오는 길이가 적당하다.
❸ 입을 때는 오른쪽이 아래로, 왼쪽이 위가 되도록 앞자락을 포갠다.
❹ 띠를 허리에 둘러 몸 앞쪽에서 묶는다. 여성은 매듭이 앞으로 오게 하고 남성은 앞에서 묶은 후 매듭을 뒤로 돌린다.
❺ 쌀쌀할 때는 온천 여관에서 유카타 위에 입는 하오리를 제공하므로 유카타 위에 겹쳐 입는다.
❻ 옷깃과 옷자락이 벌어져 있지 않은지 자주 확인한다.

도고 공원 · 유즈키성 유적
道後公園.湯築城跡 [도-고코엔.유즈키조아토]

일본에서 가장 오래된 유가마를 볼 수 있는 곳
도고 공원은 중세 시대에 이요국의 치안을 담당했던 고노가 축성한 유즈키성의 유적지이기도 한 공원이다. 공원 안에는 유즈키성에 관련된 자료가 전시돼 있는 자료관과 일본에서 가장 오래된, 목욕물을 덥히는 데 쓰는 유가마도 전시하고 있다. 계절에 따라 지역 학생들이 인형이나 조형물을 만들어서 나뭇가지에 달아놓기도 하는데 저녁에 불을 밝히면 꽤 운치 있는 풍경이 된다.

주소 愛媛県松山市道後公園 **위치** 노면 전차 도고코엔(道後公園)에서 바로 **시간** 09:00~17:00(자료관) **휴관** 연중무휴(공원), 월요일 휴관(자료관) **요금** 무료 **홈페이지** www.dogokouen.jp **전화** 089-941-1480

마쓰야마 시립 시키 기념 박물관
松山市立子規記念博物館 [마쓰야마시리쓰 시키키넨하쿠부쓰칸]

마쓰야마를 대표하는 하이쿠 시인을 만나다
마쓰야마 출신의 유명한 하이쿠 시인 마사오카 시키의 문학 세계를 통해, 마쓰야마의 문학을 널리 알리고 이해를 깊게 하기 위해 개관한 박물관이다. 시키가 쓴 편지와 원고, 서적 등의 상설 전시 외에 4층 강당에서는 시코쿠 헨로 사진전 같은 다양한 테마의 전시회가 열린다.

주소 愛媛県松山市道後公園 1-30 **위치** 노면 전차 도고온센(道後温泉)역에서 도보 5분 **시간** 09:00~18:00(5월 1일~10월 31일), 09:00~17:00(11월 1일~4월 30일) **휴관** 부정기 휴관(홈페이지에서 확인) **요금** 400엔, 무료(초, 중, 고교생) **홈페이지** shiki-museum.com **전화** 089-931-5566

*TIP. 마사오카 시키는 누구인가?
마사오카 시키(正岡子規, 1867~1902년)는 일본의 시인이며 국어학 연구가이다. 하이쿠, 단카, 신체시, 소설, 평론, 수필 등 다양한 분야에서 많은 작품을 남겼으며 일본 근대 문학에 지대한 영향을 주었다. 메이지 시대를 대표하는 문학가 중 한 명으로 나쓰메 소세키와의 우정도 유명하다.

도고 하이카라도리
道後ハイカラ通り [도-고 하이카라 도-리]

온천욕 후에는 온천 거리 산책

도고온센역부터 도고 온천 본관에 이르는 상가 전체를 이르는 명칭이며 온천을 즐긴 후 쇼핑을 하거나 군것질을 하면서 돌아보기에 좋다. 국내에서도 유명한 지브리 숍, 귤로 만든 제품을 판매하는 미칸노키, 이마바리 수건 전문점, 에히메 토산품점 등 다양한 가게를 둘러보자. 도고 하이카라도리에 있는 많은 가게가 오카이도 상점가에도 있으니 이곳의 번잡함이 싫다면 시내의 오카이도 상점가를 돌아봐도 좋다.

주소 愛媛県松山市道後湯之町 15-23 **위치** 노면 전차 도고온센(道後温泉)역부터 도고 온천 본관까지 이어지는 상점가 **시간** 점포마다 다름 **휴무** 점포마다 다름 **홈페이지** dogo-shoutengai.jp **전화** 089-931-5856(도고 상점가 진흥 조합)

세키 미술관 セキ美術館 [세키 비주쯔칸]

품위가 넘치는 미술관

도고 온천 앞의 긴 상가 도고 하이카라도리를 걷다가 중간쯤에서 서쪽으로 이어지는 골목으로 들어가면 작은 개천을 따라 납작한 돌이 깔린 니키타쓰(熱田津) 길이 이어진다. 이 골목의 한적한 주택가에 위치한 세키 미술관은 1997년 개관 이래 미술 애호가로부터 꾸준한 사랑을 받고 있다. 소장 작품은 메이지 시대부터 쇼와 시대까지 거장의 손에서 탄생한 근현대 일본 회화와 서양 미술 작품이다. 계절마다 작품을 바꾸어 전시하기 때문에 자주 방문해도 신선하다. 특히 로댕의 조각 작품 〈숲의 요정〉을 비롯해 로댕의 조각과 판화, 스케치 등을 모아 놓은 '로댕의 방'을 추천하며 가야마 마타조(加山又造)나 아다치 미술관에 다수의 작품이 전시돼 있는 요코야마 다이칸(横山大観)의 작품 4점도 세키 미술관에서 만나볼 수 있다.

주소 愛媛県松山市道後喜多町 4-42 **위치** 노면 전차 도고온센(道後温泉)역에서 도보 5분 **시간** 10:00~17:00(수요일~일요일 및 공휴일만 개관) **휴관** 월, 화요일 **요금** 700엔(대인, 대학생), 500엔(초, 중, 고교생) **홈페이지** www.seki.co.jp/mus **전화** 089-946-5678

에히메 과실구락부 미칸노키
えひめ果実倶楽部みかんの木 [에히메 카지쯔쿠라부 미칸노키]

감귤 제품의 모든 것

도고 온천 본관에서 가까운 가게로, 감귤을 재료로 만든 주스와 젤리, 잼, 과자 등 다양한 감귤 제품을 판매한다. 특히 온천욕 후에 먹는 시원한 감귤 소프트아이스크림은 별미다. 말린 감귤도 좋지만 달콤한 감귤 젤리도 기분 좋은 식감이다.

주소 愛媛県松山市道後湯之町 13-345 **위치** 노면 전차 도고온센(道後温泉)역에서 도보 4분 **시간** 09:30~18:30 **휴무** 연중무휴 **가격** 350엔(감귤젤리), 432엔(감귤 주스), 350엔(감귤소프트아이스크림) **홈페이지** dogo.co.jp/mikan **전화** 089-941-6037

도고 맥주관
道後麦酒館 [도-고비-루칸]

봇짱 맥주, 마돈나 맥주를 즐길 수 있는 곳

도고 온천 본관 오른쪽에 있는 지역 맥주집이다. 갓 생산한 신선한 맥주와 에히메의 제철 식재료를 사용한 음식을 맛볼 수 있다. 소세키 맥주와 봇짱 맥주, 마돈나 맥주를 즐겨 보자. 인기 있는 봇짱 맥주는 마일드 타입이고 캐러멜 맥아를 사용한 마돈나는 미세한 단맛이 난다. 안주로는 마쓰야마의 별미 자코텐과 가마보코 안주가 인기 메뉴다. 저녁에는 온천을 끝낸 손님으로 북적인다. 도고 온천 별관 아스카노유 바로 옆에도 도고 맥주관 별관이 있으니 온천욕 후 시원한 지역 맥주를 즐겨 보자.

주소 松山市道後湯之町 20-13 **위치** 도고 온천 본관 오른쪽 바로 **시간** 11:00~22:00 **휴무** 연중무휴 **가격** 600엔(봇짱 맥주, 마돈나 맥주, 소세키 맥주 각각) **홈페이지** www.dogobeer.jp **전화** 089-945-6866

쓰보야 과자점
つぼや菓子舗 [츠보야카시호]

소설 《봇짱》에 등장하는 바로 그 경단

1883년에 창업한 경단 가게로, 마쓰야마의 명물 봇짱 경단의 발상지며 나쓰메 소세키의 소설《봇짱》에 등장하는 경단 가게의 모델이 되기도 한 곳이다. 온천욕을 한 후 약간 출출해지면 시원한 감귤주스와 달콤한 봇짱 경단으로 기운을 보충하자.

주소 愛媛県松山市道後湯之町 14-23 **위치** 노면 전차 도고온센(道後温泉)역에서 도보 3분 **시간** 09:30~18:00, 20:00~21:30 **휴무** 화요일(공휴일일 때 다음 날 휴무) **가격** 650엔~(봇짱 경단 5개 들이) **전화** 089-921-2227

다니모토가마보코텐(도고점)
谷本蒲鉾店 道後店 [타니모토가마보코텐 도-고텐]

마쓰야마의 명물 자코텐을 맛보자

1916년에 창업한 오래된 가마보코 집이다. 도고 온천 본관 옆에 있는 도고 온천 공원 입구에 있다. 갓 튀겨낸 자코텐(생선 치어를 갈아 만든 어묵류)을 먹느라 가게 앞은 밤이 돼도 손님들로 문전성시다. 시바 료타로의 소설《언덕 위의 구름》을 흉내 내어 만들었다는 구름 모양의 '언덕 위의 자코텐'도 자코카쓰도 맛있다. 가게 앞에 놓인 의자에 앉아 뜨거울 때 호호 불며 먹어 보자.

주소 愛媛県松山市道後湯之町 20 **위치** 노면 전차 도고온센(道後温泉)역에서 도보 5분 **시간** 08:30~22:00 **휴무** 부정기 **가격** 250엔(자코텐), 380엔(자코카쓰) **홈페이지** www.jyakoten.co.jp **전화** 089-933-3032

로쿠지야(도고점)
六時屋道後店 [로쿠지야 도-고텐]

달콤한 간식

1933년에 창업한 타르트 전문점이다. 식품 첨가물은 전혀 넣지 않고 100% 홋카이도산 팥을 사용해 만든다. 팥이 들어있는 것이 기본이고 딸기, 밤 등 다양한 맛도 즐길 수 있다. 가게 안에서 먹을 수도 있지만 도고 하이카라도리를 걸어 다니며 먹는 것도 즐겁다.

주소 松山市道後湯之町 14-22 **위치** 노면 전차 도고온센(道後温泉)에서 도보 3분 **시간** 09:00~21:00 **휴무** 연중무휴 **가격** 119엔(조각 타르트), 130엔(아이스 모나카) **홈페이지** www.rokujiya.co.jp **전화** 089-943-6010

봇짱 열차 뮤지엄
坊っちゃん列車ミュージアム [봇짱렛샤뮤지아무]

커피를 마시며 봇짱 열차를 만나다

에히메현 마쓰야마시 교외를 운행하는 대중교통 이요테쓰 철도가 1887년 창업부터 현재까지의 역사를 소개하는 자료관이다. 관내에는 창업 당시부터 67년 동안 운행하던 초기 기관차 봇짱 열차의 모형 외에 차량 부품과 자료 등을 전시해 이요테쓰 철도가 걸어온 길을 한눈에 살펴볼 수 있다. 스타벅스 매장 안쪽에 자리하고 있다.

주소 愛媛県松山市湊町 4-4-1 **위치** 노면 전차 마쓰야마시(松山市)역에서 도보 3분 **시간** 07:00~21:00 **요금** 무료 **홈페이지** www.iyotetsu.co.jp/museum **전화** 089-948-3290(문의는 평일 08:30~17:30)

이요테쓰 다카시마야
いよてつ髙島屋 [이요테츠 다카시마야]

마쓰야마시역과 직결된 편리한 백화점

마쓰야마에 본사를 둔 백화점이다. 지하 1층에서 지상 9층까지 있으며 9층에는 대관람차 구루린이 있다. 봇짱 열차 승차권, 원데이 티켓 등의 승차권을 구입하면, 구루린을 1회에 한해 무료로 승차할 수 있으니 놓치지 말고 타면서 마쓰야마 시내를 조망해 보자. 8층과 9층은 식당가며 7층에는 기노쿠니야 서점과 약국, 잡화점 등이 자리하고 있다. 지하에는 원두커피, 고베 고로케, 각종 도시락 같은 먹거리 외에 선물하기에 좋은 쿠키, 초콜릿, 과일 식초 등 아이템도 다양하다. 대관람차 구루린 운행 시간은 오전 10시부터 21시(탑승 마감 20:45분)까지다.

주소 愛媛県松山市湊町 5丁目 1番地 1 **위치** 노면 전차 마쓰야마시(松山市)역에서 바로 **시간** 10:00~19:00, 11:00~21:00(8, 9층 식당가) **휴무** 월에 따라 변동 있음(백화점 홈페이지에 개재) **홈페이지** www.iyotetsu-takashimaya.co.jp **전화** 089-948-2111

아시유 카페 봇짱
足湯カフェ坊っちゃん [아시유 카훼 봇짱]

도고 온천수를 사용하는 족탕 카페

2022년에 도고 온천 본관 바로 앞에 있는 봇짱 광장에 아시유(족탕) 카페가 등장했다. 도고 온천의 온천수를 끌어와서 제공하는 아시유는 미니 타월을 포함해 200엔이라는 합리적인 가격으로 이용할 수 있어서 상당히 인기다. 주스나 젤라토(400엔) 등 에히메현의 특산물 귤을 사용한 간식은 아시유 옆에 있는 초콜릿 전문점 '33.8 GOOD CACAO'에서 구입할 수 있다. 따뜻한 온천수에 발을 담그고 달콤한 초콜릿이나 새콤한 귤 간식을 즐기는 한때도 기억에 남는다.

주소 愛媛県松山市道後湯之町20-14 **위치** 도고 온천 본관 앞 봇짱 광장 내 **시간** 09:30~18:00(토요일은 20시까지) **휴무** 부정기 휴무 **가격** 200엔(1회 30분, 미니 타월 포함) **전화** 089-934-4833

긴텐가이 상점가 銀天街商店街 [긴텐가이 쇼텐가이]

오카이도와 함께 마쓰야마를 대표하는 상점가

오카이도 상점가와 함께 마쓰야마를 대표하는 아케이드 상점가다. 마쓰야마시역과 연결된 노면 전차 다카시마야역에서 시작해 오카이도 상점가까지 이어진다. 아케이드 안에는 30년 이상 된 잡화점 에이원(A-one)을 비롯해 드러그스토어 마쓰모토 기요시, 잡화, 의류, 서점, 찻집, 기념품점 등 개성 있는 상점이 빼곡하게 늘어서 있다.

주소 愛媛県松山市湊町 4-8-15 **위치** 노면 전차 마쓰야마시(松山市)역에서 도보 3분 **시간** 점포마다 다름 **휴무** 점포마다 다름 **홈페이지** gintengai.or.jp **전화** 089-945-6600(긴덴카이 상점가 진흥 조합)

고토리
ことり [고토리]

소박하고 진한 국물맛이 일품인 우동집

1949년에 창업한 우동집으로 멸치를 넣고 우린 소박한 국물맛이 진하고 담백해서 일품이다. 아사히와 마찬가지로 몇십 년 전의 느낌이 그대로 전해진다. 종전 직후 물건이 귀하던 시절에 싸고 튼튼한 냄비를 찾다가 알루미늄 냄비를 쓰게 됐고 그것이 지금까지 이어져 오고 있다고 한다. 고토리도 아사히도 같은 크기의 알루미늄 냄비에 우동을 삶아 내온다. 두 집 중 한 군데만 간다면 유부초밥을 함께 주문해도 좋다. 하지만 이왕이면 두 집 모두 방문해 맛을 보기를 추천한다.

주소 愛媛県松山市湊町 3-7-2 **위치** 노면 전차 마쓰야마시(松山市)역 또는 오카이도(大街道)역에서 도보 10분 **시간** 10:00~14:00(팔리는 대로 영업 종료) **휴무** 수요일(임시 휴일 있음) **가격** 650엔(나베야키우동) **전화** 089-921-3003

고토리 vs 아사히

고토리와 아사히는 마쓰야마에서 어깨를 나란히 하는 유명한 우동집인데 두 가게는 불과 30초도 안 걸리는 곳에 있다. 좁은 골목을 사이로 오랫동안 고락을 같이해 온 셈이다. 고토리도 아사히도 다 팔리는 대로 영업을 종료하기 때문에 폐점 시간에 가면 거의 닫혀 있다. 간다면 두 군데 우동 맛을 다 볼 생각을 하고 조금 이른 시간에 가는 것이 좋다.

아사히
アサヒ [아사히]

마쓰야마 냄비 우동의 쌍벽

1947년에 창업한 우동집으로, 고토리와 함께 지역 주민들의 사랑을 받고 있는 집이다. 두 곳 모두 오래된 가게 고유의 분위기가 있어서 편안한 느낌이다. 구석에 놓인 2인용 앉은뱅이 상도 정겹다. 메뉴는 유부초밥, 나베야키우동과 계란이 첨가된 나베야키다마고우동이 있으며 창업 당시부터 이어져 오는 단맛도 그대로다. 고토리보다 고기 양이 미세하게 더 많으며 단맛도 아사히가 좀 더 강하다.

주소 愛媛県松山市湊町 3-10-11 **위치** 노면 전차 마쓰야마시(松山市)역 또는 오카이도(大街道)역에서 도보 10분 **시간** 10:00~17:00(팔리는 대로 영업 종료) **휴무** 매주 수요일, 매월 둘째 주 화요일 **가격** 650엔(나베야키우동), 700엔(나베야키다마고우동) **전화** 089-921-6470

단맛 우동의 탄생

아사히 우동집 벽에는 낡은 종이에 이런 글귀가 붙어 있다.
"아직 단 것이 귀하던 시절에 증조부의 고안으로 아사히의 나베야키우동이 탄생했습니다. 세월은 흘러도 변함없는 그리운 맛을 모두에게"
아사히 우동이 단맛이 강한 데는 이런 이유가 있다. 진화하는 맛도 좋지만 이렇게 오랜 세월 변함없는 맛도 좋다. 일본에서는 예전에 귀한 손님이 오면 설탕물을 대접하던 시절이 있었다. 그 시절을 생각하면서(생각할 수 없는 세대라면 상상하면서) 맛있게 한 냄비를 비워 보자. 단맛이 나는 우동이 상상이 안 될 수도 있지만 먹어 보면 뭔가 익숙한 맛이다.

우치코
内子

우치코는 에도 시대부터 메이지 시대에 걸쳐 목랍과 종이 생산으로 번영해 온 지역이다. 당시의 모습이 남아 있는 국가중요전통건축물 보존 지구인 '요카이치 고코쿠 지구'의 아련한 정취를 찾아 우치코를 방문하는 사람이 늘고 있다.

고풍스러운 기와를 얹고 하얀 회반죽과 황토를 바른 목조 건물이 늘어서 있는 옛 거리는 자주 걸음을 멈추게 한다. 전통 가부키 극장인 우치코좌를 비롯해 당시 생활상을 알 수 있는 자료관 등 소소하게 볼거리를 찾아 걸어 보자. 목랍 거상이 살던 저택과 상가를 개조해 자료관과 식당, 찻집으로 사용하고 있으니 잠시 쉬어 가며 시간 여행자의 기분을 느껴 보는 것도 특별하다.

• **우치코초 여행 정보** www.we-love-uchiko.jp

• 우치코 교통편 •

JR마쓰야마역에서 JR우치코(内子)역까지는 JR특급으로 25분 정도 걸린다. 우치코역 옆에 있는 관광안내소 다비리안(旅里庵)에서는 관광 정보를 제공하고 자전거도 대여해 준다(일반 자전거 500엔, 3시간 이내 / 전동 자전거 1,500엔, 3시간 이내). 도보로 20분 정도면 보존 지구에 도착하지만 걷는 게 부담이 된다면 택시로 마을 끝에 있는 절 고쇼지(高昌寺)나 요카이치 고코쿠노마치나미(八日市·護国の町並み)까지 간 후 거리 풍경을 즐기며 역으로 돌아오는 방법도 좋다.

우치코초 비지터 센터 아룬제
内子町ビジターセンター A·runz [우치코초 비지타센타 아룬제]

우치코 거리의 관광 안내소
우치코역에서 10분 정도 떨어진 우치코 거리 안에 있는 관광 안내소다. 1층은 관광 안내소고, 2층은 주민들의 다목적 공간이다. 1층에서 우치코 관광에 필요한 자료를 챙기고 뒷문으로 나가면 식사나 차를 마실 수 있는 마치노에키 난제(まちの駅 Nanze)와 이어지므로 두 곳을 모두 이용하기에 좋다.

주소 愛媛県喜多郡内子町内子 2020番地 **위치** JR우치코(内子)역에서 도보 10분 **시간** 09:00~17:30(4~9월), 09:00~16:30(10~3월) **휴무** 목요일, 연말연시 **요금** 무료 **홈페이지** www.iyokannet.jp/spot/4525 **전화** 0893-44-3790

요카이치 고코쿠 거리
八日市 護国の町並み [요-카이치 고코쿠노마치나미]

따뜻한 풍경이 있는 옛 거리
우치코는 에도 시대부터 메이지 시대에 걸쳐 목랍 생산으로 번창했던 지역이다. 그 모습이 지금도 진하게 남아 있는 곳이 요카이치 고코쿠 거리다. 국가 중요 전통 건축물 보존 지구로 정해진 약 600m 정도 되는 거리에는 과거 번영 시절에 전통적 양식으로 지은 목조 건물들이 당시 모습 그대로 나란히 서 있다. 하얀 회칠과 연한 노란색을 띠는 황토의 독특한 대비는 따뜻한 풍경을 만들어낸다. 천천히 건물들을 감상하며 걷다 보면 시간이 느리게 흐르는 듯 느껴진다. 전통 목조 극장 우치코좌를 바롯해 전통 가옥을 카페나 식당으로 쓰는 곳이 거리 곳곳에 있으니 잠시 쉬어 가기에도 좋다.

주소 喜多郡内子町城廻 211番地 **위치** JR우치코(内子)역에서 도보 25분, 또는 고쇼지(高昌寺)까지 택시(750엔 전후) **휴무** 가게마다 다름 **요금** 무료 **홈페이지** www.iyokannet.jp/spot/613 **전화** 0893-44-5212

우치코좌
内子座 [우치코자]

가부키 무대의 다양한 장치를 살펴볼 수 있는 극장

1916년에 개관한 가부키 극장 우치코좌는 목조 2층으로 회전 무대를 갖춘 극장으로, 연극이나 공연이 활발하게 이루어졌다. 이후 영화관으로도 사용하다가 노후되자 철거할 예정이었지만 주민들의 열의로 1985년에 복원돼 극장으로 재출발하게 됐다. 지금은 지역 내외의 예술과 문화 활동의 거점으로 활용되고 있으며 분라쿠(인형극)와 가부키(전통 연극), 교겐(희극) 같은 공연이 이루어지고 있다. 2015년에는 국가의 중요 문화재로 지정됐으며 공연이 없을 때는 내부를 자유롭게 관람할 수 있다. 특히 무대 아래의 다양한 장치, 하나미치(관람석을 가로질러 중앙 무대까지 연결된 통로)와 마스세키(사각형으로 칸을 나눈 관람석) 등을 살펴보는 것도 흥미롭다.

주소 愛媛県喜多郡内子町内子 2102番地 **위치** JR우치코(内子)역에서 도보 10분 **시간** 09:00~16:30 **휴관** 12월 29일~1월 2일 **요금** 400엔(대인), 200엔(초등·중학생)/ 목랍 자료관 가미하가 저택+우치코좌+상업과 생활 박물관=통합 공통권: 900엔(대인), 450엔(초등·중학생) **홈페이지** www.we-love-uchiko.jp/spot_center **전화** 0893-44-2840

상업과 생활 박물관
商いと暮らし博物館 [아키나이또 쿠라시 하쿠부쯔칸]

우치코 지역의 옛 모습을 만날 수 있는 곳

에도 시대부터 메이지 시대까지의 상가를 활용한 상업과 생활 박물관이다. 당시 가옥과 약재상의 모습을 재현했으며 선반에 진열된 약과 잡화, 간판이나 상품을 살펴보는 것도 재미있다. 또, 당시의 식사 풍경과 음식을 만드는 모습 등도 인형 모형으로 전시하고 지역의 역사와 문화, 유명 인물도 모형과 도구를 사용해 소개함으로, 지역 사람들의 당시 생활 모습을 살펴볼 수 있다.

주소 愛媛県喜多郡内子町内子 1938 **위치** JR우치코(内子)역에서 도보 12분 **시간** 09:00~16:30 **휴관** 12월 29일~1월 2일 **요금** 200엔(대인), 100엔(초등·중학생)/ 목랍자료관 가미하가 저택+우치코좌+상업과 생활 박물관=통합 공통권: 900엔(대인), 450엔(초등·중학생) **홈페이지** www.we-love-uchiko.jp/spot_center **전화** 0893-44-5220

목랍 자료관 가미하가 저택
木蠟資料館 上芳我邸 [모쿠로-시료-칸 가미하가테이]

목랍 생산의 역사와 제조 공정을 소개하는 자료관

대규모의 목랍 사업으로 부를 축적한 목랍업자의 저택으로 1894년에 지어졌다. 우치코 목랍 산업의 최고 전성기에 지어진 중심 건물과 부속실 등이 국가 중요 문화재로 지정돼 있다. 내부에는 목랍 생산의 역사와 제조 공정을 소개하는 자료관도 갖추고 있어서 당시의 지역 산업의 발전상을 살펴볼 수 있다. 안에는 차를 마실 수 있는 공간도 있고 정원도 둘러볼 수 있다.

주소 愛媛県喜多郡内子町内子 2696 **위치** JR우치코(内子)역에서 도보 20분 **시간** 09:00~16:30 **휴관** 12월 29일~1월 2일 **요금** 500엔(대인), 250엔(초등·중학생)/ 목랍자료관 가미하가 저택+우치코좌+상업과 생활 박물관=통합 공통권: 900엔(대인), 450엔(초등·중학생) **홈페이지** http://www.we-love-uchiko.jp/spot_center **전화** 0893-44-2771

시모하가 저택
下芳我邸 [시모하가테이]

오래된 건물에서 즐기는 우치코의 소바

약 130년 전에 지어진 상가를 개조한 분위기 있는 음식점이다. 우치코의 식재료로 만든 소바와 튀김, 오니기리 등이 함께 나오는 노아소비벤토가 인기 메뉴며, 에히메현의 명물 요리인 야키부타타마고메시도 평판이 좋다. 1층은 식당으로 2층은 갤러리로 운영된다. 취미로 시작했다가 작품을 만들게 됐다는 2층 갤러리 대표의 건물 설명과 작품 설명도 세세하고 친절하다.

주소 愛媛県喜多郡内子町内子 1946 **위치** JR우치코(内子)역에서 도보 13분 **시간** 11:00~15:00 **휴무** 수요일 **가격** 1,850엔(노아소비벤토), 1,300엔(야키부타타마고메시) **홈페이지** http://www.shimohagatei.com **전화** 0893-44-6171

오즈
大洲

오즈는 지역 중심부를 흐르는 히지강(肱川) 유역에 세워진 오즈성을 중심으로 번영한 지역이다. 예로부터 '이요의 작은 교토'로 불릴 만큼 빼어난 풍광을 자랑했으며 지금도 옛 모습이 남아 있는 거리는 진한 레트로 감성을 품고 있다. 특히 오하나한 거리 주변에는 역사적인 건물이 많은데 그중에서도 자연미를 살린 아름다운 정원 가류 산장이 유명하다. 가류 산장의 이끼 정원을 거닐며 히지카와강과 그 너머 산들이 만들어 내는 경치를 한껏 음미하고 오즈성에 올라 소박한 마을 풍경을 즐겨도 좋다. 옛 거리를 걸으며 오즈의 매력에 빠져 보자.

• 오즈 여행 정보 www.we-love-uchiko.jp

• 오즈 교통편 •

JR마쓰야마역에서 JR이요오즈(伊予大洲)역까지 JR특급으로 35분 정도 걸린다. JR이요오즈역에 내리면 먼저 관광 안내소에서 지도나 자료를 챙기고 교통편을 확인하자. 150엔 균일 요금인 구루린오즈 버스를 타고 볼거리가 모여 있는 아사모야마에(あさもや前) 정류장까지 가거나 오즈조마에(大洲城前) 정류장에서 내려 오즈성부터 돌아보며 오즈 여행을 시작하면 된다.

효율적인 오즈 여행 동선

이요오즈역에 도착하면 먼저 구루린오즈 버스 시간을 확인해 둔다. 하루에 10편 정도밖에 운행하지 않기 때문에 갈 때는 버스 타고 여행을 마치고 이요오즈역으로 돌아올 때는 택시를 이용하는 것도 하나의 방법이다(택시 요금 600엔 정도). 짧은 시간에 효과적으로 오즈 여행을 하려면 이요오즈역 앞에서, 구루린오즈 버스 타고 오즈조마에(大洲前) 정류장에서 내려 강항 비와 오즈성을 본 다음 천천히 오하나한 거리까지 걸어가서 오하나한 거리나 가류 산장을 돌아보면 좋다. 다시 역으로 돌아올 때는 오하나한 거리에서 가까운 아사모야마에(あさもや前) 정류장에서 버스 타고 이요오즈역으로 돌아오면 된다. 열차 시간과 잘 맞지 않으면 앞에서 제시한 택시를 타는 방법을 고려한다. 도보일 경우 이요오즈역까지 30분 정도 걸린다.

오즈성
大洲城 [오-즈조]

언덕 위의 작은 성

오즈성은 히지강(肱川) 옆에 있는 낮은 언덕에 세워진 성이다. 히지강을 천연 해자로 이용하고 남쪽으로 제2성과 제3성을 배치한 성이다. 메이지 시대에 들어 심하게 훼손돼 1888년에 철거됐으나 성을 재건하려는 시민들의 바람으로, 옛날 사진과 사료를 바탕으로 2004년에 복원했다. 복원된 천수각은 전통적인 공법에 따라 목재로 복원했으며 내부에는 축성에 관한 자료를 전시하고 있다.

주소 愛媛県大洲市大洲 903 **위치** ❶ JR이요오즈(伊予大洲)역에 도보 25분 ❷ 구루린오즈 버스 오즈조마에(大洲城前) 정류장에서 하차 후 도보 5분 **시간** 09:00~17:00(입장 마감 16:30) **휴무** 연중무휴 **요금** 550엔(대인), 220엔(중학생 이하) / 오즈성+가루 산장 공통권: 880엔(대인), 330엔(중학생 이하) **홈페이지** www.ozucastle.jp **전화** 0893-24-1146

강항 기념비
姜沆顯彰碑 [강항켄쇼히]

일본 성리학의 아버지 강항의 비

시코쿠의 작은 시골 마을 오즈는 정유재란 때 끌려가 2년 8개월 동안 억류됐다가 조선으로 돌아온 조선인 유학자 강항의 흔적이 남아 있는 곳이다. 강항은 일본에 성리학을 전해 '일본 성리학의 아버지'로 불린다. 일본인들은 1990년에 오즈시 시민 회관 건물 왼쪽에 기념비를 세우고 그의 한시를 비 뒷면에 새겼다. 비에는 '홍유강항현창비(鴻儒姜沆顯彰碑)'라고 쓰여 있다. 또 시민들이 현창 사업회와 강항 연구회에 참여하고 있으며 오즈시와 강항의 고향인 영광군은 교류 행사도 가지고 있다.

주소 愛媛県大洲市大洲 891-1 **위치** ❶ JR이요오즈(伊予大洲)역에서 도보 20분 ❷ 구루린오즈 버스 오즈조마에(大洲城前) 정류장에서 하차 후 바로

강항 선생은 누구인가?

강항은 세조 때 뛰어난 문장가였던 강희맹의 5대손으로 1567년 영광에서 태어났다. 향시와 진사시험 합격을 거쳐 27살에 과거에 들어 벼슬길에 올랐다. 정유재란이 일어나자 남원 일대에서 군량 운반을 관리했으나 왜군에게 붙잡히고 만다. 당시 일본은 닥치는 대로 서적과 도자기, 공예품과 문화재를 약탈했고 도공 등 기술자와 유학자들을 무차별하게 끌고 갔다. 강항은 쓰시마섬 등을 거쳐 이요의 오즈성으로 끌려갔다가 이듬해 오사카성에서 다시 교토의 후시미성으로 압송되는 과정을 거치며 1600년 4월에 풀려나 귀국길에 오르기까지 2년 8개월 동안 포로로 생활한다. 억류 생활 동안 보고 겪은 일본의 모습과 생활상을 기록해 엮은 책이 유명한 《간양록》이다. 가수 조용필의 노래로 발표되기도 했다. 특히 강항은 승려이자 지식인인 후지와라 세이카를 만나 그에게 성리학을 전함으로써 일본 성리학의 원조로 불린다.

가류 산장
臥龍山莊 [가류산소]

일본 정원의 아름다움을 느낄 수 있는 소박한 별장

'이요(에히메현의 옛 이름)의 작은 교토'라고 불리는 오즈에서도 가장 뛰어난 경치를 자랑하는 별장이다. 일본 정원의 아름다움을 느낄 수 있는 곳이다. 오즈 번의 영주 가토 야스쓰네가 호라이산이 용이 누워 있는 모습과 비슷하다 하여 붙인 이름이다. 가류 산장은 막부 시대 말기까지 역대 번주들의 별장으로 사용되다가 메이지 유신 이후에는 보수를 하지 않아 황폐해졌다. 후에 메이지 시대의 무역상 고치 도라지로에 의해 정원 정비가 시작되고 후로안(不老庵)과 가류인(臥龍院) 등 건물 건축을 시작해 1907년에 완성됐다. 미술랭 그린 가이드 일본편에 별 하나를 받은 것으로도 유명하다.

주소 愛媛県大洲市大洲 411-2 **위치** ❶ JR이요오즈(伊予大洲)역에서 도보 25분 ❷ 구루린오즈 버스 아사모야마에(あさもや前) 정류장 하차 후 도보 5분 **시간** 09:00~17:00(입장 마감 16:30) **휴무** 연중무휴 **요금** 550엔(대인), 220엔(중학생 이하) / 오즈성+가류 산장 공통권: 880엔(대인), 330엔(중학생 이하) **홈페이지** www.garyusanso.jp **전화** 0893-24-3759

오즈 붉은 벽돌관
おおず赤煉瓦館 [오즈 아카렌가칸]

서양식과 일본식이 조화된 건물

1901년 오즈상업은행 본점으로 세워진 건물이다. 영국식으로 쌓아올린 붉은 벽돌 벽에 지붕에는 일본식 기와를 얹어서 서양식과 일본식을 절충했다. 관내에는 지역에서 생산되는 특산물과 상품을 판매하고 있으며 전시실과 자료 갤러리가 있어서 휴식 장소로도 이용할 수 있다. 근처에는 1950년대 거리를 재현해 놓은 '추억 창고(思ひ出倉庫, 오모히데 소코)'도 있으니 들러 보면 즐겁다.

주소 大洲市大洲 60番地 **위치** 구루린오즈 버스 아사모야마에(あさもや前) 정류장 하차 후 도보 5분 **시간** 09:00~17:00 **휴무** 12월 29~31일 **요금** 무료(일부 전시에 한해 유료) **홈페이지** www.oozukankou.jp/kanko-o3.html **전화** 0893-24-1281

마치노에키 아사모야
大洲まちの駅あさもや [오-즈 마치노에키 아사모야]

오즈 관광의 출발지

마치노에키 아사모야는 오즈 관광의 출발지다. 렌터카를 이용할 경우 아사모야에 주차해 놓고 부근을 관광하기에 편리하며, 버스를 타고 갈 경우는 아사모야마에(あさもや前) 정류장에서 하차하면 된다. 시설 내에는 관광 안내소와 식당, 특산물 판매장이 있으며 역으로 돌아올 때 관광 안내소에 택시 호출을 부탁하면 대신 불러준다. 에도 시대부터 메이지 시대의 오래된 건물이 남아 있는 오하나한 거리가 바로 옆에 있으며 가류 산장, 오즈 붉은 벽돌관 등이 모두 도보권이라 오즈 여행의 거점으로 편리하다.

주소 大洲市大洲 649番地 1 **위치** 구루린오즈 버스 아사모야마에(あさもや前) 정류장에서 바로 **시간** 09:00~17:00, 09:00~18:00(판매점) **휴무** 12월 29일~12월 31일 **요금** 무료 **홈페이지** www.iyokannet.jp/spot/546 **전화** 0893-24-7011

시라이시 우동점
白石うどん店 [시라이시우동텐]

80년 전통의 동네 우동집

1937년에 개업한 우동집으로 오즈조마에(大洲城前) 정류장에서 가깝다. 가게는 안쪽으로 가늘게 늘어진 구조로, 왼쪽에 테이블 석이 있고 오른쪽에 작은 다다미방이 있다. 메뉴도 간단해서 우동 10종에 중화소바 뿐이지만, 80년 전통의 가게답게 손님이 끊이지 않는다. 오즈 성에 가기 전이나 다녀온 후에 들렀다가 가류 산장 쪽으로 이동하면 좋다.

주소 愛媛県大洲市大洲 880-12 **위치** 구루린오즈 버스 오즈조마에(大洲城前) 정류장 하차 후 도보 3분 **시간** 10:30~19:00(팔리는 대로 영업 종료) **휴무** 일요일 **요금** 480엔~(우동) **전화** 0893-24-2614

• Plus Area • 고이즈미(古泉) •

에미후루 마사키
エミフルMASAKI [에미후루 마사키]

여행이 즐거워지는 대형 쇼핑몰

2008년에 개점한 시코쿠 최대의 대형 쇼핑센터. 패션 매장부터 음식점까지 약 200개의 매장이 입점해 있다. 본 건물인 에미몰과 에미아뮤즈를 비롯해 여러 개의 별동 건물로 구성돼 있다. 에미몰에는 한국인들이 즐겨 찾는 로프트, 무인양품, 유니클로, GU, GAP, ABC마트 등 다양한 브랜드가 입점해 있다. 스타벅스와 결합한 개성 있는 쓰타야 서점에서는 책과 CD, 아기자기한 문구류를 살 수 있고, 패션잡화를 다루는 험프티덤프티도 둘러볼 만하다. 음식점도 다양해서 스테이크부터 불고기, 중화요리, 다코야키, 프랜차이즈 커피점 고메다 커피, 서브웨이, 양과자점 후지야, 미스터도넛, 정식집 야오이켄, 모스버거 등 골라 먹는 재미가 있다. 에미아뮤즈에는 영화관, 게임센터, 노래방, 펫용품점이 입점해 있다. 별동에는 아기용품의 성지라 불리는 아카짱혼포(アカチャンホンポ)를 비롯해 다양한 잡화와 생활용품, 가구 등으로 일본 주부들에게 사랑받는 니토리(ニトリ) 매장, 드러그스토어 레디(くすりのレデイ), 생활용품부터 가구까지 판매하는 다이키(DAIKI), 가

전 제품 판매장 에디온(EDION) 등이 독립된 별도 건물에 매장을 가지고 있다. 노면 전차 마쓰야마시역에서 교외선 군추선(郡中線)을 타고 약 15분 후 고이즈미(古泉)역에 내리면 멀리 에미후루 마사키가 보인다. 걸어가도 5분 이내에 도착하지만 역을 나오면 에미후루까지 가는 소형 셔틀버스가 있으니 버스를 이용해도 좋다. 건물 앞에는 작은 회전목마와 아이들을 위한 시설도 있어서 어른과 아이 모두 즐겁다.

주소 愛媛県伊予郡松前町筒井 850番 **위치** 이요테쓰 군추선(郡中線) 고이즈미(古泉)역에서 도보 5분 이내 **시간** 09:00~21:00(매장에 따라 다름) **휴무** 연중무휴 **홈페이지** emifull.jp **전화** 089-984-2111

에미몰 エミモール	1층	유니클로, 로프트, 무인양품, GAP, 식품관, 생활잡화점, 부엌용품점, 패션잡화점 등
	2층	여성복, 남성복, 아동복, 문구, 완구, 골프용품, 가정용품, 스포츠용품, 쓰타야 서점, ABC마트 등
에미아뮤즈 エミアミューズ	1층	게임센터, 노래방, 펫용품점
	2층	영화관
별동 別棟		니토리, GU, 아카짱혼포, 다이키, 에디온, 드러그스토어 레디

• Plus Area • 시모나다(下灘) •

시모나다역
下灘駅 [시모나다에키]

꼭 한 번 내려보고 싶은 아름다운 무인역

무인역 시모나다역은 아름다운 전망으로 유명하며 여름과 겨울에 한정으로 판매하는 철도 티켓인 '청춘 18티켓' 포스터를 비롯해 영화나 텔레비전 드라마의 무대로 자주 등장했다. 역에서 바라보는 아름다운 풍경과 바다 위로 저녁놀이 지는 모습이 인상적이다. 시모나다역은 인기 영화〈남자는 괴로워〉나 일본의 국민 배우 기무라 다쿠야가 출연한〈히어로〉에도 등장했으며 '꼭 한 번 내려 보고 싶은 일본의 아름다운 무인역 베스트 3'에서 2위를 차지하기도 했다. 역 홈을 무대 대신으로 이용한 음악회 '저녁놀 플랫폼 콘서트'가 매년 9월 첫째 주 토요일에 개최되기도 한다. 시모나다역에 내려 눈앞에 펼쳐진 바다를 보면 누구나 작은 탄성이 나온다. 특히 일몰 때는 뭐라 말할 수 없는 풍광을 선사한다.

주소 愛媛県伊予市双海町大久保　**위치** JR마쓰야마(松山)역에서 요산선(予讃線) 타고 JR시모나다(下灘)역 하차(45분~1시간 소요)　**휴무** 연중무휴

> **·TIP·**
> ### 시모나다역 열차 이용하기
> 시모나다는 언제 가도 아름답다. 나무 의자에 앉아 지칠 때까지 끝없이 펼쳐진 바다를 바라보는 것도 의외로 힘이 된다. 하지만 더 크게 감동을 받고 싶다면 역시 해 질 녘에 그 역에 서는 것이다. 발갛게 물드는 바다를 바라보는 시간은 오래도록 기억의 한 장면이 되어 있을 것이다. 열차가 자주 다니지 않기 때문에 사전에 열차 시간을 잘 알아보고 넉넉하게 움직여야 한다. 안 그러면 아무도 없는 무인역에 서서 한없이 열차를 기다리게 될지도 모른다. 시모나다역으로 갈 때는 진행 방향으로 오른쪽에 앉으면 반짝이는 바다를 보면서 달릴 수 있다. 열차 시간은 변동이 있을 수 있으니 미리 확인하도록 한다.

시모나다 커피
下灘コーヒー [시모나다코-히-]

바다와 가장 가까운 커피 버스

바다와 가장 가까운 작은 커피집. 정확히는 커피 버스다. 사실 바다와 가장 가깝지는 않다. 시코쿠만 해도 사카이데에 있는 히가시야마 가이이 세토우치 미술관(東山魁夷せとうち美術館)이 바다와 훨씬 가깝다. 하지만 심적으로는 시모나다가 더 가깝게 느껴지니 신기한 일이다. 몽글몽글 감성을 피어나게 하는 곳, 시모나다 커피집이다. 평일은 오후 3시부터, 주말은 오전 11시부터 문을 열지만 날씨에 따라 변동이 있다. 작은 버스에서 갓 내린 커피 한 잔을 받아들고 눈앞에 펼쳐진 바다를 바라보며 마시는 맛은 특별하다. 무인역 시모나다와 빛나게 어울리는 커피집이다.

주소 愛媛県伊予市双海町大久保 **위치** 시모나다(下灘)역 앞 **시간** 15:00~18:00(평일), 11:00~18:00(토·일) *날씨 등에 따라 영업 시간과 휴일은 변동되는 경우 있음 **가격** 450엔(커피), 550엔(감귤 주스)

• Plus Area • 이마바리(今治) •

이마바리성
今治城 [이마바리조]

일본 3대 수성의 하나

축성의 명수로 알려진 도도 다카토라가 1602년에 축성을 시작해 약 6년 후에 완공한 성이다. 가가와현의 다카마쓰성(高松城)과 오이타현의 나카쓰성(中津城)과 함께 일본 3대 수성(水城)의 하나로 불리는 이마바리성은 해안에 지어진 성으로 천수각에서 세토내해가 내다보인다. 천수각은 1980년에 재건축된 것으로 내부에는 갑옷과 무기 등을 전시하고 있다. 또 성루인 야구라에서는 과거의 생활상을 알 수 있는 물건을 전시하거나 이마바리 관련 자료를 전시하는 등 기획 전시도 알차다. 일몰 때부터 23시까지 조명을 밝혀서 아름다운 성의 밤경치도 즐길 수 있다. 천수각과 오카네 성루 등 네 개의 성루를 돌아보고 스탬프를 찍어 오면 이마바리성의 모습이 담긴 엽서를 선물로 받을 수 있다.

주소 愛媛県今治市通町 3-1-3 **위치** JR이마바리(今治)역에서 세토우치 버스 이마바리영업소행 타고 (9분) 이마바리조마에(今治城前) 정류장 하차 **시간** 09:00~17:00 **휴무** 12월 29~31일 **요금** 520엔(대인), 260엔(학생) **홈페이지** museum.city.imabari.ehime.jp/imabarijo **전화** 0898-31-9233

이마바리시 고노 미술관
今治市河野美術館 [이마바리 시 고오노 비주쯔칸]

병풍과 족자 작품을 다수 소장한 미술관

이마바리시 고노 미술관은 이마바리현 출신 실업가인 고노 노부이치가 이마바리의 문화 진흥에 도움이 되고자 오랫동안 모아온 문화재를 기증하고 건축 비용을 기부하여 1968년에 개관한 미술관이다. 내부는 헤이안 시대부터 현대에 이르기까지 고서화와 족자, 불상, 사본, 병풍 등 약 1만 여 점의 작품을 소장하고 있으며, 정기적으로 수장품의 상설전과 기획전을 개최하고 있다. 미술관 옆에 있는 차실에는 누구나 들어갈 수 있다. 고노 미술관을 나오면 길 건너에 커피 도장(珈琲道場)이라는 커피집이 있다. 1980년대에 문을 연 가게로 지역민들에게는 꽤 친숙한 찻집이다. 특히 오늘의 추천 커피를 내놓고 있으니 미술관을 둘러본 후 커피 한 잔으로 몸도 마음도 가벼워지자.

주소 愛媛県今治市旭町 1-4-8 **위치** JR이마바리(今治)역에서 도보 약 10분 **시간** 09:00~17:00 **휴관** 월요일 **요금** 310엔(대인), 160엔(학생) **홈페이지** museum.city.imabari.ehime.jp/kono **전화** 0898-23-3810

수건 미술관
タオル美術館 [타오루 비주쯔칸]

일본 최고의 품질을 자랑하는 이마바리 수건의 모든 것

수건 미술관은 이마바리 지역의 특산품이자 생활 속에 익숙한 수건을 주제로 한 미술관이다. 미술관 내부에는 목화에서 실이 되기까지의 방적 공정부터 수건 제조 공정, 아기자기하고 세련된 수건 제품까지 수건에 관한 모든 것이 전시돼 있다. 특히 구입한 수건에 자수를 넣어 자신만의 디자인 수건을 만들 수도 있으며 수건을 이용한 각종 기획전도 있고 인기 캐릭터 '무민' 등 아이들과 여성들이 좋아할 기발하고 예쁜 상품이 가득하다. 관내는 레스토랑과 카페도 갖추고 있고 기념품점과 에히메현 특산품 판매 코너도 있다. 대중교통으로 미술관까지 가는 교통편은 없고 이마바리나 뉴가와역에서 택시를 이용해야 하므로, 일정 상 가기가 힘들다면 마쓰야마 시내와 도고 온천 상점가에도 이마바리 수건을 판매하는 가게가 많으니 그곳을 이용하면 된다. 미술관 입장권을 구입하면 입장권과 함께 작은 손수건을 주는데 상당히 귀엽다.

주소 愛媛県今治市朝倉上甲 2930 **위치** JR뉴가와(壬生川)역에서 택시로 15분(2,300엔 전후) **시간** 09:30~18:00(갤러리 견학은 폐관 30분 전까지) **휴관** 부정기적 휴무 있음(홈페이지 참고) **요금** 800엔(대인), 600엔(중고생), 400엔(초등생) **홈페이지** www.towelmuseum.com **전화** 0898-56-1515

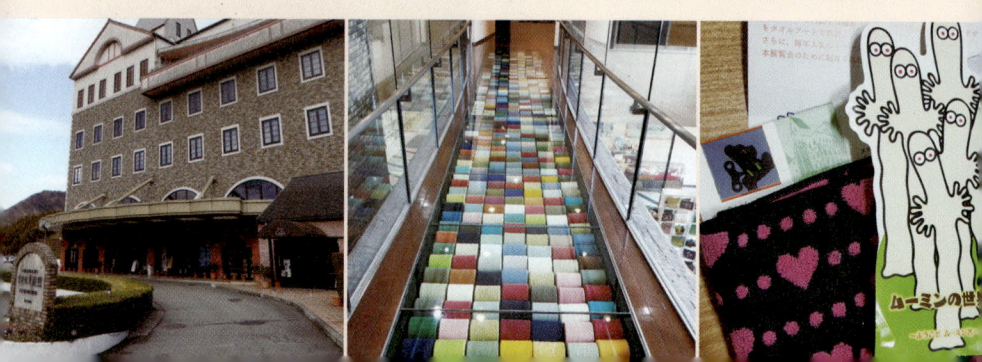

• Plus Area • 사이조(西条) •

철도 역사 파크 인 사이조
鉄道歴史パークin SAIJO [테츠도- 레키시파-쿠 인 사이조]

철도 팬이라면 반가운 곳, 철도 박물관

철도 역사 파크 인 사이조는 시코쿠의 철도를 배우고 놀고 즐길 수 있는 본격적인 철도 박물관이다. 시코쿠 네 개 현의 특성을 살린 철도 풍경을 재현한 철도 디오라마와 옥외 전시장 등 가족 단위나 철도 팬 등 폭넓은 연령대가 함께 즐길 수 있는 시설이다. 옥외 전시장에서는 각종 철도 차량을 직접 살펴볼 수 있다. JR이요사이조역의 오른쪽에 위치하며 시코쿠 철도 문화관 북관, 시코쿠 철도 문화관 남관, 일본의 철도 관료며 사이조시의 시장을 역임했던

소고 신지 기념관과 관광 교류 센터 등 네 개의 시설이 있다. 철도에 관심이 많은 사람이라면 시코쿠의 철도 문화와 사이조시의 이모저모를 즐길 수 있다.

주소 愛媛県西条市大町 798번地 1 **위치** JR이요사이조(伊予西条)역에서 도보 2분 **시간** 17:00(입장 마감 16:30) **휴관** 수요일 **요금** 북관, 남관 공통권: 300엔(고교생~대인), 100엔(초등·중학생) *소고 신지 기념관과 관광 교류 센터 무료 **홈페이지** s-trp.jp **전화** 0897-47-3855

명수(明水)의 도시 사이조(西条)

마쓰야마역에서 이요사이조(伊予西条)역까지는 JR 특급으로 한 시간 정도 소요된다. 예로부터 '미즈노 미야코 사이조(물의 수도 사이조)'라고 불리는 만큼, 역을 나오면 양옆에 물이 흐르는 석조 구조물 '사이조 아쿠아루트'가 있고 역 광장 음수대 주변에도 물이 흐른다. 이시즈치산에서 발원된 물이 흐르드는 사이조는 물이 맑고 맛있기로 유명하다. 사이조 시내에는 지하수가 솟아 나오는 우물이 약 3,000개가 있다고 하는데 길을 걷다 보면 지금도 솟아 나오는 물과 음수대가 곳곳에 보인다. 물이 맛있으니 술이 맛있는 건 당연한 일. 사이조에 25년 동안 아사히 맥주 시코쿠 공장이 자리했던 이유가 명확해진다(1998년부터 생산을 시작한 아사히 맥주 시코쿠 공장은 맥주 수요의 감소에 따른 생산망 축소의 일환으로 2023년 1월 말로 조업을 중단했다). 마을을 천천히 산책하면서 곳곳의 명수를 맛보며 각각 미묘하게 다른 물맛을 즐겨 보자.

고치현
Kochi

호빵맨, 흥겨운 축제 등 보물창고 같은 곳

고치현은 시코쿠 남부에 있는 현으로 시코쿠에서 가장 넓은 현이며 태평양에 면해 있어서 기후가 온화하고 사계절 내내 빼어난 풍경을 즐길 수 있다. 산지가 차지하는 비율이 전국에서 제일 높은 만큼 현의 북부에는 시코쿠 산지가 길게 늘어서 있고 남부에는 활 모양의 해안선과 소나무 숲이 아름답게 조화를 이룬 명소 가쓰라하마가 있다. 또 일본에서 술 소비량이 가장 많은 현이며 국내에도 알려진 도사견의 원산지이기도 하다.

아이와 어른 모두 즐거운 호빵맨 뮤지엄, 인상주의의 대가 모네의 작품 속에 들어와 있는 듯 아름다운 모네의 정원, 여름이면 하얀 티셔츠가 해변을 가득 채우는 모래사장 미술관 등 특별한 느낌을 주는 곳이 많다. 또 고치현 서부 지역을 흐르는 길이 196km의 시만토강은 '일본의 마지막

'청류'라 불리는 맑은 강으로, 시원한 물줄기를 가르며 래프팅을 즐길 수 있다. 풍요로운 자연과 맑은 물의 산물인 다양한 사케를 즐길 수 있고, 가쓰오 다타키와 사와치 요리 등 음식의 보물창고라 불릴 만큼 먹거리가 넘치는 곳, 고치현 속으로 천천히 들어가 보자.

• 고치현 여행 정보 www.attaka.or.jp

고치

高知

고치현의 현청 소재지 고치시는 17세기 초에 세워진 고치성을 중심으로 발달한 도시다. 시내에는 고치성을 비롯해 고치를 상징하는 빨간색 다리 하리마야바시, 다양한 먹거리가 넘치는 히로메 시장 등 소소하게 둘러볼 곳이 많으며 300년의 역사를 자랑하는 일요 시장도 놓치면 아쉽다. 특히 고치는 일본인의 사랑을 한 몸에 받고 있는 사카모토 료마의 고향으로도 유명하며 그와 관련된 각종 시설이 주요 관광 자원이기도 하다. 또 호빵맨의 작가 야나세 다카시를 비롯해 뛰어난 만화 작가가 많이 배출되어 일본의 만화 왕국으로 불리기도 한다. 해마다 여름이면 열리는 열정적이고 파워풀한 요사코이 축제도 즐겨 볼 만하다. 연인원 100만 명이 모여드는 손꼽히는 축제로 뜨겁고 흥겨운 춤 열전을 현장에서 즐길 수 있다.

- 고치시 공식 홈페이지 www.city.kochi.kochi.jp/site/kanko
- 고치시 관광 협회 www.welcome-kochi.jp
- 비지트 고치 kr.visitkochijapan.com

· 고치 교통편 ·

고치 시내와 근교로 이동할 때는 크게 도사덴과 MY유(遊) 버스를 이용하는 두 가지 방법이 있다.

고치 시내를 이동할 때는 도사덴 とさでん[도사덴]

노면 전차 도사덴을 이용해 시내를 돌아볼 수 있고 올시코쿠 레일패스 소지자는 도사덴을 무료로 무제한 이용할 수 있다. 패스를 사용하지 않는 경우는 도사덴 1일 승차권(500엔)을 구입하면 된다. 시내는 200엔 균일 요금이니 3번 이상 도사덴을 이용한다면 1일 승차권이 유리하다.

■ **노면 전차 1일 승차권** 電車一日乘車券 [덴샤 이찌니찌죠샤켄]
노면 전차 도사덴 1일 승차권은 두 종류가 있다. 시내 균일 구간 1일 승차권은 500엔, 전 노선 1일권은 1,000엔이며 노면 전차 안에서 구입하거나 고치역 오른쪽에 있는 도사 테라스, 고치역 버스 안내소, 하리마야바시 서비스 센터 등에서 판매하고 있다. 승하차 때 기사에게 보여 주면 된다. 고치성, 고치 현립 미술관 등의 입장료 할인도 받을 수 있다.

홈페이지 www.tosaden.co.jp

근교로 이동할 때는 MY유 버스 MY遊バス[마이유바스]

근교를 돌아볼 때는 주요 관광지를 경유하는 MY유 버스를 이용하면 편리하게 이동할 수 있다. 가쓰라하마 1일권(1,000엔)과 2일권(1,600엔), 고다이산 1일권(600엔)으로 구분된다. MY유 버스는 JR고치역을 기점으로 하리마야바시, 고치 현립 마키노 식물원, 가쓰라하마 등 고치의 주요 관광지를 경유하며 도사덴도 무료로 이용할 수 있고 관광 시설의 입장권 할인도 받을 수 있다. 구입처는 고치역 오른쪽에 있는 도사 테라스, 고치역 버스 터미널, 하리마야바시 서비스 센터 등을 비롯해 더 크라운 팔레스 신한큐 고치 호텔이나 니시테쓰 인 고치 하리마야바시 호텔같이 다소 규모가 있는 호텔에서도 판매한다. 미리 구입해 두는 걸 잊었다면 MY유 버스 차 안에서도 구입할 수 있다.

홈페이지 www.attaka.or.jp/kanko/kotsu_mybus.php

MY유 버스의 외국인 할인 *TIP.

고치 시내를 벗어나 가쓰라하마나 고다이산 전망대 같은 근교 여행을 계획했다면 MY유 버스 티켓을 구입하는 것이 가장 좋은 방법이다. 특히 외국인 여행자는 여권을 제시하면 본인에 한해 50% 할인을 해 주며, 관광지 입장료도 할인받을 수 있다.

고치 시내

고치역 후롬맨 열차 광장
안팡맨 고치에키마에 히로바

고치 현립 미술관
高知県立美術館

JR 고치역
高知駅

도시덴 고치에키마에역
高知駅前駅

북오프
Book-off

《료마전》 촬영 세트장
《龍馬伝》幕末志士社中

고치 관광 정보발신관 도시 테라스
高知観光情報発信館

편의점 LAWSON

세븐 데이즈 호텔
セブンデイズホテル

세븐 데이즈 호텔 플러스
セブンデイズホテルプラス

고치 요사코이 정보 교류관
高知よさこい情報交流プラザ

고치 현립 초후쿠 만화관
横山隆一記念まんが館

고치현립 마키노 식물원
高知県立牧野植物園

고다이산 전망대
五台山展望台

치쿠린지
竹林寺

도시덴 호에이초역
宝永町駅

도시덴 하스이가이케마에도리역
蓮池町通駅

하리마야바시
はりまや橋

도시덴 하리마야바시역
はりまや橋駅

나시테쓰 인 고치 하리마야바시
西鉄イン高知はりまや橋

도시덴 덴테쓰터미널빌딩마에역
デンテツターミナルビル前駅

도시엔 우메노쓰지역
梅の辻駅

고치야 こうち家

쓰루바시 키치에몬 소바
つるばし吉右衛門

다이마루(본점)
大丸高知

기쿠주시(본점)
菊寿し本店

도시덴 오하시도리역
大橋通駅

도시덴 호리즈메역
堀詰駅

5019 프리미엄 팩토리
5019 PREMIUM FACTORY

고치 시장
ひろめ市場

오비야마치 상점가
おびやまち商店街

세이로 せいろ

혼이케가와
本池澤

도시덴 오하시도리역
大橋通駅

린벨루
リンベル

더 크라운 팰리스 신한큐 고치
ザ クラウンパレス新阪急高知

도시덴 고치조마에역
高知城前駅

고치성
高知城

고치성 역사 박물관
高知城歴史博物館

도시덴 겐초마에역
県庁前駅

도시덴 마스가타역
桝形駅

료마 우체국
坂本龍馬郵便局

사카모토 료마 탄생지
坂本龍馬誕生地

고치 시립 료마가 태어난 마을 기념관
高知市立龍馬の生まれたまち記念館

도시덴 가미마치잇초메역
上町一丁目駅

도시덴 가미마치니초메역
上町二丁目駅

가쓰라하마 주변

사카모토 료마상
坂本龍馬銅像

가쓰라하마
桂浜

와다쓰미 신사(용궁)
海津見神社

고치 현립 사카모토 료마 기념관
高知県立坂本龍馬記念館

고치 도시덴 노선도

○ 키쿠리 도리 수영원
○ 엔쥬도리 文珠通
○ 다카스 鷹匠
○ 켄리츠비쥬츠칸도리 県立美術館通
○ 다카스 西塚
○ 가가미가와바시 鏡川東橋
○ 리요리초 하리마야바시 3丁目
○ 리요리초 하리마야바시
○ 리요리초 니시하리마야바시 1丁目
○ 호에이초 蓮池町
○ 신호리바시 新堀橋

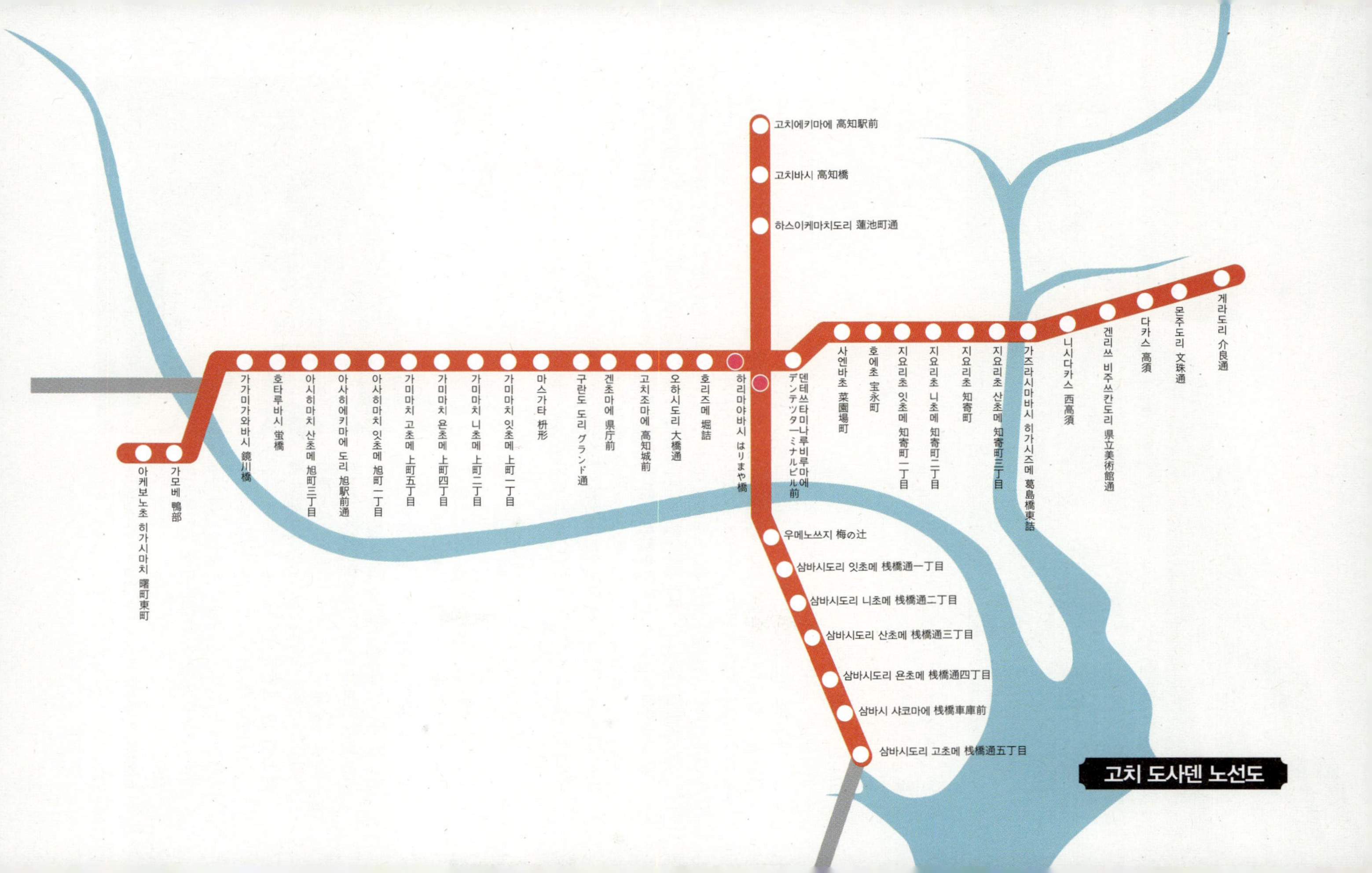

○ 고치에키마에 高知駅前
○ 고치바시 高知橋
○ 하스이케마치도리 蓮池町通

○ 구덴·주덴·다쿠·니·나·고·가·미·마에

● 하리마야바시 はりまや橋

○ 호리즈메 堀詰
○ 오하시도리 大橋通
○ 고치조마에 高知城前
○ 겐초마에 県庁前
○ 구마노도리 ぐるみ通
○ 가쿠가 枡形
○ 가미마치 1丁目
○ 가미마치 2丁目
○ 가미마치 3丁目
○ 가미마치 4丁目
○ 가미마치 5丁目
○ 가미마치 6丁目
○ 가미마치 7丁目
○ 아사쿠라 에키마에도리
○ 아사쿠라 에키마에 3丁目
○ 아사쿠라 미나미초 朝倉南町
○ 가가미가와바시 鏡川橋

○ 우메노츠지 梅の辻
○ 삽바시도리 잇초메 桟橋通1丁目
○ 삽바시도리 니초메 桟橋通2丁目
○ 삽바시도리 산초메 桟橋通3丁目
○ 삽바시도리 욘초메 桟橋通4丁目
○ 삽바시도리 사코메 桟橋車庫前
○ 삽바시도리 고초메 桟橋通5丁目

○ 가쿠베 體institutions
○ 야 가보노초 高知城下町裏

JR고치역
高知駅 [고－치에키]

고치현 여행의 시작

JR고치역은 고치현 여행의 출발점이다. 역구내는 넓지 않으며 1층은 JR열차 안내와 지정석을 예매할 수 있는 미도리노마도구치와 편의점, 리틀 머메이드 빵집, 차를 마시거나 식사를 할 수 있는 카페, 고치현 특산품을 살 수 있는 토산품점 등이 있다. 열차를 탈 때는 1층 개찰구를 통과한 후 2층에 있는 호빵맨 열차 광장을 지나 3층에서 열차를 탄다. 호빵맨의 작가 야나세 다카시가 고치현 출신인 인연으로 역사 안에는 호빵맨이 그려진 계단, 아이들 눈에만 광장으로 보일 아담한 호빵맨 광장과 호빵맨 인형, 호빵맨 캐릭터 상품을 판매하는 호빵맨 테라스 등 어디나 호빵맨 캐릭터로 넘친다. 열차가 들어올 때의 알림음도 호빵맨 멜로디다. 낯선 여행지에서 듣는 귀에 익은 호빵맨 멜로디는 여행에 작은 즐거움을 더할 것이다. 고치역 남쪽 출구를 나오면 오른쪽에 버스 터미널과 고치현의 관광 정보를 얻을 수 있는 종합 관광 안내소 도사 테라스가 있으니 이용하도록 하자. 고치역 정면에는 노면 전차 도사덴 고치에키마에역이 있다.

주소 高知県高知市栄田町二丁目 **시간** 04:30~23:00 (미도리노마도구치 업무 시간) **전화** 088-822-8229

고치역 호빵맨 열차 광장
アンパンマン列車ひろば [앙판만샤히로바]

JR고치역 2층에는 호빵맨 열차 광장이 있다. 개찰구를 나가서 호빵맨 계단을 올라가면 벽에 호빵맨 열차 정보가 붙어 있고 호빵맨 열차 모형과 기념 촬영을 할 수 있는 코너가 마련돼 있다. 광장이라고 하기에는 너무나 좁지만 아이와 함께 즐겨 보자. 단, 호빵맨 열차 광장은 개찰구 안쪽에 있으니 개찰구를 통과해 들어가려면 승차권이나 입장권이 필요하다. 열차를 이용할 때 미리 여유롭게 나가서 아이와 함께 이용한 후 열차를 타면 된다.

주소 高知県高知市栄田町二丁目 **위치** JR고치(高知)역 2층

호빵맨 열차 アンパンマン列車 [앙빵만렛샤]

일본에는 캐릭터를 주제로 한 열차들이 많은데 시코쿠에는 호빵맨 열차가 있다. 호빵맨 열차는 2000년 10월에 등장해 점차 운행 노선을 늘려 오늘에 이르고 있으며 지금은 시코쿠의 주요 도시를 모두 운행하고 있다. 우리에게 익숙한 〈날아라 호빵맨〉의 캐릭터들이 열차 외부와 내부를 가득 채우고 있으며 천장부터 바닥, 좌석과 테이블 등 눈에 보이는 모든 것이 호빵맨 캐릭터로 꾸며져 있어서 아이는 물론, 어른도 동심의 세계에 빠져든다. 올시코쿠 레일패스 소지자는 별도 요금 없이 이용할 수 있다(세토대교 호빵맨 도롯코, 유유호빵맨카는 별도 요금 필요).

홈페이지 www.jr-eki.com/aptrain **전화** 0570-00-4592(JR시코쿠 전화안내센터)

• 호빵맨 열차 운행 구간

❶ 요산선(予讃線) 운행 구간 1: 오카야마-다카마쓰-마쓰야마
❷ 요산선(予讃線) 운행 구간 2: 마쓰야마- 우와지마
❸ 도산선(土讃線) 운행 구간: 오카야마- 고치
❹ 세토대교 호빵맨 도롯코(瀬戸大橋アンパンマントロッコ, 세또오-하시 앙빵만도롯코): 오카야마- 고토히라-다카마쓰
❺ 유유호빵맨카(ゆうゆうアンパンマンカー, 유-유-앙빵만카-): 다카마쓰- 도쿠시마, 도쿠시마- 아와이케다

이들 열차는 차량에 따라 기념 촬영 코너, 호빵맨 책꽂이, 호빵맨 화장실, 호빵맨 세면대, 호빵맨 매점, 호빵맨 미끄럼틀 등 아이들이 즐거워할 시설을 갖추고 있다. 홈페이지를 통해 차량의 내부 모습을 살펴볼 수 있다. 사진 위주기 때문에 일본어를 몰라도 충분히 살펴볼 수 있다.

• 호빵맨 도시락

호빵맨 열차를 타고 호빵맨 좌석에 앉아 호빵맨 테이블 위에 호빵맨 도시락을 펼쳐놓고 먹는다면? 분명 잊지 못할 기억으로 남을 것이다. 호빵맨 도시락은 귀여운 물통과 도시락이 세트로 된 것과 호빵맨 얼굴 도시락, 두 종류가 있으며 가격은 각각 1,250엔과 1,350엔이다. 열차 안에서 도시락을 먹으려면 예약을 해야 한다(087-851-7710). 예약은 호빵맨 열차 노선에 따라 2~3일 전까지이며, 예약하지 않아도 열차 내에 여유분이 있으면 구입할 수 있으나 재고분이 없는 경우가 더 많다.

고치 관광 정보관 도사 테라스
高知観光情報発信館 とさてらす [고-치칸코-조-호-핫신칸 도사테라스]

고치현의 다양한 여행 정보를 얻을 수 있는 곳
고치현의 정보를 한번에 얻을 수 있는 종합 안내소다. 관광 정보나 숙박 안내, 수하물 배송 서비스, MY유 버스 티켓 판매 등을 하는 종합 안내 카운터가 있다. 관내에 있는 지역 소개 코너를 둘러보고 고치현의 관광 정보를 얻거나 필요한 팸플릿을 받아오자. '도사(土佐)'는 고치의 옛 이름이다.

주소 高知市北本町 2-10-17 **위치** JR고치(高知)역에서 도보 1분 **시간** 08:30~18:00 **전화** 088-879-6400

〈료마전〉 촬영 세트장
〈龍馬伝〉幕末志士社中 [료마덴, 바꾸마쯔시시샤추-]

사카모토 료마의 생가를 재현한 곳
일본에 료마 붐을 일으켰던 NHK대하드라마 〈료마전〉의 촬영에서 사용한 사카모토 료마의 생가 촬영 세트를 재현한 곳으로 막부 말기의 생활을 체험할 수 있는 시설이다. 관내에는 사진 촬영 코너도 있으며 주택 내부를 자유롭게 둘러볼 수 있다.

주소 高知県高知市北本町 2丁目10-17 **위치** JR고치(高知)역에서 도보 1분, 관광 안내소 도사 테라스 옆 **시간** 08:30~18:00(입장 마감 17:30) **휴무** 연중무휴 **요금** 무료 **전화** 088-879-6400

•TIP•
가볍게 들를 만한 료마 관광지
고치는 '료마의 도시'라 불리는 만큼 료마 관련 자료관이나 관광지가 많다. 개인적으로 료마에 관심이 있다면 둘러보아도 좋지만 별 관심이 없다면 이곳만 산책 삼아 가 보자. 고치역 오른쪽에 있는 도사 테라스는 관광 정보를 얻기 위해 대부분의 여행자가 들르는 곳이다. 도사 테라스 옆에 있는 건물이 〈료마전〉 촬영 세트를 재현한 관광이벤트관이다. 19세기 당시의 주택 내부를 돌아보는 기분으로 살펴보자. 세트장 내부에서 차를 주문해 마실 수도 있고 선물용 과자나 기념품을 살 수 있는 판매점도 있다.

고치성
高知城 [고치조-]

아름답고 품위 있는 작은 성

중요 문화재 고치성은 천수각이 남아 있는 전국 12개의 성 가운데 하나로, 본성의 건축군이 완전히 남아 있는 성으로는 전국에서 유일하다. 도사번(고치현의 옛 이름)의 초대 번주인 야마우치 가즈토요가 1601년에 축성을 시작해 2년 뒤에 완성했으며 1727년에 화재로 건물 대부분이 소실됐지만 1746년에 혼마루 재건에 착수해 3년 만에 천수각이 완성돼 오늘에 이르렀다. 비가 많은 지역인 만큼 성 안에는 많은 수로가 만들어져 석통으로 배수되고 있는데 지금도 석축 사이에 돌출돼 있는 석통을 발견할 수 있다. 배수 능력이 높은 자연석을 사용한 아름다운 석축과 호위 무사가 대기하고 있던 무샤가쿠시(武者隠し)를 살펴보는 것도 흥미롭다. 가파른 계단을 거쳐 천수각에 오르면 고치시의 전경이 한눈에 내려다보인다.

주소 高知市丸ノ内一丁目 2番 1号 **위치** ❶ 도사덴 고치조마에(高知城前)에서 도보 약 5분 ❷ JR고치(高知)역에서 도보 25분 **시간** 09:00~17:00(입장 마감 16:30) **휴무** 12월 26일~1월 1일 **요금** 420엔(18세 이상), 무료(18세 이하) **홈페이지** kochipark.jp/kochijyo **전화** 088-824-5701

고치 시립 료마가 태어난 마을 기념관
高知市立 龍馬の生まれたまち記念館 [고-치시리쯔 료마노우마레따마찌키넨칸]

료마가 태어난 마을을 둘러보다

막부 말기의 정객 사카모토 료마가 태어난 거리에 세워진 기념관이다. 관내로 들어서면 화가 무라카미 유타카가 그린 소년 료마가 도사(고치현의 옛 이름) 사투리로 입장객을 맞는다. 료마가 나고 자란 가미마치 거리를 입체 모형으로 재현하고 료마의 가족과 당시 고치 성 주변의 모습과 사건 등도 모형과 영상으로 구성했으며 풍부한 자료를 통해 료마가 태어난 거리를 돌아볼 수 있다. 한국어 음성 가이드도 준비돼 있으며 무료로 이용할 수 있다.

주소 高知市上町 2丁目 6番 33号 **위치** 도사덴 카미마치잇초메(上町一丁目) 역에서 도보 3분 **시간** 08:00~19:00(입장 마감 18:30) **휴관** 연중무휴 **요금** 300엔, 무료(고등학생 이하) **홈페이지** ryoma-hometown.com **전화** 088-820-1115

사카모토 료마 탄생지 坂本龍馬誕生地 [사카모토료마 탄조-찌]

'료마가 태어난 마을 기념관'에 가기 위해 가미마치잇초메(上町一丁目)에서 내리면 도보 1분 거리에 있는 가미마치병원 앞에 료마의 탄생지를 알리는 비석이 있다. 료마에 관심이 있다면 들렀다가 기념관으로 가면 된다.

사카모토 료마는 누구인가?

사카모토 료마(坂本龍馬, 1835~1867년)는 가난한 하급 무사의 아들로 태어나 막부 말기의 혼란한 상황에서 메이지 유신으로 가는 길을 연 사람으로 평가받으며 일본인들의 사랑을 한몸에 받는 인물이다. 료마는 열강의 요구에 저항하지 못하고 나라를 이끌어 갈 힘을 잃은 당시의 에도 막부를 대신할 새로운 정부를 수립하는 데 큰 역할을 했지만 메이지 유신을 눈앞에 두고 33세의 젊은 나이에 암살당했으며 암살의 배후는 아직까지 명확하게 밝혀지지 않았다. 열정적인 그의 삶은 소설과 영화, 드라마에서 격변하는 시대에 일본이 나갈 길을 제시한 영웅으로 여러 차례 그려졌다. 흔히 사카모토 료마의 특별한 점으로 '유연한 사고와 과감한 행동력, 새로운 시대에 대한 비전, 풍부한 인간 관계'를 든다.

료마 우체국
龍馬郵便局 [료-마유-빈쿄쿠]

료마 소인을 찍어 배달해 주는 곳

일본에서 최초로 실존 인물의 이름이 붙은 우체국이다. 우체국 앞에는 사카모토 료마의 동상이 서 있으며 우체국 안에 료마 코너가 있어서 어릴 때 어머니를 잃은 료마가 어머니처럼 의지했던 누나 오토메에게 쓴 편지가 전시돼 있다. 이 우체국에서 엽서를 보내면 사카모토 료마의 소인을 찍어 배달한다. 료마는 편지 쓰기를 좋아했다고 하는 인물인 만큼 우체국 앞에 서 있어도 왠지 잘 어울린다. 이 외에 료마에 관련된 시설로는 가쓰라하마 인근에 고치 현립 사카모토 료마 기념관과 사카모토 료마상이 있다.

주소 高知県高知市上町1-8-18 **위치** 도사덴 카미마치잇초메(上町一丁目)역에서 도보 5분 **시간** 09:00~17:00 **휴무** 주말, 공휴일 **전화** 088-823-4782

네 개의 현, 네 개의 기질

시코쿠 네 개 현 사람들의 기질을 표현한 재미있는 이야기가 있다. '생각지 않은 돈이 들어오면 어떻게 할 건가'에 대한 답이 시코쿠 네 개 현 사람들의 기질을 말해 준다. 검소함과 절약을 제일로 여기는 도쿠시마현 사람은 "알뜰하게 저축해야지." 장사 수완이 뛰어난 에히메현 사람은 "이걸 밑천으로 몇 배로 늘려야지." 가가와현 사람은 별 생각 없이 "그냥 뭔가에 써야지." 고치현 사람은 "더 보태서 술 먹어야지." 그들이 저녁이면 하나둘씩 히로메 시장으로 모여드는 셈이다. 고치현은 앞으로는 태평양 바다를, 뒤로는 험준한 시코쿠 산지를 등지고 있어서 예로부터 다른 현과의 교류가 적어 독특한 기질을 가지고 있는 것이 특징이다. 보통 일본인과는 다르게 다혈질이 많고 직선적이다. 그런 기질이 뛰어난 만화 작가를, 어쩌면 사카모토 료마라는 인물을 낳은 건지도 모른다.

고치역의 세 사람

고치역에는 고치역을 등지고 선 세 사람의 동상이 있다. NHK대하드라마 〈료마전〉에 나온 주요 인물들로 사카모토 료마와 다케치 한페이타(武市半平太), 나가오카 신타로(中岡慎太郎)다. 드라마 등장인물을 동상까지 세우나 하는 생각이 들지만 고치는 그야말로 료마의 도시다. 최고의 관광 상품이 료마라고 해도 지나치지 않을 정도다.

고치성 역사 박물관
高知城歴史博物館 [고-치조레키시하쿠부쯔칸]

고치의 역사를 한눈에 볼 수 있는 곳

고치성 길 건너에 자리하고 있으며 고치현과 관련된 역사 자료들을 소장하고 전시하는 박물관이다. 다양한 실물 자료를 중심으로 즐기면서 역사를 배울 수 있으며 계절과 테마에 따른 다양한 기획전을 개최해 고치현의 역사와 문화가 가진 매력을 경험할 수 있다. 1층은 종합 안내소와 입장권 판매소, 뮤지엄 숍이 있으며 2층은 고치성을 바라보면서 차를 마실 수 있는 카페와 소장 자료를 살펴볼 수 있는 열람실, 3층은 전시실과 전망 로비가 자리하고 있다.

주소 高知県高知市追手筋2-7-5 **위치** 도사덴 고치조마에(高知城前)역에서 도보 3분 **시간** 09:00~18:00, 08:00~18:00(일요일) **휴관** 12월 26일~12월 31일 **요금** 740엔(일반), 무료(18세 이하) / 고치성+고치성 역사 박물관 통합권: 740엔(일반), 무료(18세 이하) **홈페이지** www.kochi-johaku.jp **전화** 088-871-1600

기쿠즈시(본점)
菊寿し本店 [기쿠즈시 혼텐]

도사마키의 원조

1951년에 문을 연 기쿠즈시 본점은 도사마키(가쓰오 다타키를 넣어 싼 김초밥)의 원조로 유명한 가게다. 1층에는 초밥 장인과 대화를 나누며 초밥을 먹을 수 있는 카운터석과 테이블석이 있고 2층에는 개인실과 테이블석이 있다. 신선한 다랑어를 사용한 가쓰오 다타키, 생선회와 초밥, 찌라시돈, 우동 등 각종 면류도 맛볼 수 있다. 런치 타임 때는 무료로 후식 커피를 제공하기 때문에 합리적인 가격으로 런치를 즐기려는 사람들로 가게는 빈자리가 없을 정도다.

주소 高知県高知市帯屋町1-7-19 **위치** 도사덴 하리마야바시(はりまや橋)역에서 도보 3분 **시간** 11:00~20:00(주문 마감 19:30) **휴무** 수요일 **가격** 도사마키 935엔, 가쓰오 다타키돈 1,600엔 **전화** 088-823-8400

가라쿠리 시계

하리마야바시의 동쪽 건물 벽에는 자동 인형이 춤추며 시간을 알리는 가라쿠리 시계가 걸려 있다. 오전 9시부터 오후 9시까지 매시간 정시에 위아래, 좌우로 자동 인형들이 나온다. 요사코이부시 음악에 맞추어 시계 위는 고치성이, 아래는 요사코이 축제에서 춤추는 아이 인형이, 오른쪽은 하리마야바시가, 왼쪽은 가쓰라하마와 료마상이 나온다. 야간에는 조명도 들어온다. 일부러 정시가 되기를 기다릴 필요는 없지만 근처에 있는데 어디선가 음악 소리가 들리면 건물 벽을 올려다보면 된다.

하리마야바시
はりまや橋 [하리마야바시]

고치 여행의 소소한 즐거움

하리마야바시는 사진이나 영상에서 고치를 상징하는 다리로 자주 등장한다. 고치역 안에도 하리마야바시의 모형이 있을 정도다. 하리마야바시는 에도 시대 때 강을 사이에 두고 가게 상인들이 서로 왕래하기 위해 만든 사설 다리였다. 이후 여러 차례의 재건을 거쳐 현재의 모습이 됐다. 이 다리가 유명해진 것은 예로부터 전해오던 고치현의 민요 요사코이부시(よさこい節)의 가사 속에 하리마야바시가 등장하기 때문이다. 현재는 다리 주변이 하리마야바시 공원으로 조성돼 시민들의 쉼터가 되고 있다.

주소 高知市はりまや町 1丁目 **위치** ❶ 도사덴 하리마야바시(はりまや橋)역 하차 ❷ JR고치(高知)역에서 도보 10분 **전화** 088-823-9457

하리마야바시를 배경으로 한 슬픈 사랑 이야기

하리마야바시가 유명해진 건 고치현의 민요 <요사코이부시>의 가사 속에 이 다리가 등장하기 때문이다. 하리마야바시는 가사 속에서 승려 준신과 대장장이의 딸 오우마의 슬픈 사랑 이야기의 무대로 등장한다. 요사코이부시에 '도사 고치의 하리마야바시에서 스님이 비녀 사는 걸 봤어'라는 가사가 있는데 그 스님이 준신이다. 막부 말기에 고다이산에 있는 치쿠린지竹林寺의 승려 준신은 대장장이의 딸 오우마와 사랑에 빠지게 되고 준신이 규율을 깨고 하리마야바시의 장신구 가게에서 오우마에게 비녀를 사 준 것이 소문이 나서 두 사람은 함께 도망을 간다. 그러나 곧 붙잡혀서 도사(고치의 옛 이름)로 끌려 온 후에 각각 다른 지역으로 추방을 당하게 되고 두 사람은 영원히 만나지 못한 채 떨어져 살다가 세상을 떠난다. 구전으로 내려온 민요 요사코이부시에 이 이야기의 일부가 들어 있다. 하리마야바시 앞에는 준신과 오우마를 표현한 하얀색 조각상이 놓여 있다.

일요 시장
日曜市 [니찌요-이찌]

고치의 또 하나 명물

일요일에 고치에 있다면 꼭 들를 곳이 있다. 굉장한 규모를 자랑하는 일요 시장이다. 에도 시대부터 시작해 300여 년의 역사를 자랑하는 일요 시장은 매주 일요일마다 고치성 정문에서 시작해 동쪽으로 1.3km에 걸쳐 열리는 시장이다. 약 430개의 노점이 늘어서서 신선한 야채와 과일, 해산물, 골동품, 목공품 등 생활용품부터 취미에 이르기까지 갖가지 물건을 판매한다. 여기저기서 구수한 고치 사투리가 들려오는 시장을 느릿느릿 걸으며 전통 시장의 풍경과 고치의 문화를 경험할 수 있는 기회이니 일요일에 고치에 머물고 있다면 꼭 들러 보자.

주소 高知市追手筋 주변 **위치** ❶ JR고치(高知)역에서 도보 10분 ❷ 도사덴 하스이케마치도리(蓮池町通)역에서 도보 5분 **시간** 일요일 06:00~15:00 전후 **휴무** 1월 1~2일, 요사코이 축제 기간 **홈페이지** www.city.kochi.kochi.jp/site/gairoichi **전화** 088-823-9456

길거리 간식 이모켄피 芋ケンピ [이모켄삐] *TIP*

우리나라 시장에서 파는 기다란 고구마튀김과 비슷하게 생긴 고치의 간식 이모켄피를 맛보자. 히로메 시장, 일요 시장, 기념품점 어디에서나 눈에 띄는 고구마튀김 이모켄피. 우리가 흔히 먹는 고구마튀김보다 달다. 한 봉지 사서 여행 내내 조금씩 먹어 보자. 점포에 따라 가격 차이가 있으며 200~300엔 사이다.

고치 요사코이 정보 교류관
高知よさこい情報交流館 [고-치 요사코이 조-호-코-류칸]

요사코이 축제에 관한 모든 것

고치 요사코이 정보 교류관은 1954년부터 시작된 요사코이 축제의 역사와 매력을 알리는 목적으로 2013년 4월에 개관한 시설이다. 관내에는 요사코이 축제의 역사를 알 수 있도록 축제 포스터를 연도별로 전시하고 있으며, 화려한 의상이나 모형을 다양하게 사용해 이해를 돕고 있다. 축제 동영상도 상영하고 있어서 잠시나마 축제 기분을 맛볼 수 있다. 또, 축제 의상을 입어 보거나 춤을 배워 볼 수도 있다. 전시관 벽면에는 다양한 나루코(요사코이 축제 때 손에 들고 흔드는 악기)가 빼곡하게 진열돼 있는데 직접 흔들어 소리를 내 봐도 되며 나루코 만들기 체험도 할 수 있다.

주소 高知市はりまや町 1丁目10-1 **위치** 도사덴 하리마야바시(はりまや橋)역에서 도보 3분 **시간** 10:00~18:30(입장 마감 18:00) **휴관** 수요일, 12월 29일~1월 1일 **요금** 무료 **홈페이지** www.honke-yosakoi.jp **전화** 088-880-4351

열정적이고 파워풀한 요사코이 축제 よさこい祭り [요사코이마쯔리]

열정적이고 힘이 넘치는 요사코이 축제는 고치를 대표하는 축제다. 8월 9일 전야제를 시작으로 10일과 11일에는 본선, 12일에는 전국대회와 후야제로 4일간에 걸쳐 개최된다. 불경기를 이겨내고 시민들에게 힘을 주며 활기 있는 상점가가 되도록 하기 위해 1954년부터 시작됐다. 춤추는 사람들은 '나루코'라고 하는 악기를 손에 들고 춤을 추며 그 외에는 음악이나 의상, 춤 모두 자유롭다. 시내 16개 경연장에서 전국에서 모여든 200개가 넘는 팀과 2만 명 가까운 참가자들이 다채로운 춤과 의상, 음악으로 관객들을 매료시킨다. 특히 각 지역의 대학 동아리 등 젊은이들의 참여가 두드러지며 해를 거듭하면서 전국적인 축제로 발전하고 있다.

주소 高知県高知市本町 1-6-24 高知商高会議所内 よさこい祭振興会 **위치** 고치 시내 16개 지정 장소 **시간** 8월 9~12일 **홈페이지** http://www.cciweb.or.jp/kochi/yosakoiweb **전화** 088-875-1178

요사코이 축제 진행 과정

- **8월 9일(축제 전야제)**
  전년도 수상 팀들이 나와 개성 넘치는 춤을 보여 주고 화려한 불꽃놀이가 펼쳐진다.

- **8월 10, 11일(본 행사)**
  고치 시내의 16개 장소에서 축제가 진행된다.

- **8월 12일(요사코이 전국대회)**
  낮 1시 30분부터 전국대회가 펼쳐지고 후야제 후 축제가 마무리된다.

축제 기간에는 숙소를 미리 예약하자

요사코이 축제는 전국 규모의 축제다. 전국에서 200여 개 팀 2만여 명이 참가하며 참가 인원이 연 100만 명을 넘는데, 고치시 인구가 32만 명인 것을 생각하면 어느 정도의 열기일지 짐작이 갈 정도다. 요사코이 축제 기간에 고치를 방문할 계획이라면 일찌감치 숙소 예약을 끝내야 한다. 축제가 가까워지면 숙소 예약이 어렵기 때문이다. 8월 중순의 고치는 40℃에 육박하는 뜨거운 여름이니 참고하자.

히로메 시장
ひろめ市場 [히로메이치바]

고치인의 기질을 엿보다

값싸고 신선한 먹거리가 넘치는 실내 시장. 낮에는 주로 식재료를 판매하고 밤에는 야시장 같은 분위기로 바뀌어 술을 마시는 사람도 못 마시는 사람도 분위기에 취하는 곳이다. 일본 내에서 술 소비량이 가장 많다는 고치현답게 시장 안에서도 호탕하고 기운 넘치는 고치 사람들의 모습을 볼 수 있다. 시장 가운데 의자와 테이블이 놓여 있고 고치현의 유명 먹거리인 가쓰오 다타키를 비롯해 곳곳에 맥주와 사케, 초밥과 생선회, 각종 구이, 익힌 풋콩, 샐러드 등 갖가지 음식을 파는 60여 개의 가게가 빼곡히 자리하고 있다. 이용객이 원하는 가게로 가서 음식을 주문하거나 술을 사 와서 시장 가운데 놓인 테이블에 앉아 먹을 수 있는 구조다. 가쓰오(가다랑어)를 사용한 도사 요리를 맛볼 수 있는 음식점도 많으니 고치의 명물 가쓰오 다타키는 꼭 맛보도록 하자.

주소 高知県高知市追手筋 2丁目 3番1号 **위치** 도사덴 오하시도리(大橋通)역에서 도보 3분 **시간** 10:00~23:00(월~토, 공휴일), 09:00~23:00(일요일) **휴무** 1월 1일, 1, 5, 9월 둘째(또는 셋째) 주 수요일(점포마다 다름) **홈페이지** hirome.co.jp **전화** 088-822-5287

히로메 시장 즐기기 ·TIP·

고치현이 일본 내에서 술 소비량이 많다고 해도 여행자 입장에서는 그다지 실감이 나지 않는다. 그렇다면 주말 점심 때쯤 히로메 시장에 가 보자. 일본 전국 어디에 가도 대낮부터 술 마시는 사람을 한꺼번에 그렇게 많이 보기는 힘들다. 왜 고치현이 술 소비량이 많다고 하는지 바로 실감이 날 것이다. 본격적으로 히로메 시장을 즐기기 위해서는 먼저 인원수만큼 좌석을 확보한다. 그다음 음식을 주문하러 간다. 주문한 후 기다렸다가 음식을 받아야 하는 경우도 있지만 가게에 따라서는 테이블까지 가져다주는 곳도 있다. 즐겁게 먹고 마신 후에 일회용기와 휴지는 근처에 있는 휴지통에 버리고 식기류나 컵은 그대로 두면 좌석 담당 직원이 정리한다.

고치의 유명 음식 가쓰오 다타키를 먹어 보자!

가쓰오 다타키는 신선한 다랑어를 볏짚에 겉만 살짝 익혀서 먹는 음식으로 고치현 사람들에게 사랑받는 음식이다. 고치 사람들은 우리처럼 가쓰오 다타키에 파나 마늘을 듬뿍 얹어서 먹기도 한다. 시장 안에는 가게 앞에 긴 줄이 생기는 가쓰오 다타키 집 '묘진마루'가 있다(히로메 시장에서 멀지 않은 오비야마치 상점가 안에도 묘진마루가 있다). 다소 어수선해도 고치현의 밤 분위기를 느껴 보고 싶다면 히로메 시장에 있는 묘진마루를 추천한다. 그 외에도 가쓰오 다타키 집이 있으니 돌아보고 마음에 드는 가게에서 주문한다. 60여 개의 가게를 돌아보며 조금씩 다양한 종류를 맛보자. 저녁 시간에는 합석을 해야 하는 경우도 있지만 합석도 나쁘지 않다. 떠들썩한 시장 분위기 속에서 즐겁게 먹고 마시다 보면 모두가 이웃이 된다. 고치 사람들이 대부분이라 사람들 사이에서 먹거리를 즐기다 보면 그 시간만큼은 현지인의 기분을 즐길 수 있다.

요코야마 류이치 기념 만화관
横山隆一記念まんが館 [요코야마 류이치 키넨만가칸]

요코야마 류이치의 개인적 취향을 엿볼 수 있는 자료관

요코야마 류이치 기념 만화관은 천재 만화가 요코야마 류이치를 기념해 고치시가 만든 만화관으로, 유머 넘치는 그의 인생을 엿볼 수 있는 곳이다. 대표작 네 컷짜리 만화 《후쿠짱》은 1936년에 탄생해서 1971년 신문 연재 종료까지 오랫동안 사랑받은 만화며 많은 만화가에게 영향을 주기도 했다. 기념 만화관은 고치시 문화 플라자 칼포트 3~5층에 자리하고 있으며 관내에는 만화와 일러스트 원화, 애니메이션 작품 파일과 유화, 수묵화 등을 비롯해 조각과 연구서, 개인 자료 컬렉션과 카메라, 완구, 아틀리에, 홈바까지 요코야마 류이치의 개인 취향을 마음껏 즐길 수 있다. 뮤지엄 숍에서는 기념품과 함께 《후쿠짱》 만화도 구입할 수 있다.

주소 高知市九反田 2-1 高知市文化プラザかるぽーと内 横山隆一記念まんが館 **위치** ❶ 도사덴 하리마야바시(はりまや橋)역에서 도보 5분 ❷ 도사덴 사이에바초(菜園場町)역에서 도보 3분 **시간** 09:00~18:00 **휴관** 월요일, 12월 28일~1월 4일 **요금** 410엔(일반), 무료(고교생 이하) **홈페이지** www.kfca.jp/mangakan **전화** 088-883-5029

만화 강국 일본, 만화 왕국 고치

일본 속의 만화 왕국이라 불리는 고치현에서는 유명한 만화가가 많이 배출됐다. 호빵맨의 작가 야나세 다카시를 비롯해 국내에도 잘 알려진 만화 《심야 식당》의 아베 야로, 사이바라 리에코도 고치현 출신이다. 이런 장점을 살려 고치현은 만화를 종합적인 콘텐츠 사업으로 육성하기 위해 전담 부서를 만들고 명실상부한 일본 내 만화 왕국 자리를 지키기 위해 노력하고 있다. 그런 노력의 하나로 1992년부터 매년 〈전국 고등학교 만화 선수권 대회-만화 고시엔〉이 고치에서 열린다. 각 학교별로 3~5명이 한 팀이 되어 이틀 동안 만화로 치열한 격전을 벌인다. 일본 국내뿐만 아니라 우리나라와 대만 등 300개가 넘는 학교가 참여하고 있다. 고치현 곳곳에서 만화 캐릭터가 그려진 열차와 전차, 버스가 달리고 있고, 만화 기념관이 있으며, 거리에는 캐릭터 상이 있고, 심지어 휴지통에도 캐릭터가 그려져 있다. 고치를 여행할 동안 고치 사람들의 만화 사랑을 마음껏 누려 보자.

고치 현립 미술관
高知県立美術館 [고-치 켄리츠비주쯔칸]

샤갈의 그림을 만나다

1993년 11월에 개관한 고치 현립 미술관은 마르크 샤갈과 표현주의 및 신표현주의 작가의 작품, 고치현과 인연이 있는 작가들의 작품을 중심으로 국내외 미술 작품을 소장하고 있다. 특히 1,200점이 넘는 샤갈의 작품을 소장하고 있는 것으로 유명하다. 〈하늘을 나는 당나귀〉, 〈신부의 꽃다발〉, 〈오르주발의 밤〉 등 우리에게도 익숙한 유화 5점을 비롯해 약 1,200점의 판화 작품은 기획전이나 샤갈전 등으로 관객들과 만난다. 아트 라이브러리도 마련돼 있어서 예술에 관한 서적을 자유롭게 열람할 수 있으며 미술관 홀에서는 일본 전통 가면극 노능 공연과 연극, 콘서트 등도 열린다.

주소 高知県高知市高須 353-2 **위치** 도사덴 겐리쓰비주쯔칸도리(県立美術館通)역에서 도보 5분 **시간** 09:00~17:00(입장 마감 16:30) **휴관** 12월 27일~1일 1일 **요금** 370엔(일반), 260엔(대학생), 무료(고교생 이하) **홈페이지** moak.jp **전화** 088-866-8000

다이마루(고치점)
大丸高知 [다이마루 고-치]

고치현의 유일한 백화점

다이마루 고치점은 고치현에서 유일한 백화점이다. 지하 1층부터 지상 6층까지 있으며 여성복, 펫 숍, 레스토랑 등이 입점해 있는 본관과 남성복, 아동복, 서점 등이 입점해 있는 동관이 연결 통로로 이어져 있다. 지역에서 생산된 신선 식품부터 의류, 잡화까지 다양하게 갖추고 있으며 지하 1층의 식품관은 꽤 충실하다. 오비야마치(帯屋町) 상점가 내에 자리하고 있어 상가에서 쇼핑을 하거나 산책을 하다가 들르기 편리하다.

주소 高知県高知市帯屋町1丁目 6番 1号 **위치** ❶ 도사덴 호리즈메(堀詰)역에서 도보 3분 ❷ 도사덴 하리마야바시(はりまや橋)역에서 도보 3분 후 오비야마치(帯屋町) 상점가 내 **시간** 10:00~19:30 **휴무** 부정기적 **홈페이지** www.kochi-daimaru.co.jp **전화** 088-822-5111

오비야마치 상점가
帯屋町商店街 [오비야초 쇼텐마치]

고치의 중심 상점가

고치현의 상점가도 다카마쓰와 마찬가지로 서로 이어져 있다. 오비야마치(帯屋町) 상점가, 하리마야바시(はりまや橋) 상점가, 오하시도리(大橋通り) 상점가 등이 서로 인접해 있으나 가장 번화한 곳은 오비야마치(帯屋町) 상점가로, 다양한 음식점과 상점이 모여 있다. 상가 끝에는 히로메 시장이 자리하고 있으니 히로메 시장에 가는 전후에 둘러보면 좋다. 다이마루 백화점, 서점, 다이소나 세리아 같은 100엔 숍, 토토로를 만날 수 있는 동구리 공화국(지브리 캐릭터 숍) 등이 있어서 고치 시민과 관광객이 많이 찾는 중심 상점가다. 고치의 가장 중심가라고 해도 대도시에 비하면 소박하며 밤 8시쯤이면 문을 닫는 곳이 많다.

주소 高知市帯屋町1丁目~2丁目 **위치** 도사덴 오하시도리(大橋通)역에서 도보 3분 **시간** 점포마다 다름 **휴무** 점포마다 다름 **홈페이지** www.kochi-shotengai.net **전화** 088-824-8843(상점가 진흥조합)

5019 프리미엄 팩토리
5019 PREMIUM FACTORY [고잉구 쁘레미아무 홬토리]

료마 버거가 맛있는 곳

고치 중앙 공원 옆에 위치한 다이닝 바 '5019 프리미엄 팩토리'는 고치 출신의 유명 인물 사카모토 료마의 이름을 붙인 료마 버거로 지역민들의 사랑을 받고 있다. 부드러운 빵 사이에는 고치의 대표 음식 가쓰오를 비롯해 피망과 가지 등 갖가지 신선한 야채를 듬뿍 넣어 놀랄 만한 높이를 자랑한다. 풍부한 육즙과 신선한 야채가 잘 어우러져 조화로운 맛을 즐길 수 있는 만족도 높은 햄버거다.

주소 高知県高知市帯屋町1-10-21 **위치** 도사덴 호리즈메(堀詰)역에서 도보 3분 **시간** 런치 11:00~17:00, 바 18:00~새벽 02:00 **휴무** 목요일 밤 **가격** 료마 버거 1,200엔 **전화** 088-872-5019

세이로
せいろ [세이로]

맛있는 장어집

신선한 활장어를 사용한 장어 요리 전문점으로 히로메 시장에서 도보 2분 거리에 있다. 숯불로 단번에 구워 낸 통통한 장어를 다양한 가격대에 즐길 수 있다. 30여 년 전 개점 때 간판 메뉴로 내걸었던 장어덮밥은 간이 밴 따뜻한 밥과 장어의 맛이 잘 어우러져 창업 이래 현재까지도 인기 메뉴이니 맛보자. 다이마루 백화점에도 분점이 있다.

주소 高知県高知市帯屋町 2-5-21 西山ビル 1F **위치** 도사덴 오하시도리(大橋通)역에서 도보 3분 **시간** 런치 11:00~15:00(일요일은 17:00까지), 디너 17:00~20:00(목~토) *주문 마감: 영업 종료 30분 전까지 **휴무** 수요일 **가격** 1,900엔(우나기세이로) **홈페이지** www.fuji-bussan.com/business/eel/seiro **전화** 088-825-3292

혼이케자와
本池澤 [혼이케자와]

고치의 특별한 맛

1925년 생선 가게에서 시작해 현재 3대째가 이어가고 있다. 고치의 전통 요리인 사와치 요리를 비롯해 가쓰오 다타키, 생선회, 초밥, 런치 등을 다양하게 즐길 수 있다. 1,000엔 이하의 런치도 있지만 조금 화려하게 먹어 보고 싶다면 가쓰오 다타키와

회, 초밥과 튀김 등으로 구성된 요사코이고젠(よさこい御膳, 런치 3,200엔)도 추천한다. 본점은 오비산로드 상점가에 있으며 도보 2분 거리의 히로메 시장에도 분점이 있어서 부담 없이 맛볼 수 있다.

주소 高知市本町 2丁目 1-19 おびさんロード商店街 **위치** 도사덴 오하시도리(大橋通)역에서 도보 2분 **시간** 11:00~15:00, 17:00~22:00(주문 마감 21:30) **휴무** 12월 30일~1월 1일 **가격** 880엔~(히가와리 런치) **홈페이지** www.ikezawa.co.jp **전화** 088-873-3231

쓰치바시 기치에몬 소바
つちばし 吉右衛門 [츠찌바시 키찌에몬]

오랜 손맛이 느껴지는 소바집

오비야마치 상점가에 위치한 1955년에 창업한 소바집으로 고치에서는 꽤 유명한 집이다. 치카라(모찌)소바, 니신(청어조림)소바 등 다양한 소바를 자랑하며 정식도 인기다. 오랜 세월 가게에서 나이 드셨을 주방장 할아버지와 할머니 두 분이 일하는 가게는 언제 가도 편안하다.

주소 高知市 高知市帯屋町 1丁目 5-4 **위치** 도사덴 하리마야바시(はりまや橋)역에서 도보 3분 ❷ JR고치(高知)역에서 도보 15분 **시간** 10:00~21:00(주문 마감 20:30) **휴무** 부정기적 **가격** 850엔~(소바) **전화** 088-872-5381

사와치 요리

여럿이 먹는다면 고치현의 맛있는 음식이 모두 들어 있는 사와치 요리도 좋다. 사와치 요리란 가쓰오 다타키와 생선회, 초밥, 튀김, 소면, 과일 등 푸짐한 한 상이 커다란 접시 안에 모두 들어 있는 고치현의 특별 요리로 가격은 3~4인용이 12,000~15,000엔 정도다.

고지야
こうじ家 [고-지야]

지자케 기키쿠라베를 즐기자

일본주 소믈리에 자격을 가지고 있는 점주가 엄선한 15종의 고치산 술과 가까운 바다에서 잡은 신선한 생선, 고치산 유명 닭 도사지로를 맛볼 수 있다. 이 가게에는 지자케 기키쿠라베(地酒ききくらべ)가 있어서 즐겁다. 지자케 기키쿠라베는 3잔의 일본주를 마실 수 있는데 먼저, 손님이 좋아하는 술 한 종류를 고르면 주인이 다른 풍미의 술 두 종류를 골라 준다. 또 고른 술에 어울리는 안주도 제안해 주니 서로 어울리는 술과 안주를 맛보며 특별한 시간을 즐길 수 있다.

주소 高知県高知市廿代町 7-23 マツチヨビル 2F・3F **위치** ① 도사덴 하스이케마치도리(蓮池町通)역에서 도보 8분 ② JR고치(高知)역에서 도보 12분 **시간** 17:00~23:00(월~목, 주문 마감 22:00), 17:00~24:00(금~토, 주문 마감 23:00) **휴무** 일요일 **가격** 1,200엔(지자케키키쿠라베) **홈페이지** koujiya.jp **전화** 088-875-1233

TIP
일본주 소믈리에, 기키자케시(利き酒師)

일본에는 일본주 검정시험 기키자케시가 있다. 일본주의 풍미를 더 깊이 즐기는 것을 목적으로 실시되는 시험이며, 주로 일본주를 다루는 사업자나 술에 대한 지식을 쌓으려는 사람들이 응시한다. 시험 문제는 술의 역사와 문화, 제조법과 예절, 즐기는 법과 잡학 지식까지 다양하게 출제된다.

링베루
リンベル [링베루]

고치의 명물 모자빵집

링베루는 1927년에 창업해서 1955년 무렵에 고치에서 최초로 모자빵을 만든 나가노아사히도永野旭堂의 직영 빵집이다. 150엔짜리 일반 모자빵부터 크림모자빵, 팥소모자빵, 특대모자빵, 미니모자빵까지 다양한 모자빵을 맛볼 수 있다. 가게 안에 카페 공간이 있어서 차와 함께 맛볼 수 있다. 브랜드 커피 270엔도 반가운 가격이다. 지름 38cm의 특대모자빵은 예약 판매만 가능하다.

주소 高知県高知市永国寺町 1-43 ハイツ永国寺 1F **위치** ① JR고치(高知)역에서 도보 15분 ② 도사덴 호리즈메(堀詰)역에서 도보 8분 **시간** 07:00~18:00 **휴무** 일요일, 공휴일 **가격** 150엔~(모자빵), 270엔(브랜드 커피) **전화** 088-822-0678

TIP
모자빵

고치의 모자빵은 유명해서 고치 시내 빵집에 모자빵이 없는 가게가 없을 정도지만 사실 모자빵은 멜론빵을 만들려고 하다가 실패로 만들어진 빵이라 한다. 먹어 보니 의외로 맛있어서 팔기 시작했고 이후 고치 시내 빵집으로 퍼져 현재에 이른 것이라고 한다. 크기며, 내용물에 따라 모자빵 종류도 다양하지만 가장 기본적인 150엔짜리를 먹어 봐도 소박한 맛 모자빵의 매력이 느껴질 것이다.

MY유 버스 타고 고치 근교 여행

MY유 버스는 고치 근교의 중요 관광지를 경유하기 때문에 편리하게 이동할 수 있다. 가쓰라하마 1일권(1,000엔)과 2일권(1,600엔), 고다이산 1일권(600엔)으로 구분된다. JR고치역을 기점으로 고다이산 전망대, 고치 현립 마키노 식물원, 가쓰하마라 등 고치의 관광지를 경유하니 알차게 근교 여행을 즐길 수 있다. 관광지까지의 이동 시간을 고려해 일찌감치 출발하도록 한다. 오전 9시 전후에 출발하는 버스를 탄다면 관광지에서 비교적 여유롭게 시간을 보낼 수 있다.

마이유 버스 www.attaka.or.jp/kanko/kotsu_mybus.php

고다이산 전망대
五台山展望台 [고다이산 텐보-다이]

고치 시내와 고치항을 전망할 수 있는 곳
고다이산 전망대는 고다이산 정상에 있는 전망대다. 고다이산은 벚꽃과 철쭉의 명소로 산기슭에는 시코쿠 순례 사찰 제31번 절 치쿠린지와 식물학자 마키노 도미타로 박사를 기념해 만들어진 현립 마키노 식물원과 기념관이 있어서 고치현 사람들에게는 휴식처 같은 산이다. 산 정상에 있는 고다이산 전망대에서는 고치 시내와 고치항을 전망할 수 있다.

주소 高知市吸江 210-1 **위치** MY유 버스 고다이산텐보다이(五台山展望台) 정류장 하차 후 도보 5분 **요금** 무료

치쿠린지
竹林寺 [치쿠린지]

고치의 유명 사찰
치쿠린지는 고다이산에 있는 사찰로 8세기에 쇼무 일왕이 중국 오대산에서 문수보살을 만나는 꿈을 꾼 뒤 그곳과 비슷한 영지를 찾다가 고치의 고다이산에 세운 절이다. 시코쿠 영지 88개 중에서 유일하게 문수보살을 본존으로 하는 사찰이며 본당은 국가 중요 문화재로 지정돼 있고 보물관에 있는 17개의 불상 모두가 국가 중요 문화재로 지정돼 있다. 특히 정원은 고치현 3대 정원의 하나로 꼽힐 만큼 아름다우며 국가 명승지로 지정돼 있다.

주소 高知県高知市五台山 3577 **위치** MY유 버스 치쿠린지마에(竹林寺前) 정류장 하차 후 바로 **시간** 08:00~17:00(보물관, 명승 정원 08:30~17:00) **휴무** 연중무휴 **요금** 경내 무료/ 보물관과 명승 정원: 400엔(일반), 200엔(고교생), 150엔(중학생), 100엔(초등학생) **홈페이지** www.chikurinji.com **전화** 088-882-3085

고치 현립 마키노 식물원
高知県立牧野植物園 [고-치 켄리쯔마키노 쇼쿠부쯔엔]

사계절마다 다른 풍경을 즐길 수 있는 곳

고치 출신의 식물학자 마키노 도미타로 박사를 기념한 식물원이다. 원내에는 약 3,000종류의 식물들이 사계절마다 다른 아름다움을 보여 준다. 열대 식물이 있는 온실, 약용 식물이 있는 북원, 동양의 원예를 감상할 수 있는 50주년 기념 정원, 박사의 활동과 업적 등을 소개한 자료관 등으로 구성돼 있다.

주소 高知市五台山 4200-6 **위치** MY유 버스 마키노쇼쿠부쯔엔세몬마에(牧野植物園正門前) 정류장 하차 후 도보 1분 **시간** 09:00~17:00 **휴원** 12월 27일~1월 1일 **요금** 730엔(일반), 무료(고교생 이하) **홈페이지** www.makino.or.jp **전화** 088-882-2601

• TIP •
마키노 도미타로(牧野富太郎, 1862~1957) 박사는 누구인가?

마키노 도미타로는 고치 출신의 식물학자다. '일본 식물학의 아버지'로 불리며 일생 동안 약 40만 장의 표본을 채집하고 신종과 신품종 등 약 1,500종류 이상의 식물 이름을 붙여 일본 식물분류학의 기초를 다진 연구자다. 저서 《일본 식물 도감》은 지금도 널리 읽히고 있다.

고치 현립 사카모토 료마 기념관
高知県立坂本龍馬記念館 [고-치켄리쯔 사카모토료마키넨칸]

사카모토 료마에 대한 모든 것

고치 현립 사카모토 료마 기념관은 사카모토 료마에 대한 다양한 자료를 통해 격변하던 시대 상황과 그의 생애를 알 수 있는 기념관이다. 지하 1층은 관련 도서가 소장돼 있는 열람실이 있고, 지하 2층은 료마의 자필 편지를 비롯해 주변 인물들의 편지, 료마가 소장하고 있던 권총의 모형, 혈흔이 묻은 병풍 등이 전시돼 있다. 입구인 1층을 지나 2층으로 올라가면 시대와 장면별로 료마의 생애를 소개하고 그의 집 거실 모형과 그가 암살당한 교토의 방이 모형으로 전시된 공간이 있다. 특히 2층에 있는 '공백(空白)의 공간'은 태평양이 한눈에 내려다보여 아름다운 경관을 자랑한다. 기념관 언덕에는 가쓰라하마 해변으로 통하는 오솔길이 있으니 시간이 허락된다면 동백꽃 오솔길을 따라 걸으며 가쓰라하마 해변의 아름다운 경치를 덤으로 감상해 보자.

주소 高知市高知市浦戶城山 830番地 **위치** MY유 버스 료마키넨칸마에(龍馬記念館前) 정류장 하차 후 도보 2분 **시간** 09:00~17:00(입장 마감 16:30) **휴무** 연중무휴 **요금** 700엔(기획전 기간), 500엔(그 외 기간), 무료(고교생 이하) **홈페이지** ryoma-kinenkan.jp **전화** 088-841-0001

사카모토 료마상
坂本龍馬銅像 [사카모토 료-마조-]

거대 료마상
가쓰라하마에는 사카모토 료마의 동상이 태평양을 내려다보고 있다. 고치현의 청년들이 주최해 료마의 정신과 기상을 기리기 위해서 전국에 모금 운동을 벌여 1928년에 세워졌다. 동상의 높이는 5.3m, 받침대 높이까지 합하면 13.5m에 달한다.

주소 高知市浦戸 桂浜公園内 **위치** MY유 버스 가쓰라하마(桂浜) 정류장 하차 후 도보 5분 **전화** 088-823-9457

료마의 눈높이로 태평양을 바라보다 ·TIP·
사카모토 료마는 특이하게도 생일과 사망일이 11월 15일로 같다. 고치시에서는 매년 11월에 개최되는 료마 축제에 맞추어 료마상 옆에 높이 약 13m의 특설 전망대를 설치해 료마의 눈높이로 태평양을 볼 수 있도록 한다. 설치 기간은 11월 15일을 전후한 2개월 동안과, 4월 초부터 2개월 동안이다.

가쓰라하마
桂浜 [가쯔라하마]

달빛마저 아름다운 해변

고치현을 대표하는 관광지로 태평양과 마주 보는 가쓰라하마 해변에는 완만하게 초승달 모양을 그리는 모래사장이 펼쳐져 있다. 뒤로는 무성한 소나무 숲이 있어서 해변의 모래사장과 푸른 바다가 어우러져 잘 꾸며 놓은 정원처럼 조화를 이루는 곳이다. 예로부터 달구경의 명소로도 알려져서 민요 〈요사코이부사〉의 가사에도 '달구경 명소는 가쓰라하마…'라는 구절이 있으며 특히 사카모토 료마가 찾은 곳으로도 유명하다. 해변에는 어린아이를 둔 가족 단위 방문객이 많이 찾는 가쓰라하마 수족관이 있다. 단, 가쓰라하마 해변은 조류의 영향으로 갑작스러운 파도가 발생하므로 수영은 금지돼 있다. 수영이 금지돼 있으니 해변 가까이 가지 말라는 안내 방송이 자주 나온다.

주소 高知市浦戸 9 **위치** MY유 버스 가쓰라하마(桂浜) 정류장 하차 후 도보 5분 **전화** 088-823-9457

· Plus Area · 구로시오(黒潮) ·

모래사장 미술관
砂浜美術館 [스나하마비주쯔칸]

눈에 보이는 모든 것이 작품

아무것도 없어서 아름다운 단 하나의 미술관. 모래사장 미술관은 건물이 없다. 도사이리노역에 내려 마을을 지나 소나무 숲으로 들어서 걷다 보면 탁 트인 넓은 모래사장이 나온다. 그곳이 모래사장 미술관이다. 눈앞에 펼쳐져 있는 그대로의 풍경을 작품으로 즐기는 미술관이다. 해마다 5월과 11월에 티셔츠 아트전과 퀼트전 등 특화된 기획전을 개최하고 있다. 티셔츠 아트전이 열리는 기간에 바닷가에 수많은 티셔츠가 일제히 바람에 날리는 모습은 상상 이상이며 다양한 일러스트와 사진, 짧은 글이 담긴 티셔츠를 들여다보며 걷는 것도 소소하게 즐겁다. 엽서나 사진 같은 소박한 기념품도 구입할 수 있으며 모래사장에 작은 우체통도 마련돼 있어서 편지나 엽서를 넣으면 옆에 있는 소나무 숲이 새겨진 소인을 찍어서 배달한다.

주소 高知県幡多郡黒潮町入野 **위치** JR고치(高知)역에서 JR특급으로(약 1시간 30분) JR도사이리노(土佐入野)역 하차 후 해변 쪽으로 도보 10분 **시간** 티셔츠 아트전(매년 5월 초 일주일) 09:00~17:00 / 퀼트전(매년 11월 중순 3일간) 09:30~15:30 **요금** 300엔(협조금) **홈페이지** www.sunabi.com **전화** 088-043-4915

모래사장 미술관 즐기기

아무것도 없는 해변에 서면 속았다는 생각이 들지도 모른다. 4km의 모래사장을 머릿속에서 미술관으로 만드는 순간 차례차례 작품이 보이기 시작한다. 얼굴을 스치는 바람, 해변을 기어 다니는 작은 게, 해변을 따라 펼쳐진 소나무 숲 등, 모래사장 미술관은 방문하는 사람이 스스로 작품을 발견하는 매력적인 미술관이다. 티셔츠전이 열리는 5월 초가 가장 아름다우나 11월에 소나무 숲에서 퀼트전이 열릴 때는 옆에 펼쳐진 염교(락교)밭에서 활짝 핀 염교 꽃도 즐길 수 있다. 조용한 겨울 해변도 의외의 감동을 준다. 바로 옆에는 10세기 헤이안 시대의 일기 문학《도사일기》에도 나오는 소나무 숲이 있기 때문에 느릿느릿 소나무 숲을 걷는 것도 기억에 남는다.

• Plus Area • 기타가와무라(北川村) •

모네의 정원
モネの庭 [모네노테-엔]

클로드 모네의 그림을 정원으로 재현한 곳

인상파의 거장 클로드 모네가 살던 지베르니의 저택에 있던 정원을 재현한 곳이다. 모네는 43세부터 생애의 절반을 지베르니에 있던 저택에서 보내며 창작 이 외의 시간을 정원 손질에 쏟았다고 하는데 무엇보다 일본에 매료돼 있던 화가로도 유명하다. 모네는 침실부터 집안 곳곳에 일본의 풍속화 우키요에(浮世繪)를 장식할 정도로 일본과 일본 미술에 심취해 있었다. 정원은 모네의 명화 <수련> 속의 풍경이 펼쳐지는 '물의 정원'을 비롯해 '꽃의 정원', '빛의 정원' 세 가지 테마와 '놀이의 숲'으로 나뉘어 있으며 곳곳에 놓아 둔 모네의 작품과 작품 속 풍경이 재현된 정원이 아름답게 조화를 이룬다. 특히 수련을 테마로 한 정원과 그림은 탄성을 자아낸다.

주소 高知県安芸郡北川村野友甲 1100番地 **위치** JR고치(高知)역에서 고멘・나하리선(ごめん・なはり線) 나하리(奈半利)역 하차, 기타가와무라(北川村)행 버스 승차 후 모네의 정원(モネの庭) 정류장 하차 (버스 요금: 대인 230엔, 소인 120엔) **시간** 09:00~17:00(입장 마감 16:30) **요금** 1,000엔(고교생 이상), 500엔(초・중학생), 무료(초등학생 이하) **휴무** 6~10월 첫째 수요일, 동계 휴원 기간(12월 1일~2월 28일) **홈페이지** www.kjmonet.jp **전화** 0887-32-1233

카페 모네의 집 ·Tip·

물의 정원을 나와 주차장을 지나 '꽃의 정원'으로 가는 길목에는 '갤러리 숍'과 샌드위치, 아이스크림 등 간단한 먹거리와 차를 마실 수 있는 '카페 모네의 집'이 있다. 갤러리 숍에서는 모네의 작품이 그려진 가방과 문구류, 컵 등 다양한 기념품을 판매하니 상품 속에 녹아든 작품을 둘러보자. 고치현은 유자가 많이 생산되는데 보기만 해도 유자향이 날 듯한 후루후루젤리와 수련이 그려진 쿠키도 맛있다. 시식용 후루후루젤리도 있으니 맛보자. 6월 말부터 10월 사이에 정원을 방문하면 모네가 사랑한 수련을 볼 수 있다.

• Plus Area • 고난(香南) •

에킨 자료관
絵金蔵 [에킨구라]

등을 켜고 보는 강렬한 그림

막부 말기에 고치에서 활약한 화가 긴조(金蔵), 흔히 에킨(絵金)이라고 부르는 그의 작품이 보관된 자료관이다. 아카오카 지역에 전해지는 병풍화 23점을 소장하고 있다. 에킨 자료관은 독특한 전시로 유명한데 먼저, 입구에서 등을 들고 어둑한 전시실로 들어가 화려한 색채의 그림에 등을 비춰 보며 감상하는 것이다. 흔들리는 빛 때문에 금방이라도 그림이 움직일 것처럼 실감이 난다. 또 하나는, 오랜 세월을 지나는 동안 손상돼 수장고에 보관하고 있는 그림 23점을 벽에 난 구멍을 통해 들여다보는 것이다. 그림은 두 점씩만 볼 수 있으며 정기적으로 교체된다. 2층은 당시 에킨이 화실 삼아 지냈던 아카오카 거리를 재현한 자료실로 구성해, 모형이나 그림으로 이해를 돕는 등 독특한 전시 방식으로 에킨과 병풍화를 소개하는 자료관이다.

주소 香南市赤岡町 538 **위치** 도사구로시오철도 아카오카(あかおか)역에서 도보 10분 **시간** 09:00~17:00(입장 마감 16:30) **휴관** 월요일, 12월 29일~1월 3일 **요금** 520(대인), 300엔(고교생), 150엔(초등·중학생) **홈페이지** www.ekingura.com **전화** 0887-57-7117

에킨은 누구인가?

긴조(金蔵, 1812~1876년)는 에도 시대 말기부터 메이지 시대에 걸친 화가로 고치를 중심으로 에킨(絵金)이라는 애칭으로 불리고 있다. 고치에서 태어난 에킨은 일찍이 그림에 대한 재능을 인정받아 스승의 추천으로 에도에서 그림 공부를 하고 고치번의 전속 화가가 된다. 하지만 위작을 그렸다는 이유로 신분을 박탈당하고 성에서 추방된다. 그 후 아카오카에 정착하게 된 에킨은 술 창고를 화실 삼아 그림을 그렸고 그의 그림은 서민들에게 많은 사랑을 받았다. 그는 180cm 정도로 몸집이 컸다고 하는데 에킨 박물관에는 술병을 옆에 놓고 그림을 그리는 그의 모습을 나무로 제작해 놓아서 당시로는 굉장히 거구였음을 알 수 있다. 에킨 박물관 맞은편에는 극장 벤텐좌(弁天座)가 있는데 지금은 주로 지역의 이벤트나 연극, 발표, 영화 상영 등에 대관하는 용도로 쓰고 있다.

• Plus Area • 나카토사(中土佐) •

구레다이쇼마치 시장
久礼大正町市場 [쿠레타이쇼마치 이치바]

나카토사의 아담한 어시장
다이쇼 시장은 메이지 시대에 생긴 어시장이다. 할머니들이 가족이 잡아 온 생선을 가지고 나와 팔게 되면서 시장이 형성됐다. 다이쇼 일왕이 재위하던 1915년에 큰 화재가 나서 시장이 소실됐으나 다이쇼 일왕이 복구비를 보내 준 것을 계기로 거리를 다이쇼마치(大正町)라고 개명하고 그때부터 다이쇼 시장이라고 부르고 있다. 아담한 어시장 안에는 작은 식당도 서너 군데 있고 가까운 바다에서 잡은 신선한 생선을 저렴하게 살 수 있어서 주말이면 인근 지역에서도 찾아오는 사람이 많다.

주소 高岡郡中土佐町久礼 6382 **위치** JR도사쿠레(土佐久礼)역에서 도보 10분 **시간** 10:00~15:00(점포마다 다름) **휴무** 점포마다 다름 **홈페이지** www.town.nakatosa.lg.jp/life/detail.php?hdnKey=168 **전화** 0889-59-13698

니시오카주조
西岡酒造 [니시오카슈조]

고치현에서 가장 오래된 양조장
마을에는 니시오카주조(西岡酒造, 니시오카슈조)도 있으니 일본주에 관심이 있다면 방문해 보자. 니시오카 주조는 고치현에서 가장 오래된 양조장으로 1781년에 창업해 240여 년 동안 9대째 일본주를 제조해 오고 있다. '구레(久礼)'라고 병에 커다랗게 쓰여 있는 일본주는 흔히 볼 수 있는데 바로 니시오카주조에서 만든 술이다.

주소 高知県高岡郡中土佐町久礼 6154번지 **위치** JR도사쿠레(土佐久礼)역에서 도보 5분 **시간** 09:00~16:00 **휴무** 비정기적 **홈페이지** www.jyunpei.co.jp **전화** 0889-52-2018

• Plus Area • 가미(香美) •

가미 시립 야나세 다카시 기념관
香美市立やなせたかし記念館 [카미 시리쓰 야나세 타카시 키넨칸]

아이와 함께 찾기 좋은 곳

호빵맨의 작가 야나세 다카시의 기념관은 '호빵맨 뮤지엄(アンパンマンミュージアム, 앙빵만뮤지아무)'과 '시와 메르헨 그림책관(詩とメルヘン絵本館, 시또메르헨에혼칸)', '별관'과 '야나세 다카시 기념 공원'으로 구성돼 있다. '호빵맨 뮤지엄'은 호빵맨 월드와 파노라마 극장, 호빵맨 대벽화, 야나세 다카시 갤러리 등으로 구성돼 아이들의 즐거운 놀이터가 된다. '시와 메르헨 그림책관'은 잡지 《시와 메르헨》의 창간 이래 야나세

다카시가 그린 표지 일러스트 등을 모아 놓은 갤러리로 잔잔한 감동을 주는 작품이 가득하다. 가족과 함께 하는 여행이라면 아이들에게 큰 즐거움을 줄 뮤지엄이다.

주소 高知県香美市香北町美良布 1224-2 **위치** JR도사야마다(土佐山田)역 앞에서 오토치센(大杤線) 호빵맨 버스 타고(약 25분) 앙빵만뮤지아무마에(アンパンマンミュージアム前) 정류장 하차 **시간** 09:30~17:00(입장 마감 16:30), 09:00~17:00(7월 20일~8월 31일, 입장 마감 16:30) **요금** 야나세 다카시 기념관 공통권: 800엔(대인), 500엔(중고생), 300엔(3세 이상 초등학생), 무료(3세 미만) / 시와 메르헨 그림책관 단독권: 450엔(대인), 200엔(중고생), 100엔(초등학생), 무료(초등학생 이하) **휴관** 화요일(공휴일인 경우 다음 날 휴관), 방학과 연휴는 무휴(자세한 날짜는 홈페이지 확인) **홈페이지** anpanman-museum.net **전화** 0887-59-2300

TIP
야나세 다카시는 누구인가?

야나세 다카시(1919~2013년)는 만화, 방송국 프로 구성과 무대 미술 감독, 작곡 등 다양한 창작 활동을 거쳐 1969년 그의 나이 50세 때 호빵맨의 원형이 된 단편 동화를 발표했다. 1988년에는 텔레비전 애니메이션으로 호빵맨이 방송되고 2009년에는 호빵맨에 등장하는 캐릭터가 무려 1,768개로 기네스북에 등재되기도 했다. 이후에도 열정적으로 활동했으며 2013년에 향년 94세로 영면에 들었다.

추천 숙소

- 숙소 예약하기
- 다카마쓰 숙소
- 고토히라 숙소
- 도쿠시마 숙소
- 이야 계곡 숙소
- 마쓰야마 숙소
- 고치 숙소

숙소 예약은 여행에서 가장 중요한 부분 중 하나다. 숙소에 문제가 생겨 모처럼의 여행에서 좋지 않은 기억이 남지 않도록 여행 목적에 맞는 숙소를 신중하게 선택하자. 시코쿠는 비교적 숙소 선택이 어렵지 않은 편이다. 일반 비즈니스호텔은 다른 지역에 비해 저렴하기 때문에 아와오도리나 요사코이 축제 같은 전국적인 규모의 축제가 개최되는 기간을 제외하면 어렵지 않게 예약할 수 있다.

숙소 예약 방법

■ 다양한 숙박 사이트를 이용해서 검색한다

아고다, 부킹닷컴 등 다양한 숙박 사이트를 이용해서 예약한다. 빠르고 간편하게 예약할 수 있지만, 비슷한 사이트가 많아서 차별성을 찾기 어렵거나 종류가 한정된 숙박 플랜에서 선택해야 하는 경우도 있으므로 잘 비교하여 선택한다. 일본어를 할 수 있다면 자란넷이나 라쿠텐 같은 일본 국내 예약 사이트를 살펴보는 것이 가장 좋다. 각 호텔마다 다양한 숙박 플랜이 있으니 본인에게 맞는 플랜을 고를 수 있고, 특히 료칸 숙박 플랜은 훨씬 다양하고 세세하다. 자란넷은 한국어 지원도 되지만 일본어 홈페이지만큼 자세히 제공되지 않는다. 번역기의 도움을 받으며 일본어 자란넷 홈페이지의 다양한 플랜 중에서 예약을 시도해 보는 것도 좋다.

■ 호텔 홈페이지에서 직접 예약한다

숙박 사이트를 이용하기 전에, 묵고 싶은 호텔 홈페이지에서 직접 숙박 플랜을 찾아본다. 최근에는 어느 정도 규모가 있는 호텔에서 대부분 한국어도 지원하고 있어서 어렵지 않게 예약할 수 있게 되었다. 숙박 사이트에서 예약하는 편이 조금 더 저렴한 경우가 많지만 간혹 광고나 이벤트 성격을 띠는 특가 상품이 홈페이지 한정 플랜으로 나오기도 한다. 이 책에서 제시하는 호텔의 가격은 일반적인 가격일 뿐이며 계절과 일본 연휴 기간, 요일에 따라 차이가 나므로 하나의 큰 틀로 파악하는 형태며 여행자의 여행 시기에 따라 호텔의 가격 차이는 분명히 있다. 실제로 이 책에서 제시한 가격보다 훨씬 저렴한 가격으로 또는 높은 가격으로 숙박하는 경우도 많다. 한편, 도요코 인 같은 전국 체인 호텔을 이용하는 것도 좋은 방법이다. 계절에 따른 가격 상승이 거의 없고 회원 가입 후 호텔 홈페이지에서 할인된 가격으로 예약할 수 있으며 10박당 무료 1박 서비스를 제공한다. 도요코 인 호텔도 한국어 홈페이지를 운영하고 있다(그 밖에 아파(APA) 그룹 산하의 아파 호텔도 비교적 저렴한 가격에 묵을 수 있는 일본 국내 최대급의 체인 호텔이지만 호텔 CEO가 우익 서적을 저술해 전국 아파 호텔 지점에 비치하는 등 우익 성향이 짙은 호텔이므로 추천하지 않는다).

■ 에어비앤비 같은 숙박 공유 사이트를 이용한다

에어비앤비 같은 숙박 공유 사이트는 호텔보다 저렴한 비용으로 숙박하려는 여행자들에게 유용하다. 간혹 불미스러운 사건이 뉴스에 오르내리기도 하는 만큼 예약할 때는 후기 등을 꼼꼼하게 살펴본다. 역에서 떨어져 있는 경우도 많기 때문에 그룹 여행이라면 크게 무리가 없으나 여성 혼자 여행하는 경우라면 될 수 있으면 호텔을 추천한다 만약 숙소를 검색하고 알아볼 시간이 없다면 여행사의 에어텔 상품을 이용하는 것도 하나의 방법이다. 항공과 숙소를 여행사에서 예약해 주므로 약간의 비용을 더 지불하고 시간을 버는 셈이다. 어떤 방법을 택할지는 여행자의 선택에 따른다.

지역별 숙소 선택

■ **다카마쓰**
다카마쓰역에서 도보 5분 거리의 효고마치에 호텔이 집중돼 있다. 이 지역은 효고마치 상점가나 마루가메 상점가 등 다카마쓰의 대표 상점가와 가까워서 거리 산책이나 식사, 쇼핑에도 편리하므로 효고마치 부근에 있는 호텔을 예약하면 무난하다.

■ **도쿠시마**
역 주변에 호텔이 밀집돼 있어서 선택지가 풍부하다. 역에서 도보 2~3분 거리에 많은 호텔이 있으니 비교하며 선택한다.

■ **마쓰야마**
JR마쓰야마역에서 노면 전차로 15분 정도 거리의 오카이도에 호텔이 집중돼 있다. 오카이도에 숙소를 정하는 것이 도고 온천으로 이동할 때나 쇼핑과 관광에도 편리하다.

■ **고치**
저렴한 가격에 선택할 수 있는 호텔이 역부터 하리마야바시 지역에 걸쳐 집중돼 있으니 비교하며 선택한다. 쇼핑이나 산책, 고치의 명물 히로메 시장에서 저녁 시간을 보낼 계획이면 하리마야바시 쪽에 있는 호텔을 선택하면 편리하다.

숙소 예약 사이트

- 아고다 www.agoda.com
- 익스피디아 www.expedia.co.kr
- 라쿠텐트래블 travel.rakuten.co.jp
- 에어비앤비 www.airbnb.co.kr
- 부킹닷컴 www.booking.com
- 자란넷 www.jalan.net
- 도요코 인 www.toyoko-inn.co.jp

다카마쓰 숙소

다카마쓰는 다카마쓰역 앞에 JR 호텔 클레멘트 다카마쓰가 있고, 그 외 대부분의 호텔은 도보 5분 거리의 효고마치 인근에 집중돼 있다. 효고마치 인근에 있는 호텔을 예약하면 효고마치나 마루가메 등 상점가와 가까워서 쇼핑이나 식사, 관광지로 이동하는 데도 비교적 편리하다.

JR 호텔 클레멘트 다카마쓰 JRホテルクレメント高松 [제이아루호테루 쿠레멘또 다카마쓰]

JR 호텔 클레멘트 다카마쓰는 다카마쓰역에서 도보 1분 거리로, 다카마쓰에 있는 호텔 중 역까지의 접근성이 가장 좋다. 다카마쓰 시내나 세토내해가 내려다보이는 객실은 넓고 쾌적하며 큼직한 테이블과 높낮이가 조절되는 의자도 편안하다. 20층에 있는 스카이 레스토랑을 비롯해 바, 라운지 등 부대 시설도 충실하며 1층 베이커리에서 판매하는 갓 구워낸 애플파이나 명란이 들어간 멘타이후란스(명란 바게트)도 인기다. 또 다카마쓰 공항으로 가는 리무진 버스의 출발지므로 공항으로 이동할 때 매우 편리하다.

주소 香川県高松市浜ノ町 1-1 **위치** JR다카마쓰(高松)역에서 도보 1분 **요금** 14,256엔(스탠다드 싱글), 24,948엔(스탠다드 더블) **홈페이지** www.jrclement.co.jp/takamatsu **전화** 087-811-1111

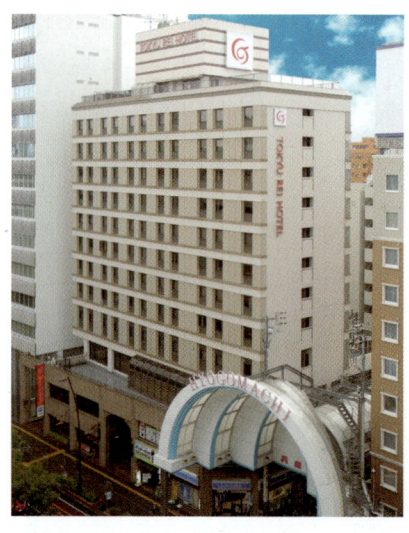

다카마쓰 도큐 레이 호텔
高松東急REIホテル [다카마쓰 도큐레이호테루]

다카마쓰 도큐 레이 호텔은 다카마쓰 소재 호텔들이 집중해 있는 효고마치에 있다. 효고마치 상점가는 횡단보도 건너편에 있고 마루가메 상점가까지도 도보 5분이면 이동할 수 있어서 쇼핑과 식사, 거리 산책 모두 편리하다. 또 호텔 입구 옆에 편의점이 있어서 이용하기 좋으며 객실도 비교적 넓고 조용하다. 공항에서 다카마쓰 시내로 올 때는 효고마치 정류장에서 리무진 버스를 내리면 바로며 다카마쓰 공항으로 갈 때는 길 건너 버스 정류장에서 리무진 버스를 이용하면 된다.

주소 香川県高松市兵庫町 9-9 **위치** JR다카마쓰(高松)역에서 도보 8분 **요금** 8,000엔~(싱글), 10,000엔~(트윈) **홈페이지** www.tokyuhotels.co.jp/takamatsu-r **전화** 087-821-0109

도요코 인 다카마쓰 효고마치 東橫INN高松兵庫町 [도요코인 다카마쓰 효고마치]

도요코 인 다카마쓰 효고마치의 가장 큰 장점이라면 계절이나 시기에 따른 가격 변동이 거의 없다는 것과 저렴한 가격이다. 도요코 인에서 숙박할 예정이라면 홈페이지에서 회원 가입 후 회원 할인 제도를 활용하는 것이 좋다. 모든 숙박 플랜에 무료 조식 서비스가 붙어 있어 아침 6시부터 9시까지 간단한 조식이 제공된다. 다카마쓰항, 다카마쓰역, 시내 중심가가 모두 도보권이며 다카마쓰에서 숙박하면서 나오시마나 쇼도시마 등 섬을 여행할 때 이용하면 편리하다. 합리적인 비용으로 알찬 여행을 하려는 실속파에게 추천하는 호텔이다.

주소 香川県高松市兵庫町 3-1 **위치** JR다카마쓰(高松)역에서 도보 8분 **요금** 7,300엔~(싱글), 10,300엔~(더블) **홈페이지** www.toyoko-inn.com **전화** 087-821-1045

다이와 로이넷 호텔 다카마쓰
ダイワロイネットホテル高松 [다이와로이넷또호테루 다카마쓰]

다이와 로이넷 호텔 다카마쓰의 가장 큰 특징은 모던하고 안락한 객실이다. 이 호텔은 마루가메 상점가에 있는 쇼핑몰 마루가메 그린에 있으며 호텔 프런트는 8층에 있고 객실은 모두 8층 이상에 있어서 다카마쓰 시내를 전망할 수 있다. 다카마쓰에 있는 8개의 아케이드 상점가 중 가장 핫한 마루가메 상점가에서 쇼핑을 즐기기에는 최적의 호텔이다. 60종류가 넘는 조식 뷔페도 호평이다.

주소 香川県高松市丸亀町 8-23 **위치** 고토덴 가와라마치(瓦町)역에서 도보 8분 **요금** 8,000엔~(싱글), 14,000엔~(트윈) **홈페이지** www.daiwaroynet.jp/takamatsu **전화** 087-811-7855

고토히라 숙소

고토히라는 예로부터 '곤피라신(항해의 안전을 지키는 신)'을 모셔 왔으며 전국 곤피라 신사의 총본사인 고토히라궁으로 유명한 곳이다. 그래서 고토히라는 관광업과 상업이 주요 산업이다. 여행자들 대부분은 다카마쓰에서 숙박하면서 고토히라에는 당일로 다녀가는 경우가 많지만 곤피라궁 아래에 형성된 옛 시가지에 있는 조용한 온천 여관에 묵는 것도 좋은 휴식이 될 것이다.

고토히라 온천 고토산카쿠 ことひら温泉 琴参閣 [고토히라온센고토산카쿠]

고토산카쿠는 고토히라를 대표하는 온천 여관 중 하나다. 고토히라궁에 다녀온 후 온천욕으로 피로를 풀고 조용히 휴식하기에 좋다. 숙박 시 찬수관 1층의 대욕탕과 비천관 10층에 있는 전망 욕탕을 자유롭게 이용할 수 있다. 또 비천관 1층에 있는 관내 매점에서는 가가와현의 명산품과 특산품을 구입할 수 있다. 온천을 즐긴 후 사계절의 식재료를 풍부하게 사용한 제철 요리를 맛볼 수 있는 것도 고토산카쿠의 즐거움이다.

주소 香川県仲多度郡琴平町 685-11 **위치** ❶ JR고토히라(琴平)역에서 도보 5분 ❷ 고토덴 고토히라(琴平)역에서 도보 3분(JR고토히라역까지 송영 버스 제공, 사전 예약) **요금** 12,420엔~(양실, 1인당 조석식 포함), 16,740엔(화실, 1인당 조석식 포함) **홈페이지** www.kotosankaku.jp **전화** 0877-75-1000

도쿠시마 숙소

도쿠시마는 역 주변에 대부분 호텔이 밀집돼 있다. 역 주변이 가장 중심가로 백화점이나 쇼핑센터도 모두 역을 중심으로 모여 있다. 시내를 이동할 때도 버스보다는 도보 이동이 많으니 캐리어를 끌면서 먼 거리를 걷는 일이 없도록 가능한 한 역 주변에 있는 호텔을 선택한다.

다이와 로이넷 호텔 도쿠시마 에키마에
ダイワロイネットホテル徳島駅前 [다이와로이넷또호테루 도쿠시마에키마에]

다이와 로이넷 호텔 도쿠시마 에키마에는 JR도쿠시마역에서 도보 1분 거리에 있으며 스타벅스나 상점가 등 편의 시설이 많아서 역을 오갈 때 이용하기 편하다. JR열차를 타고 이동하기에도 편하고 버스 터미널도 역 앞에 있어서 여행자에게는 최적의 위치다. 전 객실이 18평 이상으로 쾌적하고 편안하며 여성 전용 객실 플랜은 편의용품 제공 등으로 여성 고객들에게 호평을 받는다.

주소 德島県德島市寺島本町東 3丁目 8 番地 **위치** JR도쿠시마(德島)역에서 도보 1분 **요금** 7,200엔~(싱글), 9,600엔~(더블) **홈페이지** www.daiwaroynet.jp/tokushimaekimae **전화** 088-611-8455

JR 호텔 클레멘트 도쿠시마
JRホテルクレメント徳島 [제이아루호테루크레멘토 도쿠시마]

JR 호텔 클레멘트 도쿠시마는 JR도쿠시마역과 연결돼 있고 쇼핑센터와도 가깝다. 250개의 객실을 가진 대형 호텔로 객실 디자인이나 직원들의 친절도도 호평을 받는다. JR열차나 버스로 이동하거나 쇼핑에도 좋은 위치기 때문에 여행의 거점 호텔로 대단히 편리하다.

주소 德島市寺島本町西1丁目61 番地 **위치** JR도쿠시마역(德島)과 연결 **요금** 15,730엔~(싱글), 26,136엔~(트윈) **홈페이지** www.hotelclement.co.jp **전화** 088-656-3111

도요코 인 도쿠시마 에키마에 호텔
東横INN德島駅前 [도요코 인 도쿠시마에키마에]

합리적인 가격이라는 면에서 도쿠시마에서도 도요코 인 도쿠시마 에키마에 호텔을 소개한다. 도쿠시마역에서 도보 5분 거리에 있다. 도쿠시마의 호텔은 대부분 역에서 도보 1~2분 거리에 집중돼 있기 때문에 다소 멀게 느껴질 수도 있다. 시설이나 서비스는 다른 도시에서 소개한 도요코 인과 동일하다. 단, 도쿠시마에는 비잔 근처에도 도요코 인 호텔이 있기 때문에 예약할 때 혼동하지 않도록 주의한다.

주소 德島県德島市両国本町 1-5 **위치** JR도쿠시마(德島)역에서 도보 5분 **요금** 6,700엔~(싱글), 9,200엔~(더블) **홈페이지** www.toyoko-inn.com **전화** 088-657-1045

호텔 선루트 도쿠시마
ホテルサンルート德島 [호테루 산루-또 도쿠시마]

호텔 선루트 도쿠시마는 도쿠시마역에서 도보 2분 거리에 있으며 투숙객은 호텔 최상층에 있는 천연 온천 '비잔노유'의 온천욕을 비롯해 사우나를 무료로 즐길 수 있다. 호텔 내에 일식, 중식 등 레스토랑이 있으며 11층 전망 라운지에서는 도쿠시마의 야경도 조망할 수 있다.

주소 德島県德島市元町 1-5-1 **위치** JR도쿠시마(德島)역 맞은편 **요금** 7,400엔~(싱글), 12,600엔~(트윈) **홈페이지** www.sunroute.jp/HotelInfo/shikoku/tokushima/index.html **전화** 088-653-8111

이야 계곡 숙소

이야 계곡은 도쿠시마에 있는 쓰루기산(1,955m) 국립 공원 내에 있는 계곡이다. 쓰루기산에서 흘러나온 이야강을 끼고 V자 협곡을 이룬 깊은 계곡으로 교통이 불편하고 사람들의 발길이 많이 닿지 않아 천혜의 자연이 그대로 보존돼 있는 청정 지역이다.

나노야도 호텔 이야 온천 和の宿ホテル祖谷温泉 [나노야도 호테루 이야온센]

 나노야도 호텔 이야 온천은 일본 3대 비경인 이야 계곡의 절경을 즐길 수 있는 온천 여관이다. V자 협곡을 이루고 있는 이야 계곡의 지형적 특성 때문에, 료칸에서 170m 아래에 있는 노천탕까지는 케이블카를 타고 5분간 내려가야 한다. 사계절 다른 느낌을 주는 계곡의 풍경을 감상하면서 노천탕을 즐긴 후 석식으로 산과 강에서 나는 식재료를 사용한 가이세키 요리를 맛볼 수 있다. 당일 온천과 가이세키 요리가 세트로 된 플랜도 다양하게 마련돼 있으며, 대중교통으로 오는 숙박객을 위해 JR오보케역에서 온천행 15시 10분, 다음 날 오전 9시 50분에 오보케역행 송영버스를 제공한다(숙박객에 한정, 예약제).

주소 徳島県三好市池田町松尾松本 367-28 **위치** ❶ JR아와이케다(阿波池田)역에서 시코쿠 교통 버스 타고 (55분) 이야온센마에(祖谷温泉前) 정류장 하차 ❷ JR오보케(大歩危)역에서 송영버스나 택시로 약 30분(JR오보케역에서 송영버스 있음, 예약제) **요금** 29,850엔~(2인실, 조식식 포함 1인 요금) **홈페이지** www.iyaonsen.co.jp **전화** 0883-75-2311

마쓰야마 숙소

마쓰야마의 중심가는 JR마쓰야마역 주변이 아니라 마쓰야마시와 오카이도다. 호텔은 JR마쓰야마역에서 노면 전차로 15분 정도 거리의 오카이도에 밀집돼 있으며 대부분이 오카이도 정류장에서 도보 1~2분 거리의 대로변에 자리하고 있다. 오카이도는 도보로 이동할 수 있는 마쓰야마성을 비롯해 도고 온천으로 이동하기에도 쇼핑과 관광을 하기에도 편리하므로 오카이도에 숙소를 정하는 것이 합리적이다.

야마토야 본점
大和屋本店 [야마토야혼텐]

야마토야 본점은 1868년에 창업한 일본식 여관으로 현재까지 명성을 이어오고 있다. 도고 온천 본관과 별관에서 가까워 도고 온천가의 온천을 즐기기에 좋다. 호텔에도 남녀별 온천이 있으며 대욕장과 노천탕 모두 대단히 만족스럽다. 식사는 일식과 양식, 중식 중 사전에 선택할 수 있으며 4층에 있는 레스토랑 송풍에서는 전통 예능 '노(能)' 공연을 관람하면서 저녁 식사를 즐길 수 있다.

주소 愛媛県松山市道後湯之町 20-8 **위치** 노면 전차 도고온센(道後温泉)역에서 도보 5분 **요금** 33,000엔~(2인실, 조식식 포함 1인 요금) **홈페이지** www.yamatoyahonten.com **전화** 089-935-8880

아나 호텔 마쓰야마 松山全日空ホテル [마쓰야마젠닛쿠호테루]

아나 호텔 마쓰야마는 마쓰야마 중심가 오카이도에 자리한 호텔로, 마쓰야마 공항행 리무진 버스 승차장과도 가깝다. 도고 온천과 마쓰야마성 등 관광지 접근이 빠르며 쇼핑에도 편리하다. 조용히 걷고 싶을 때는 계절마다 변하는 풍경을 즐기며 호텔에서 도보 5분 거리에 있는 프랑스풍 건물 반스이소까지 산책하는 것도 좋다. 객실은 쾌적하고 기능적이며 따뜻한 느낌이 난다. 본관과 별관(아넥스)이 있다.

주소 愛媛県松山市一番町 3-2-1 **위치** 노면 전차 오카이도(大街道)역에서 도보 2분 **요금** 11,000엔~(싱글), 16,000엔~(더블) **홈페이지** www.anacpmatsuyama.com **전화** 089-933-5511

도요코 인 마쓰야마 이치방초
東横INN松山一番町 [도요코 인 마쓰야마 이치반초]

도요코 인은 창업한 지 30년 만에 호텔 수가 일본 국내에서만 250개 지점을 넘어설 정도로 급성장한 체인 호텔이다. 전점을 본사에서 직영하기 때문에 전국적으로 시스템이 동일하며 특히 시코쿠에 있는 도요코 인 호텔은 다른 지역에 비해 다소 저렴하다. 노면 전차 가쓰야마초(勝山町)역에서 내리면 가깝지만 한 정거장 전인 오카이도역에서도 도보 5분 정도면 이동할 수 있다. 가격 대비 합리적이며, 마쓰야마성도 도보권이고 도고 온천으로의 접근성도 좋다.

주소 愛媛県松山市一番町 1-10-8 **위치** 노면 전차 가쓰야마초(勝山町)역에서 도보 1분 **요금** 6,500엔~(싱글), 8,500엔~(더블) **홈페이지** www.toyoko-inn.com **전화** 089-941-1045

칸데오 호텔 마쓰야마 오카이도
カンデオホテルズ松山大街道 [칸데오호테루즈 마쓰야마오카이도]

칸데오 호텔 마쓰야마 오카이도는 모던 스타일의 총 215객실로, 투숙객이 무료로 이용 가능한 최상층의 노천탕 스카이 스파, 산지에서 직송된 신선한 메뉴를 자랑하는 최상층의 뷔페식 조식이 특징이다. 특히 스카이 스파에서 마쓰야마성과 관람차를 조망하며 온천을 즐기거나 조식당에서 시내를 조망하며 즐기는 식사는 호평을 받는다. 전통과 현대가 조화를 이룬 객실은 쾌적함을 자랑하며 오카이도 상점가와 가까워서 교통도 쇼핑에도 편리하다.

주소 愛媛県松山市大街道二丁目 5番 12 **위치** 노면 전차 오카이도(大街道)역에서 도보 1분 **요금** 10,300엔~(싱글), 18,000엔~(더블) **홈페이지** www.candeohotels.com/ja/ehime-matsuyama **전화** 089-913-8866

마쓰야마 도큐 레이 호텔 松山東急REIホテル [마쓰야마 도큐레이호테루]

마쓰야마 도큐 레이 호텔은 오카이도역에서 도보 1분 거리에 있다. 도고 온천 지역으로 이동하기 편하고 마쓰야마성이나 오카이도 상점가도 가까워 마쓰야마 시내를 둘러볼 여행자에게 적합하다. 일반적인 비즈니스호텔에 비해 객실과 욕실이 넓은 편이며 조식도 호평을 받고 있다. 조식 뷔페에는 마쓰야마 명물 코너가 마련돼 있어서 자코텐, 건조시킨 어묵을 얇게 자른 게즈리가마보코 등 마쓰야마의 맛을 느낄 수 있다.

주소 愛媛県松山市一番町 3-3-1 **위치** 노면 전차 오카이도(大街道)역에서 도보 1분 **요금** 9,180엔~(싱글), 12,410엔~(더블) **홈페이지** www.tokyuhotels.co.jp/matsuyama-r **전화** 089-941-0109

다이와 로이넷 호텔 마쓰야마 ダイワロイネットホテル 松山 [다이와로이넷또호테루 마쓰야마]

다이와 로이넷 호텔 마쓰야마는 노면 전차 오카이도역에서 가까워 도고 온천 쪽으로 이동하기도 마쓰야마성 관광에도 좋은 위치. 특히 깨끗하고 쾌적한 여성 전용 객실을 갖추고 있으며 여성 전용 객실에는 발마사지기와 이온 페이스 스티머를 제공해 여성 고객의 사랑을 받고 있다. 또한 전 객실에서 수건의 명산지 이마바리산 수건을 사용하는 등 세심한 배려가 돋보인다.

주소 愛媛県松山市一番町 2丁目 6-5 **위치** 노면 전차 오카이도(大街道)역에서 도보 2분 **요금** 11,900엔~(싱글), 16,000엔~(더블) **홈페이지** www.daiwaroynet.jp/matsuyama **전화** 089-913-1355

고치 숙소

고치의 중심가는 고치역에서 노면 전차 도사덴으로 5분 거리에 있는 하리마야바시다. 시내 중심가와 고치의 명소 히로메 시장, 일요 시장 등이 모두 하리야마바시 주변에 있으므로 시내 관광을 즐기려면 하리야마바시 주변에 있는 호텔을 예약하면 편리하다. 또 고치역 주변에는 역에서 대략 도보 5분 거리에 고치 팰레스 호텔, 슈퍼 호텔 고치 등 저렴한 호텔이 다수 있다.

니시테쓰 인 고치 하리마야바시
西鉄イン高知はりまや橋 [니시테츠인고-치하리마야바시]

니시테쓰 인 고치 하리마야바시 호텔은 노면 전차 하리마야바시역에서 도보 2분 거리에 있다. 고치의 중심가 하리마야바시에 위치해 있어서 관광이나 근교로 이동하기에 편리하며 호텔 뒤편에는 고치를 상징하는 빨간색 다리 하리마야바시가 있다. 2023년 4월에 리뉴얼된 깔끔한 식당에서 조식을 즐길 수 있으며 13층에는 동전 세탁기(1회 300엔)도 구비되어 있어서 편리하다.

주소 高知県高知市はりまや町 1-1-3 **위치** ❶ 도사덴 하리마야바시(はりまや橋)역에서 도보 2분 ❷ JR고치(高知)역에서 도보 13분 **요금** 7,800엔~(싱글), 10,800엔~(더블) **홈페이지** nnr-h.com/n-inn/kochi **전화** 088-875-5454

세븐 데이즈 호텔 セブンデイズホテル [세븐데이즈 호테루]

세븐 데이즈 호텔은 하리마야바시에서 도보 6분 거리에 있다. 파스텔 톤의 심플하고 스타일리시한 공간으로 여성들에게 인기가 있다. 고치에서 이 호텔만큼 저렴한 가격에 깔끔하고 쾌적한 잠자리를 찾기는 어려우나 단점이라면 상당히 좁은 편이다. 조식은 근처 빵집에서 매일 아침 배달되는 갓 만든 빵과 바나나, 삶은 계란, 주스, 커피 정도의 간단한 셀프 서비스다. 체크인할 때 숙박 일수만큼 조식권을 제공하며 식사 때 프런트에 내면 된다. 근처에 신관 세븐 데이즈 플러스(세븐데이즈호텔플러스) 호텔이 있으며 가격은 세븐 데이즈 호텔보다 약간 높다(싱글 9,300엔~, 더블 12,800엔~).

주소 高知県高知市はりまや町 2-13-17 **위치** 도사덴 하리마야바시(はりまや橋)역에서 도보 6분 **요금** 7,400엔~(싱글), 10,800엔~(더블) **홈페이지** 7dayshotel.com **전화** 088-884-7100

더 크라운 팔레스 신한큐 고치 ザ クラウンパレス新阪急高知 [자 쿠라운파레스 신한큐-고치]

더 크라운 팔레스 신한큐 고치 호텔은 노면 전차 고치조마에역에 내리면 바로 보이는 곳에 위치한다. 고치에서는 규모가 큰 호텔이며 호텔 내에 채플 결혼식장과 신전 결혼식장이 있기 때문에 주말에는 다소 붐비는 편이다. 1층 로비에는 작은 정원을 보면서 쉴 수 있는 휴식 공간도 있고 스위트룸나 식사를 할 수 있는 카페도 있으며 호텔 앞 주차장에는 택시가 대기하고 있기 때문에 급한 용무가 있을 때 이용하기 좋다. 또 호텔에서 도보 5분 거리에 고치성이 있어서 고치성 관광에도 편리하다. 다만 호텔에서 고치역까지 노면 전차로 이동할 때 하리마야바시에서 한 번 환승해야 한다.

주소 高知県高知市本町 4-2-50 **위치** 노면 전차 고치조마에(高知城前)역에서 도보 2분 **요금** 13,662엔~(싱글), 28,512엔~(더블) **홈페이지** http://www.crownpalais.jp/kochi **전화** 088-873-1111

여행 회화
일본어

숫자

1	いち 이치		6	ろく 로꾸
2	に 니		7	なな 나나
3	さん 산		8	はち 하찌
4	よん 욘		9	きゅう 큐-
5	ご 고		10	じゅう 쥬-

돈

1엔	いちえん 이찌엔		100엔	ひゃくえん 햐꾸엔
5엔	ごえん 고엔		500엔	ごひゃくえん 고햐꾸엔
10엔	じゅうえん 쥬-엔		1000엔	せんえん 셍엔
50엔	ごじゅうえん 고쥬-엔		5000엔	ごせんえん 고셍엔
10000엔	いちまんえん 이찌망엔			

기본 표현

안녕하세요(아침 인사).	おはよう ございます。 오하요-고자이마스
안녕하세요(낮 인사).	こんにちは。 곤니찌와
안녕하세요(저녁 인사).	こんばんは。 곰방와
감사합니다.	ありがとう ございます。 아리가또-고자이마스

미안합니다.	すみません。 스미마셍
괜찮아요.	だいじょうぶです。 다이조-부데스
부탁합니다.	おねがいします。 오네가이시마스
네.	はい。 하이
아니요.	いいえ。 이-에
좋아요.	いいです。 이-데스
뭐예요?	なんですか。 난데스까
어디예요?	どこですか。 도꼬데스까
얼마예요?	いくらですか。 이꾸라데스까
잘 모르겠어요.	よく わかりません。 요꾸 와까리마셍
일본어를 못해요.	にほんごが できません。 니홍고가 데끼마셍
영어로 부탁합니다.	えいごで おねがいします。 에-고데 오네가이시마스
천천히 말씀해 주세요.	ゆっくり はなして ください。 육꾸리 하나시떼 쿠다사이
다시 한 번 부탁드립니다.	もう いちど おねがいします。 모-이찌도 오네가이시마스
써 주세요.	かいてください。 카이떼 쿠다사이
저는 한국 사람입니다.	わたしは かんこくじんです。 와따시와 칸꼬꾸징데스

공항에서

방문 목적이 무엇입니까?	にゅうこくの もくてきは なんですか。 뉴-꼬꾸노 모꾸떼끼와 난데스까
관광입니다.	かんこうです。 칸꼬-데스
어느 정도 체류합니까?	どのくらい たいざいしますか。 도노쿠라이 타이자이시마스까

일주일입니다.	いっしゅうかんです。 잇슈-칸데스
	일주일　いっしゅうかん　잇슈-칸
	이틀　　ふつか　후쯔까
	3일　　みっか　믹까
	4일　　よっか　욕까
짐이 나오지 않았어요.	にもつが でてこなっかたんです。
	니모쯔가 데떼 코나깟딴데스
제 짐은 두 개입니다.	わたしの にもつは ふたつです。
	와따시노 니모쯔와 후따쯔데스
	한 개　ひとつ　히또쯔
	두 개　ふたつ　후따쯔
	세 개　みっつ　밋쯔
신고할 물건 없습니까?	しんこくする ものは ありませんか。
	신꼬꾸스루 모노와 아리마셍까
없습니다.	ありません。 아리마셍

교통

버스 정류장은 어디인가요?	バスのりばは どこですか。
	바스노리바와 도꼬데스까
어느 쪽이요?	どちらですか。 도찌라데스까
이쪽입니다.	こちらです。 고찌라데스
	이쪽　こちら　고찌라
	그쪽　そちら　소찌라
	저쪽　あちら　아찌라
표는 어디에서 삽니까?	きっぷは どこで かいますか。
	킵뿌와 도꼬데 카이마스까
요금은 얼마입니까?	りょうきんは いくらですか。
	료-낑와 이꾸라데스까
전철은 어디서 탑니까?	でんしゃは どこで のりますか。
	덴샤와 도꼬데 노리마쓰까

몇 시에 출발합니까?	なんじ しゅっぱつですか。 난지 슙빠쯔데스까
리쓰린 공원에 가려고 하는데요.	栗林こうえんへ いきたいんですが。 리쯔린코-엥에 이끼따인데스가
이거 다카마쓰역에 가나요?	これ、高松駅へ いきますか。 코레, 다카마쯔에끼에 이끼마스까
어디서 갈아탑니까?	どこで のりかえますか。 도꼬데 노리까에마스까
효고마치까지 어느 정도 걸립니까?	兵庫町まで どのくらい かかりますか。 효-고마찌마데 도노쿠라이 카까리마스까
걸어서 갈 수 있습니까?	あるいて いけますか。 아루이떼 이께마스까

호텔에서

체크인 부탁합니다.	チェックイン おねがいします。 첵꾸인 오네가이시마스
예약했는데요.	よやくしたんですが。 요야꾸 시딴데스가
방에 열쇠를 두고 나왔어요.	へやに かぎを おきわすれました。 헤야니 카기오 오키와스레마시타
415호실입니다.	415ごうしつです。 욘이찌고고-시쯔데스
체크아웃은 몇 시까지입니까?	チェックアウトは なんじまでですか。 첵꾸아우또와 난지마데데스까
와이파이 되나요?	Wi-Fi つかえますか。 와이화이 쯔카에마스까
비밀번호 알려 주세요.	パスワードを おしえて ください。 파스와-도오 오시에떼 구다사이
편의점은 어디에 있나요?	コンビニは どこに ありますか。 콤비니와 도꼬니 아리마스까

쇼핑

이건 뭔가요?	これは なんですか。 코레와 난데스까
저것 좀 보여 주세요.	あれ、みせて ください。 아레 미세떼 쿠다사이
입어 봐도 될까요?	きて みても いいですか。 키떼 미떼모 이-데스까
커요.	おおきいです。 오-키-데스
작아요.	ちいさいです。 치-사이데스
얼마입니까?	いくらですか。 이꾸라데스까
비싸네요.	たかいですね。 타카이데스네
싸게 해 주세요.	やすく して ください。 야스꾸 시떼 쿠다사이
좀 더 둘러보고 올게요.	もうすこし みて きます。 모-스꼬시 미떼 키마스
영수증 주세요.	レシート ください。 레시-또 쿠다사이

음식

여기요(직원을 부를 때).	すみません。 스미마셍
주문 받아 주세요.	ちゅうもん おねがいします。 츄-몬 오네가이시마스
추천 요리는 무엇입니까?	おすすめりょうりは なんですか。 오스스메 료-리와 난데스까
잘 먹겠습니다.	いただきます。 이따다끼마스
잘 먹었습니다.	ごちそうさまでした。 고찌소-사마데시타
맛있어요.	おいしいです。 오이시-데스
메뉴판을 다시 보여 주세요.	もう いちど メニューを みせて ください。 모-이찌도 메뉴오 미세떼 쿠다사이
생맥주 500CC 두 잔.	なまビール 中ジョッキで 2はい。 나마비-루 츄-족끼데 니하이

한 잔 더 주세요.	もう いっぱい おねがいします。 모-입빠이 오네가이시마스
물 좀 주세요.	おみず ください。 오미즈 쿠다사이
커피 주세요.	コーヒー ください。 코-히- 쿠다사이
	물　　おみず 오미즈 주스　ジュース 쥬-스 맥주　ビール 비-루
개인용 접시 하나 주세요.	とりざら ひとつ ください。 토리자라 히또쯔 쿠다사이

관광 (기타 표현)

사진 좀 찍어주시겠어요?	しゃしんを とって くださいませんか。 샤싱오 톳떼 쿠다사이마셍까
여기서 사진 찍어도 돼요?	ここで しゃしんを とっても いいですか。 코꼬데 샤싱오 톳떼모 이-데스까
얼마나 기다려야 해요?	どれぐらい まちますか。 도레구라이 마찌마스까
몇 시부터 문을 열어요?	なんじから オープンですか。 난지까라 오-뿐데스까
몇 시에 문을 닫아요?	なんじに おわりますか。 난지니 오와리마스까
출구는 어디예요?	でぐちは どこですか。 데구찌와 도꼬데스까
화장실은 어디인가요?	トイレは どこですか。 토이레와 도꼬데스까

찾아보기
INDEX

가가와현

24개의 눈동자 영화 마을	136
5인 백성	120
JR고토히라역 & 고토덴고토히라역	118
JR다카마쓰역	89
가가와 플라자	108
가가와 현립 뮤지엄	94
가가와 현립 히가시야마 가이이 세토우치 미술관	156
가리가리 카레	108
가마쿠라 파스타(마루가메상점가점)	105
가미쓰바키	122
간카케이	135
고야시키 우동	107
고토히라궁	123
구 곤피라 대극장 가나마루자	119
구마오카 과자점	154
기쿠게쓰테이	91
기타하마 앨리	92
나가타 인 카노카	155
나오시마 대중목욕탕 아이러브유	127
나카노 우동 학교 곤피라교	118
난코 주유 뱃놀이	91
노란 호박	131
다마모 공원	93
다카마쓰 심볼 타워	106
다카마쓰 중앙 상점가	109
다카마쓰시 미술관	94
다카마쓰항	90
다카하시 유치관	121
데시마 마르셰	143
데시마 미술관	141
데시마요코칸	141
데시마의 창	142
덴카쓰	97
도리초	98
도후치 해협	137
돈키호테(다카마쓰점)	115
란마루	96
리쓰린 공원	90
마루가메마치 그린	110
마루가메마치 상점가	110
마루가메성	158
마루가메시 이노쿠마 겐이치로 현대 미술관	159
마루킨 간장 기념관	137
마치노슈레 963	111
메기지마 마을 산책	150
미야노우라항	127
미야와키 서점(본점)	95
버거 카페 비치	114
베네세 하우스 뮤지엄	131
보물관	121
붓쇼잔 온천	113
사누키면업(효고마치 본점)	100
사카에다	100
산마르크 카페(다카마쓰 마루가메초점)	97
선스 더 산	153
성의 눈	96
소케 구쓰와도(총 본포)	98
쇼도시마 올리브 공원	134
시마 키친	143
시코쿠 숍 88	106
시코쿠노	119
시코쿠무라 갤러리	112
시코쿠무라 카페	112
시코쿠무라	112
심장음 아카이브	140
안도 뮤지엄	129
야마다야	101
야마시타 우동점	157
야시마 전망대	111
엔게쓰교	91
엔젤 로드	135
오기지마 마을 산책	151
오니가시마 대동굴	150
오모테 서원	122
옥상 광장	107
와라야	104
우동 장인 사누키 멘노스케	105

우동바카 이치다이	104
우미에	92
유메타운(다카마쓰점)	114
이누지마 제련소 미술관	146
이누지마 집 프로젝트	147
이온몰 _다카마쓰점	115
이우환 미술관	130
이치고야	142
잠깐 카페	107
젠쓰지 계단(戒壇) 돌기	155
지중 미술관	129
지중 카페	130
집 프로젝트	128
초시케이 자연 동물원 원숭이의 나라	136
총 본산 젠쓰지	154
치치부가하마 해변	152
치쿠세이(본점)	101
커피 살롱 황제	99
호네쓰키도리 아즈마(본점)	95
혼무라 라운지 앤 아카이브	128
효고마치 상점가	109

도쿠시마현

JR도쿠시마역	165
JR오보케역	190
가즈라바시	192
교자노오쇼	175
구 도쿠시마성 오모테고텐 정원	170
긴자 잇푸쿠(본점)	178
도다이 라멘	179
도스테	176
도쿠시마성 박물관	170
도쿠시마역 바루	173
라이라이	178
료젠지	186
만나카	191
멘오(도쿠시마 본점)	179
미치노에키 오보케 요괴의 집	193
비잔 로프웨이	169
아와 목각 인형 회관	173
아와오도리 공연	166
아와오도리 뮤지엄	166
아와오도리 회관	165
아와주로베 야시키	172
아타리야	175
에스카히루 나루토	184
오나루토 대교 가교 기념관 에디	183
오보케 계곡 유람선	191
오줌 누는 소년 동상	193
오츠카 국제 미술관	186
우즈노미치	182
우즈노야	183
잇코	176
주카소바 이노타니	177
추추추러스 카페(도쿠시마 역전점)	174
효탄지마 크루즈	171

에히메현

JR마쓰야마역	201
가류 산장	233
강항 기념비	232
고시키(본점)	209
고토리	222
긴텐가이 상점가	222
다니모토가마보코텐(도고점)	219
도고 공원 · 유즈키성 유적	216
도고 맥주관	218
도고 온천 별관 아스카노유	213
도고 온천 본관	211
도고 온천 쓰바키노유	212
도고 하이카라도리	217
도고온센역	210
돈키호테	205
로쿠지야(도고점)	220
마쓰야마 시립 시키 기념 박물관	216
마쓰야마성 로프웨이	202
마쓰야마성 제2성 유적 정원	203
마쓰야마성	201
마치노에키 아사모야	234
목랍 자료관 가미하가 저택	228
미쓰코시(마쓰야마점)	206
반스이소	203
봇짱 열차 뮤지엄	220
봇짱의 방	212
상업과 생활 박물관	227
세키 미술관	217
소소	207
소바키치(오카이도점)	208

수건 미술관	238
스시마루	208
시라이시 우동점	234
시모나다 커피	237
시모나다역	236
시모하가 저택	228
쓰보야 과자점	219
아사히	223
아시유 카페 봇짱	221
아카	204
애송정	206
에미후루 마사키	235
에히메 과실구락부 미칸노키	218
에히메 현립 미술관	204
오즈 붉은 벽돌관	233
오즈성	232
오카이도 상점가	205
요카이치 고코쿠 거리	226
우치코좌	227
우치코초 비지터 센터 아룬제	226
유신덴	211
이마바리성	237
이마바리시 고노 미술관	238
이요테쓰 다카시마야	221
철도 역사 파크 인 사이조	239
텐 팩토리	207
호조엔	210
히기리야키(본점)	209

고치현

5019 프리미엄 팩토리	260
JR고치역	246
가미 시립 야나세 다카시 기념관	270
가쓰라하마	265
고다이산 전망대	263
고지야	262
고치 관광 정보관 도사 테라스	248
고치 시립 료마가 태어난 마을 기념관	250
고치 요사코이 정보 교류관	254
고치 현립 마키노 식물원	264
고치 현립 미술관	258
고치 현립 사카모토 료마 기념관	264
고치성	249
고치성 역사 박물관	252

고치역 호빵맨 열차 광장	246
구레다이쇼마치 시장	269
기쿠즈시(본점)	252
니시오카주조	269
다이마루(고치점)	259
료마 우체국	251
〈료마전〉 촬영 세트장	248
링베루	262
모네의 정원	267
모래사장 미술관	266
사카모토 료마상	265
세이로	260
쓰치바시 기치에몬 소바	261
에킨 자료관	268
오비야마치 상점가	259
요코야마 류이치 기념 만화관	257
일요 시장	254
치쿠린지	263
하리마야바시	253
혼이케자와	261
히로메 시장	256

추천 숙소

JR 호텔 클레멘트 다카마쓰	276
JR 호텔 클레멘트 도쿠시마	279
고토히라 온천 고토산카쿠	278
나노야도 호텔 이야 온천	281
니시테쓰 인 고치 하리마야바시	285
다이와 로이넷 호텔 다카마쓰	277
다이와 로이넷 호텔 도쿠시마 에키마에	279
다이와 로이넷 호텔 마쓰야마	284
다카마쓰 도큐 레이 호텔	276
더 크라운 팔레스 신한큐 고치	286
도요코 인 다카마쓰 효고마치	277
도요코 인 도쿠시마 에키마에 호텔	280
도요코 인 마쓰야마 이치방초	283
마쓰야마 도큐 레이 호텔	284
세븐 데이즈 호텔	285
아나 호텔 마쓰야마	282
야마토야 본점	282
칸데오 호텔 마쓰야마 오카이도	283
호텔 선루트 도쿠시마	280